3 Antworten, die das Buch gibt

1 *Was heißt es, ethisch zu handeln?*

Ethisch handeln bedeutet, gewissen moralischen Grundregeln zu folgen, die den Kern einer Common-Sense-Ethik bilden. Die Regeln haben im Wesentlichen eine Schutzfunktion. Sie helfen dabei, uns gegenseitig keinen Schaden zuzufügen und menschliche Kooperation zu ermöglichen. Die Grundregeln bilden den moralischen Rahmen für alle unsere Handlungen – ob im Beruf oder im Alltag.

2 *Wie kommt man zu moralisch gut begründeten Entscheidungen?*

Moralische Entscheidungen erfordern einen – mitunter schwierigen – Abwägungsprozess. Für jeden Fall gilt zu überlegen: Welche moralische Handlungsnorm muss beachtet werden und welche moralischen Fakten sind relevant? In moralischen Entscheidungssituationen gibt es dabei nicht nur eine mögliche Antwort. Vernünftige Personen können zu unterschiedlichen Lösungen kommen.

3 *Welchen Nutzen hat es, sich mit ethischen Fragen zu beschäftigen?*

Die Beschäftigung mit ethischen Fragen sensibilisiert uns für die kleinen und großen moralischen Alltagsprobleme, die uns immer wieder begegnen und oft unvorbereitet treffen. Ethische Probleme zu durchdenken unterstützt uns dabei, unsere Urteilskraft zu stärken und Klarheit in unserem eigenen Denken zu gewinnen. Das macht uns fit, für unsere eigenen moralischen Fragen robuste und präzise Antworten zu finden.

Wie viel Gewissen darf's denn sein?

Ethik in Beruf und Alltag

Thomas Wilhelm

Haufe Mediengruppe
Freiburg · Berlin · München

Bibliografische Information der Deutschen Nationalbibliothek

Die Deutsche Nationalbibliothek verzeichnet diese Publikation in der Deutschen Nationalbibliografie; detaillierte bibliografische Daten sind im Internet über http://www.d-nb.de abrufbar.

Print: ISBN: 978-3-648-01980-1 Bestell-Nr. 00447-0001
ePub: ISBN: 978-3-648-01981-8 Bestell-Nr. 00447-0100
ePDF: ISBN: 978-3-648-01982-5 Bestell-Nr. 00447-0150

Thomas Wilhelm
Wie viel Gewissen darf's denn sein?
1. Auflage 2011

Redaktionsanschrift: Fraunhoferstraße 5, 82152 Planegg/München
Telefon: (089) 895 17-0,
Telefax: (089) 895 17-290
www.haufe.de
online@haufe.de
Produktmanagement: Dr. Leyla Sedghi

Lektorat: Gisela Fichtl
Desktop-Publishing: Agentur: Satz & Zeichen, Karin Lochmann, 83071 Stephanskirchen
Umschlag: Grafikhaus, 80469 München
Druck: Schätzl Druck, 86609 Donauwörth

Zur Herstellung dieses Buches wurde alterungsbeständiges Papier verwendet.

Inhaltsverzeichnis

Für Keiko

Mit Moral durchs Leben – geht das?

- Sind Notlügen manchmal erlaubt?
- Wie loyal muss ich meinem Arbeitgeber gegenüber sein?
- Darf ich petzen?
- Soll ich mich um die Pflege meiner Eltern kümmern, auch wenn dies meine Karriere gefährdet?
- Ich stelle fest, dass ich ein Versprechen nicht halten kann, was soll ich tun?
- In welche Dinge sollte ich mich einmischen, wenn ich merke, dass etwas falsch läuft?
- Was tue ich, wenn mich jemand ausnutzt?
- Unter welchen Umständen darf ich ein Geheimnis verraten?
- Gibt es spezielle Freundschaftspflichten?
- Wie weit geht meine Fürsorgepflicht als Vorgesetzter?
- Hat man Verwandten gegenüber mehr Pflichten als gegenüber Fremden?
- Soll ich eingreifen, wenn ich sehe, dass ein Kollege gemobbt wird?
- Ist es in Ordnung, im Bewerbungsgespräch zu flunkern, wenn man keinen geraden und lückenlosen Lebenslauf hat?
- Was tue ich, wenn ich das Gefühl habe, ungerecht behandelt zu werden?
- Ist es richtig, immer seine ehrliche Meinung zu sagen, auch wenn man dadurch jemanden verletzt?
- Soll man unangenehme Nachrichten manchmal besser zurückhalten?
- Was tue ich, wenn zwei Pflichten miteinander kollidieren?
- Ist Ethik nicht immer relativ?
- Warum sollte ich überhaupt moralisch handeln?
- Welche Dinge sind wichtig im Leben?
- Was bedeutet für mich ein glückliches, gelingendes Leben?

Solche und ähnliche Fragen führen uns mitten hinein in die Ethik. Es sind Fragen, die uns im Alltag immer wieder begegnen, die uns beschäftigen und manchmal auf der Seele liegen, weil wir vielleicht zu keiner befriedigenden Antwort kommen. Was den Fragen gemeinsam ist: Sie berühren die Interessen und Anliegen anderer Personen, aber auch meine eigenen. Mit anderen Worten, es sind moralische Probleme, die uns da umtreiben.

Mein Anliegen in diesem Buch ist, sich mit all diesen Fragen einmal bewusst auseinanderzusetzen, nach Wegen zu suchen, wie wir zu befriedigenden Lösungen gelangen können. Dabei ist es nicht Ziel dieses Buches, besserwisserisch und mit dem moralischen Zeigefinger Tipps und gute Ratschläge zu geben, wie man sich richtig moralisch zu verhalten hat. Die konkreten Situationen, die beteiligten Parteien und deren Interessen sind zu unterschiedlich, als dass sie durch Patentrezepte gelöst werden könnten.

Ich möchte aufzeigen, wie man in moralisch schwierigen Situationen zu Entscheidungen kommen kann, welche Einflussfaktoren man berücksichtigen sollte und wie man, wenn man eine Entscheidung getroffen hat, konsequent handeln kann. Dazu stelle ich ein moralisches Modell vor, das Sie dabei unterstützen kann, zu differenzierteren moralischen Entscheidungen zu kommen. Ich nenne es Common-Sense-Ethik. Es handelt sich letzten Endes um eine Rekonstruktion der moralischen Intuitionen unserer Alltagsmoral.

Warum lohnt es sich für Sie, sich mit ethischen Fragestellungen zu beschäftigen?

1. Sie können Ihre Entscheidungen auf eine solidere Begründungsbasis stellen und finden geeignetere Handlungsoptionen in ethisch anspruchsvollen Situationen.
2. Sie werden sicherer in der Bewertung der ethischen Qualität einer Handlung.
3. Sie gewinnen einen Rahmen für Ihre persönlichen ethischen Ideale, für Ihren persönlichen ethischen Code.
4. Sie können Ihr eigenes Handeln leichter überprüfen.
5. Sie schärfen Ihre ethischen und moralischen Intuitionen.
6. Sie gewinnen begriffliche Klarheit und bewegen sich dadurch sicherer innerhalb Ihrer moralischen Bewertungen. Sie werden Begriffe präziser unterscheiden und steigern damit Ihre Urteilskraft. Das hilft Ihnen dabei, ethisch relevante Situationen angemessener zu

interpretieren und damit robuster in Ihren Entscheidungen zu werden.

Man muss dabei akzeptieren, dass es nicht nur eine Antwort auf eine moralische Frage gibt. Vernünftige Menschen können zu unterschiedlichen Antworten kommen, die gleichermaßen gerechtfertigt sind. Ethik ist nicht wie Mathematik, sie ist auch nicht wie eine Wissenschaft. Unsere moralischen Urteile lassen sich nicht auf ein einfaches Erklärungsschema reduzieren. Es erfordert immer einen Blick auf die ganz konkrete Situation, wenn man zu moralisch robusten Entscheidungen gelangen möchte. Die Entwicklung der eigenen Urteilskraft ist deshalb ein wichtiger Schritt.

Um sichere Urteile bilden zu können, spielen sowohl Vernunftüberlegungen als auch Emotionen eine wichtige Rolle. In den letzten Jahren wurden so viele sozialpsychologische Experimente mit dem Ergebnis veröffentlicht, dass Gefühle die Bewertung von Handlungen stark beeinflussen. Das hat dazu geführt, dass viele glauben, moralische Fragen sind letztlich nur durch den Zugang zu unseren Emotionen zu lösen. Die Vernunft hat dabei maximal die Funktion, uns Handlungsoptionen vor Augen zu führen. Die moralische Bewertung ist dann unseren Emotionen zu überlassen. Ich halte es für falsch, Vernunft und Emotion voneinander trennen zu wollen. Ich glaube, dass beide Aspekte wichtig sind und man sie nicht künstlich trennen kann. Ohne kühle Überlegungen und eine rationale Analyse wird man in vielen Situationen eine falsche Entscheidung treffen und ohne Emotionen wird man möglicherweise gar keine Entscheidung treffen oder Situationen falsch bewerten. Das Ideal wäre, beide Aspekte im Blick zu halten: seine rationale Urteilskraft zu stärken, aber auch die Fähigkeit weiterzuentwickeln, angemessene emotionale Reaktionen zu haben. Das heißt letzten Endes, einen Charakter auszubilden, der eine Balance zwischen Ratio und Emotio widerspiegelt.

Das ist auch der Grund, warum ich Ihnen in diesem Buch viele kleine Geschichten und Fälle schildere. Mit moralischen Fragen beschäftigt man sich am besten, indem man sich in konkrete Situationen hineinzudenken versucht. Ethische Fragen sind immer in komplexen Lebenssituationen verankert. Es handelt sich in der Regel nicht um eindimensionale Entscheidungssituationen. Vielmehr spielen viele Faktoren, auch emotionaler Art, mit hinein. Konkrete Geschichten helfen uns dabei, diese Faktoren besser berücksichtigen zu können und die moralischen Probleme und deren Lösungen leichter zu verstehen. In vielen Fällen ist klar, wie die moralisch richtige Entscheidung aussehen sollte.

Was die Situation jedoch vermeintlich unlösbar macht, ist, dass man keine Idee hat, was man nun konkret tun kann. Deshalb werde ich in diesem Buch auch immer wieder Hilfestellung bei der Frage anbieten, wie man es umsetzen kann, wenn man erkannt hat, welche Lösung moralisch die richtige ist. Den Stein der Weisen habe ich dabei gewiss nicht gefunden, ich bin auch kein Moralist, der anderen Menschen erklären könnte, welches die beste Entscheidung ist. Ich möchte Sie jedoch dabei unterstützen, für sich selbst mehr Klarheit in moralischen Fragen zu finden. Was ich auch demonstrieren möchte, ist, dass es bereichernd und lehrreich sein kann, sich mit ethischen Fragen zu beschäftigen und in seinem Leben eine ethische Perspektive zu entwickeln.

Eine ethische Perspektive einzunehmen bedeutet, ethische Überlegungen in seine Handlungen einfließen zu lassen und sich im Alltagshandeln von ihnen leiten zu lassen. Es bedeutet, beständig die Interessen anderer Menschen zu berücksichtigen, sich aktiv mit all den kleinen moralischen Fragen auseinanderzusetzen, die uns im Alltag auf Schritt und Tritt begegnen. Das führt natürlich zu Spannungen mit unserer Ich-Perspektive. Wir stecken in unserer ganz subjektiven Welterfahrung mit all den Wünschen, Sorgen, Ängsten, Hoffnungen und Freuden, die wir haben. Wir sind zwangsläufig parteiisch, was uns und unser Leben betrifft. Denn natürlich möchte ich, dass es mir gut geht, dass ich ein erfolgreiches Leben führe. Da funkt uns nun diese ethische Perspektive dazwischen, die von uns verlangt einen Schritt zurückzutreten und einen unparteiischen Blick auf die Welt zu werfen, um das moralisch Richtige zu tun. Der moralische Standpunkt fordert von uns, die Sicht des neutralen Beobachters einzunehmen, der mit kühlem Kopf entscheidet, was die moralisch beste Handlung ist. Lohnt das überhaupt? Und wenn ja wozu?

Die Frage „Was soll ich tun?“ ist daher im Grunde immer ambig. Sie kann bedeuten: Was ist für mich das Klügste und Vernünftigste angesichts meiner Interessen und Anliegen? Oder sie bedeutet: Was soll ich in einem moralischen Sinn – eben als Ausdruck einer ethischen Perspektive – tun? Was ist das moralisch Richtige? Die ethische Perspektive in unser Leben zu integrieren, fällt also nicht immer leicht. Hinzu kommt, dass derjenige, der versucht das moralisch Richtige zu tun, oft belächelt und für etwas naiv gehalten wird. Im Businessleben kann einem schon einmal entgegengehalten werden: „Ethik kam man sich nur leisten, wenn man Profit macht. Alles andere ist naiv und unprofessionell.“ Dabei wird so getan, als seien nur Kosten-Nutzen-Analysen Instrumente rationalen Denkens.

Aber das ist falsch. Moral und Ethik hat einen sehr rationalen Kern. Moralische Gründe können gute rationale Gründe dafür sein, dass man bestimmte Handlungen durchführt oder auch nicht. Schaden verhindern oder mindern, ein lebenswerteres Miteinander erzielen, gegenseitiges Vertrauen aufbauen, Verlässlichkeit schaffen, Freude gewinnen aus der Freude anderer – all dies können gute und durchaus vernünftige Motive für moralisches Handeln sein. Das Anliegen dieses Buches ist daher auch zu zeigen, inwiefern unsere Alltagsmoral uns rationale Gründe für unsere Entscheidungen liefert.

Eine perfekte Integration der ethischen Perspektive wird nicht immer zu leisten sein. Es bringt jedoch schon viel, wenn man sich bewusst mit moralischen Fragen auseinandersetzt, da dies Möglichkeiten aufzeigt, wie die ethische Perspektive ins eigene Leben mit aufgenommen werden kann. Vielleicht werden Sie in der einen oder anderen Lage in Zukunft ein wenig anders entscheiden, vielleicht kommen Sie der Person, die Sie sein möchten, ein Stückchen näher, vielleicht werden Sie manches Mal etwas weniger Unbehagen empfinden, wenn Sie sich für diese oder jene Handlung entschieden haben – ich persönlich bin der festen Überzeugung, dass es uns bereichert, eine ethische Perspektive einzunehmen.

Zwei Bemerkungen möchte ich zum Schluss dieser Einleitung noch loswerden:

Erstens: Ich verwende die Begriffe *Moral*, *Ethik*, *moralisch*, *ethisch* weitgehend gleichbedeutend. Umgangssprachlich wird zwischen diesen Begriffen häufig nicht unterschieden und deswegen möchte ich auch in diesem Buch so verfahren.

Zweitens: Es ist eine offene Frage, was alles Gegenstand ethischer Überlegungen sein kann. Ich klammere hier ganz bewusst ethische Fragen zu Themen wie Tierschutz, Umweltschutz, Umgang mit unserer Biosphäre, Umgang mit zukünftigen Generationen aus.

Ein moralisches Dilemma

Klaus Petersen war überrascht, dass er noch so spät zum Geschäftsführer, Herrn Bornheim, gerufen wurde. Immerhin war es schon nach 18 Uhr. Es musste um eine dringende Angelegenheit gehen. Als Klaus ins Büro des Geschäftsführers eintrat, stand dieser am Fenster. Mit nachdenklicher Miene drehte Bornheim sich um.

„Bitte, nehmen Sie doch Platz."

Petersen setzte sich und blickte gespannt in das Gesicht Bornheims. Bornheim sah müde und überarbeitet aus. Kein Wunder, die letzten Wochen waren ziemlich ereignisreich. Erst der verlorene Großauftrag in Dubai und dann das Gerücht, dass ein chinesischer Konkurrent das Unternehmen übernehmen wolle. Aber keiner wusste – zumindest ab Abteilungsleiterebene abwärts –, was an der Geschichte dran war.

„Ich möchte Ihnen etwas Wichtiges mitteilen", sagte Bornheim geheimnisvoll. „Aber was ich Ihnen sage, muss unter uns bleiben. Kann ich mich darauf verlassen?"

„Natürlich, Herr Bornheim", erwiderte Petersen.

„Gut, es ist sehr wichtig, dass nichts nach außen dringt."

„Sie können sicher sein, dass ich alles für mich behalten werde."

Bornheim holte tief Luft. „Wir werden demnächst von Wang Ltd. übernommen. Die Verhandlungen sind so gut wie abgeschlossen."

„Also doch ...", murmelte Petersen.

„Wie bitte?", fragte Bornheim.

„Na ja, es gab schon seit einiger Zeit Gerüchte."

„Die gab es wohl ... Nun gut. Ich habe Sie heute hergerufen, weil diese Übernahme natürlich mit einigen drastischen Veränderungen verbunden sein wird. Einige Abteilungen werden wir vollkommen aufgeben, so zum Beispiel die IT-Abteilung. Andere werden so weitermachen können wie bisher. So auch die Marketingabteilung, für die ja Sie zuständig sind."

„Warum erzählen Sie mir das alles, Herr Bornheim."

„Nun ja, in der Vorbereitung der Übernahme müssen einige Transition-Workshops durchgeführt werden. Dazu benötigen wir Unterstützung und da habe ich unter anderem an Sie gedacht."

„Ach so, ... was passiert dann mit der Abteilung IT von Ralf Müller?"

„Die Abteilung wird – wie gesagt – dicht gemacht und von den Mitarbeitern werden wir uns trennen. In einem Monat, wenn die Verhandlungen ganz abgeschlossen sein werden, werden wir dann Trennungsgespräche mit den beteiligten Mitarbeitern führen."

Bornheim erklärte Petersen, wie die nächsten Schritte der Verhandlung ablaufen würden und in welchen Phasen er die Hilfe von Petersen brauchte. Dann verabschiedete er ihn.

Als Petersen draußen vor der Tür des Geschäftsführers stand, konnte er zunächst keinen klaren Gedanken fassen. Er hatte mit Vielem gerechnet, aber nicht mit dieser Nachricht. Da fiel ihm ein, dass er schleunigst los musste, denn heute war ja Donnerstag und donnerstags spielte er immer in einer Freizeitgruppe Volleyball. Von der Firma waren außer ihm noch Sonja Köhler und Ralf Müller dabei. Bei dem Gedanken gleich Ralf Müller zu treffen, mit dem er in den letzten zwei Jahren eine gute Freundschaft aufgebaut hatte, wurde ihm ganz flau im Magen. Bornheim war nicht bekannt, dass Petersen und Müller gute Freunde waren.

Petersen fragte sich, was er jetzt tun sollte. Sollte er seinen Freund in die Angelegenheit einweihen? Aber andererseits hatte er doch versprochen, nichts über das Gespräch zu erzählen. Er konnte nicht einfach seine Zusage brechen. Außerdem wäre es wahrscheinlich unklug, die Geschichte Müller zu erzählen. Es käme dann bestimmt heraus, dass er geplaudert hatte, was mit Sicherheit auch für seine Karriere nicht förderlich wäre. Er hätte ja dann das Vertrauen von Bornheim missbraucht. Andererseits, seinen Freund nicht einzuweihen, ist das nicht auch ein Vertrauensbruch? Setzt Petersen dadurch nicht vielleicht seine Freundschaft mit Müller aufs Spiel? Er brauchte sich nur in die Lage von Müller zu versetzen, um zu verstehen, wie er selbst reagieren würde, falls ein Freund ihm etwas Wichtiges verheimlichte.

In dieser Lage wäre es für Petersen hilfreich, wenn es ein klares, einfaches Prinzip oder eine Regel gäbe, der er in dieser moralischen Dilemmasituation folgen könnte. Eine einfache Regel, die es einem leicht machen würde, die richtige Entscheidung zu treffen. Gibt es in der Ethik eine solche Regel? Oder gibt es eine präzise, alltagstaugliche Theorie, die uns in der Praxis helfen kann, die moralisch richtige Entscheidung zu treffen? Und wenn ja, welcher ethischen Theorie, welchem moralischen Modell sollte man folgen?

Was soll ich tun? Wie soll ich handeln? Woran soll ich mich orientieren? Gibt es Maßstäbe oder Prinzipien, von denen ich mich leiten lassen kann? Gibt es eine allgemeine Antwort auf diese Fragen, eine Antwort, die mir als Richtschnur dienen kann, um in allen Situationen die moralisch richtige Entscheidung zu treffen?

Auf dieses Fragenbündel hätten viele Menschen gern eine klare und präzise Antwort. Und tatsächlich: Antworten gibt es. Die Antworten aber, denen man begegnet, sind so vielfältig und verschieden, dass man sehr schnell die Orientierung verlieren kann. Ich möchte daher zunächst ein bisschen Ordnung in diese Vielzahl von Antworten bringen und habe die gängigsten klassischen Kandidaten zusammengestellt.

Sie lauten:

1. Folge deinem Gewissen.
2. Folge der goldenen Regel.
3. Tu, was dir am besten nützt.
4. Tu, was den meisten Nutzen für die Allgemeinheit hat.
5. Tu, was deine Pflicht ist.

Folge deinem Gewissen

Eine nahe liegende Antwort auf die Frage, wie man handeln soll, besteht in dem Verweis auf das Gewissen. Wenn du herausfinden möchtest, was das moralisch Richtige ist, dann höre einfach auf deine innere Stimme. Sie wird dir sagen – wenn du nur richtig zuhörst –, was du zu tun hast. Unser Gewissen, eine Art innerer, mentaler Behälter, birgt alle unsere akzeptierten Handlungsnormen und unsere Vorstellungen davon, was richtig oder falsch ist. Unser Gewissen ist daher die erste und uns nächste moralische Instanz, die wir in schwierigen moralischen Situationen befragen können. Gewissermaßen der kostengünstigste ethische Berater.

Petersen aus unserem Beispiel könnte also einfach auf sein Gewissen hören, um zur richtigen Entscheidung zu gelangen. Das Gewissen wird ihm die richtige Antwort liefern.

Die Lösung, das eigene Gewissen zu befragen und auf dessen Antwort zu hören, klingt vernünftig. Denn in der Tat drückt uns ein schlechtes Gewissen, wenn wir etwas tun, was moralisch nicht richtig ist. Ein schlechtes Gewissen oder Gewissensbisse sind ein gutes Signal, dass wir etwas getan haben, was wir nicht hätten tun sollen. Wir haben vielleicht zu einer Ausrede gegriffen, um ein Versprechen nicht halten zu müssen; wir hätten vielleicht jemandem helfen sollen, haben uns aber mehr um unsere eigenen Interessen gekümmert. Andererseits: Ein gutes Gewissen zu haben, bedeutet, das moralisch Richtige getan zu haben und mit seiner Handlungsweise zufrieden zu sein.

Leider sind jedoch die Ratschläge des Gewissens mit Vorsicht zu genießen. Das Hauptproblem liegt darin, dass das Gewissen uns täuschen kann. Unsere innere Stimme kann uns falsche Dinge einflüstern und uns in eine verkehrte Richtung oder sogar in die Irre führen. Die Grundfrage an das Gewissen lautet nämlich: Wie können wir sicher sein, dass das, was uns unser Gewissen sagt, wirklich richtig ist? Nur die Tatsache, dass die moralische Handlungsempfehlung aus unserem Gewissen stammt, bürgt noch nicht für Qualität. Wir brauchen eine zusätzliche unabhängige Qualitätskontrolle. Doch wie könnte die aussehen?

Sich auf das Gewissen zu verlassen, ist, als ob man ungeprüft den Inhalt einer Kiste kaufen würde, auf der „Made in Germany" steht. „Made in Germany" mag zwar ein Qualitätssiegel sein, es garantiert aber nicht in jedem Fall ein einwandfreies Produkt. Mit dem „Handeln by Gewissen" verhält es sich ähnlich. Die Bezugnahme auf das Gewissen kann zwar zum moralisch Richtigen führen, muss aber nicht. Beispiele aus der Geschichte, in denen Personen mit Berufung auf ihr Gewissen Gräueltaten begingen, sind schnell aufgezählt. Von Erich Kästner stammt das Zitat: „Das Gewissen ist fähig, Unrecht für Recht zu halten, Inquisition für Gott wohlgefällig und Mord für politisch wertvoll. Das Gewissen ist um 180 Grad drehbar."

Meistens erhält man auf diesen Einwand zur Antwort, dass diese Personen nicht dem wahren Gewissen gefolgt sind. Denn das wahre und gute Gewissen wird uns nie etwas Falsches eingeben. Wenn es also gewissermaßen gute und schlechte Gewissen gibt – so wie es gute und schlechte Äpfel gibt –, wie unterscheidet man sie voneinander?

Versucht man diese Frage zu beantworten, landet man letzten Endes bei der inhaltlichen Auseinandersetzung mit den Gewissensinhalten. Das heißt die Qualität der Gewissensinhalte ist es, die ausmacht, ob eine Handlung oder Entscheidung moralisch zulässig ist. Die Berufung auf das Gewissen als Quelle für moralisch richtiges Handeln bringt uns keinen Schritt weiter. Das Gewissen, als Summe unserer Wertvorstellungen, ist bereits durch unsere Erziehung und Weltanschauungen geprägt, es enthält nicht einfach moralisch korrekte Lehrsätze, die wir mit genügend innerer Konzentration zu Tage fördern könnten.

Und tatsächlich ist Petersen aus unserem Beispiel durch sein Gewissen hin und her gerissen. Denn zum einen rät ihm sein Gewissen, dass er seinem Freund nichts verheimlichen darf, vor allem nicht solch eine wichtige Sache, die einen massiven Einfluss auf das Leben seines Freundes haben wird. Zum anderen rät es ihm davon ab, ein Versprechen zu brechen. Denn ein gegebenes Versprechen bricht man nicht so einfach, vor allem in so einer wichtigen Sache, die einen massiven Einfluss auf die Geschicke des Unternehmens haben kann. Wie es Petersen auch dreht und wendet, mit Rekurs auf sein Gewissen ist dem Dilemma nicht zu entkommen. Vielmehr wird der Konflikt innerhalb seines Gewissens ausgetragen.

Ein weiteres Problem bei der Berufung auf das Gewissen besteht darin, dass dieses Verfahren leicht zu einem Diskussionsstopper werden kann. In einer moralischen Streitfrage kann es passieren, dass ich mich darauf beziehe, was mir mein Gewissen sagt. Doch auch mein Gesprächspartner verweist auf seine Gewissensentscheidung. Gewissen steht gegen Gewissen. Raum für Diskussionen und den Austausch von Argumenten kann es dann nicht mehr geben. Das Einzige, was wir tun können, ist, uns gegenseitig mitzuteilen, was uns unsere jeweiligen Gewissen vorschreiben. Das ist eine unbefriedigende Situation.

Folge der goldenen Regel

Vielleicht ist die Alternative leichter zu finden als gedacht. Wenn es auf die inhaltliche Qualität der Handlungsnormen ankommt, dann steht uns eine mächtige Regel zur Verfügung, die sogenannte goldene Regel. Diese Regel tritt in verschiedenen Varianten auf:

> Was du nicht willst, das man dir tu, das füg auch keinem anderen zu.
> Behandle die anderen so, wie du selbst behandelt werden möchtest

Die goldene Regel spielt eine wichtige Rolle in vielen Religionen und Weisheitslehren der Menschheit:

- um 500 v. Chr.: „*Was du selbst nicht wünschest, das tue nicht den Menschen an.*" – Analekten des Konfuzius XII,2[8], XV, 23[9] Konfuzianismus
- 5. Jahrhundert v. Chr.: „*Tue anderen nicht an, was dich ärgern würde, wenn andere es dir täten.*" – Sokrates, griechischer Philosoph
- 4. Jahrhundert v. Chr.: „*Man soll sich nicht auf eine Weise gegen andere betragen, die einem selbst zuwider ist. Dies ist der Kern aller*

Moral. Alles andere entspringt selbstsüchtiger Begierde." – Mahabharata, Anusasana Parva 113, 8; Mencius Vii, A, 4, Hinduismus

- 1. Jahrhundert: „*Alles nun, was ihr wollt, daß die Menschen euch tun, das tut ihnen ebenso.*" – Bibel, Matthäus 7, 12; Lukas 6, 31, Christentum[11]
- 2. Jahrhundert: „*Was dir selbst verhasst ist, das tue nicht deinem Nächsten an. Dies ist das Gesetz, alles andere ist Kommentar.*" – Talmud, Shabbat 31a, Judentum
- 7. Jahrhundert: „*Der vorzügliche Glaube ist, das, was du für dich wünschst, auch den anderen zu wünschen, und das, was du dir nicht wünschst, den anderen auch nicht zu wünschen.*" – Hadithsammlung des Ahmad Ibni Hanbal, Islam

Die goldene Regel baut auf einer wichtigen Einsicht der Ethik auf: Um die Interessen anderer Menschen angemessen zu berücksichtigen, sollte man versuchen, sich in die anderen Personen hineinzuversetzen, um dann aus deren Perspektive zu beurteilen, welche Handlungen man sich selbst wünschen würde. Die goldene Regel ist eine Einladung, die eigene parteiische Perspektive zu verlassen und einen übergeordneten Standpunkt einzunehmen. Insofern verkörpert die goldene Regel ein ganz entscheidendes Prinzip der ethischen Haltung.

Der Ratschlag ist nun folgender: Vernünftige Menschen brauchen nur der goldenen Regel zu folgen und man wird in jeder nur möglichen moralischen Situation wissen, was zu tun ist.

Diese Regel ist einfach und offenbar leicht zu befolgen. Und sie scheint uns die richtigen Ergebnisse hinsichtlich unserer moralischen Intuitionen zu liefern:

- Ich möchte nicht bestohlen werden, also sollte ich auch andere nicht bestehlen.
- Ich möchte nicht belogen werden, also sollte ich auch andere nicht belügen.
- Ich möchte nicht, dass man mir gegenüber Gewalt anwendet, also sollte auch ich keine Gewalt anwenden.

Ich möchte nicht, dass mein Freund etwas vor mir verheimlicht, also sollte ich auch nichts vor ihm verheimlichen. In unserem obigen Beispiel folgt somit, dass Petersen seinem Freund von dem Gespräch mit seinem Chef erzählen sollte. Doch halt. Auf der anderen Seite möchte ich auch nicht, dass etwas, das ich jemandem im Vertrauen gesagt habe, weitererzählt wird. Das bedeutet aber, nach der goldenen Regel dürfte ich meinem Freund nichts von dem Gespräch erzählen. Die Regel hilft mir nicht dabei, eine Entscheidung zu treffen.

Bei einigem Nachdenken über diese ethische Superregel findet man noch ein paar andere Probleme und Haken. Stellen Sie sich vor, Peter hat einen Freund, der in Not geraten ist und der sich daher von ihm Geld leihen möchte. Peter selbst ist ein sehr stolzer Mensch, er würde nie einen seiner Freunde um Geld bitten, wenn er finanzielle Hilfe bräuchte. Er würde also nicht wollen, dass ihm einer seiner Freunde aus der Patsche hilft. Wenn Peter nun unserer Superregel folgt, hieße das, dass er auch seinem Freund nicht helfen sollte.

Ein anderes Beispiel: Max ist völlig egal, wie andere Menschen ihn behandeln, heißt das nun nach der goldenen Regel, dass es ihm egal sein kann, wie er andere behandelt? Das deckt sich nicht mit unseren moralischen Intuitionen. Oder betrachten wir Sonja: Sie möchte gern in ihrem Job speziell protegiert werden. Bedeutet das für sie, dass auch sie andere Personen protegieren sollte. Auch hier würden wir wahrscheinlich nicht zustimmen.

All diese Gegenbeispiele zeigen, dass unsere goldene Regel offensichtlich nicht ganz zuverlässig ist. Das Hauptproblem liegt darin, dass das moralische Handeln von den subjektiven Präferenzen der Menschen abhängig gemacht wird. Und diese Präferenzen mögen in vielen Fällen vernünftig oder harmlos sein, aber manchmal eben nicht. Die goldene Regel trifft einen wichtigen Kern vieler unserer moralischen Bewertungen, deshalb ist sie nützlich. Aber sie kann eben auch in die Irre führen. Und deshalb kann man sich nicht ganz auf sie verlassen.

Tu, was dir am meisten nützt: ethischer Egoismus

Die goldene Regel war für Petersen keine entscheidende Hilfe und auch das Gewissen hat sich nicht als Ausweg herausgestellt. Da stellt sich die Frage: Suchen wir möglicherweise in die falsche Richtung?

Wir sollten vielleicht eher von der wahren Natur des Menschen ausgehen. So wie sie Thomas Hobbes gesehen hat. Nach seiner Theorie ist der Mensch von Natur aus Egoist, das heißt, er stellt stets seinen Eigennutz in den Vordergrund. Ethik und Moral sind nichts anderes als dekoratives Beiwerk für die angeblichen Gutmenschen, die letztendlich auch nur aus egoistischen Motiven so handeln.

Dass Menschen moralisch handeln, liegt nur daran, dass sie Angst vor Sanktionen haben. Wer keine Strafe befürchten muss, der wird sich auch nicht aufgefordert fühlen, besonders moralisch zu sein. Schon der griechische Philosoph Plato hat das erkannt, als er die Geschichte des Schafhirten Gyges erzählte.

Der Schäfer Gyges

Gyges war ein Schäfer, der dem Herrscher von Lydia diente. Eines Tages gab es einen furchtbaren Sturm und ein Erdbeben spaltete die Erde und bildete einen Krater in der Gegend, wo Gyges normalerweise seine Herde hütete. Als er das große Loch sah, war Gyges sehr erstaunt und stieg hinein. Und zusätzlich zu anderen Wundern, von denen nichts berichtet wird, sah er ein hohles, bronzenes Pferd. Dieses Pferd war mit Fenstern versehen und als er durch diese hineinschaute, sah er eine Leiche, die größer als ein gewöhnlicher Mensch zu sein schien und nichts außer einem goldenen Ring an ihrem Finger trug. Gyges zog den Ring ab und stieg damit aus dem Krater heraus.

Gyges trug den Ring zu dem monatlichen Treffen, das stattfand, um dem König den Stand der Schafherde mitzuteilen. Als er mit den anderen zusammensaß, traf es sich, dass er die Fassung des Rings nach der Innenseite der Hand hin umdrehte. Als er dies tat, wurde er plötzlich unsichtbar für alle, die um ihn saßen, und sie sprachen so miteinander, als wäre er weggegangen. Er war darüber verwundert und fasste den Ring wieder an, um die Fassung wieder nach außen zu drehen, und so wurde er wieder sichtbar. Er experimentierte mit dem Ring, um zu testen, ob er wirklich diese Kraft besaß – und dem war so. Sobald er die Fassung nach innen drehte, wurde er unsichtbar; wenn er sie nach außen drehte, wurde er wieder sichtbar. Als er das erkannte, ließ er sich sofort zum Boten wählen, der den König über den Stand der Herde in Kenntnis zu setzen hatte. Als er am Königshof ankam, verführte er dann aber die Frau des Königs, tötete den König und setzte sich selbst die Königskrone auf das Haupt.

Nehmen wir einmal an, es gäbe zwei von diesen Ringen, einen, der von einer moralisch guten Person, und einen anderen, der von einer moralisch schlechten Person getragen wird. Dann wären beide Personen unsichtbar und niemand könnte die moralisch gute Person von der moralisch schlechten Person unterscheiden. Dann würde keiner so gut sein und auf dem moralischen Pfad bleiben und vom Hab und Gut anderer Leute ablassen. Wenn er stehlen könnte, ohne sich der Gefahr auszusetzen, erwischt zu werden, würde er doch nicht auf dem moralischen Pfad bleiben. Ebenso wenig, wenn er in Häuser anderer Leute einbrechen könnte, ohne dass es irgendjemand bemerken würde, und alle möglichen

> andere Dinge tun könnte, die eine Person zu einem Gott unter Menschen macht. Die Handlungen der ehemals guten Person wären doch nicht anders als die der moralisch schlechten Person; beide würden denselben Weg gehen. Dies ist ein Beweis dafür, dass niemand wirklich moralisch gut sein will; diejenigen unter uns, die moralisch gute Dinge tun, handeln nur so, um von anderen gepriesen zu werden und um sich keine Sorgen machen zu müssen, von anderen auf frischer Tat ertappt zu werden. (Plato, Staat II, 359c–360c)

Diesem pessimistischen Menschenbild möchte man entgegenhalten: Aber schau dich doch nur um, viele Menschen handeln völlig uneigennützig. Sie sind nicht engherzig nur auf ihren eigenen Vorteil bedacht, sondern sie handeln oftmals altruistisch. Hätte sonst Politiker X seinen Rücktritt von allen seinen Ämtern erklärt? Würden sonst so viele Geld spenden für vollkommen fremde Menschen, die in Not geraten?

Hierauf erwidert der Egoist: Der Rücktritt des Politikers ist ganz klar mit eigennützigen Motiven zu erklären. Er hat erkannt, dass jeder weitere Verbleib in seinem Amt nur noch Schaden vor allem im Ansehen für ihn bedeutet hätte. Und dass Menschen spenden, liegt darin begründet, dass sie sich dadurch ein gutes Gefühl verschaffen. Dieses Gefühl zu haben, ist der eigentliche Grund ihrer Handlungen.

An dieser Stelle jedoch macht der psychologische Egoist einen gedanklichen Fehler. Er verwechselt den Inhalt eines Motivs mit seinen Begleiterscheinungen. Wenn ich möchte, dass den Erdbebenopfern geholfen wird, und glaube, dass meine Spende einen Beitrag dazu liefern kann, so ist dies mein altruistisches Motiv und der entscheidende Beweggrund für meine Handlung. Dass ich mich danach gut fühle, ist eine angenehme Begleiterscheinung, aber diese Begleiterscheinung war nicht das Ziel meiner Handlung. Außerdem ignoriert der Egoist einfach die empirische Tatsache, dass es altruistische Handlungen gibt, dass Menschen dabei helfen wollen, nicht nur die eigenen, sondern auch fremde Interessen zu verwirklichen.

Der psychologische Egoismus erscheint wenig plausibel und widerspricht unseren Erfahrungen. Das heißt jedoch nicht, dass die Position des Egoisten erledigt ist. Der Egoist kann nämlich einräumen: Okay, vielleicht war mein Menschenbild zu pessimistisch und vielleicht gibt es Menschen, die altruistisch handeln. Das heißt aber nicht, dass man so handeln sollte. Der kluge und rationale Mensch wird sich folgende Maxime als Leitlinie setzen: Handle stets so, dass du deinen persönlichen Nutzen maximierst. Das ist die Position des ethischen Egoismus – und übrigens auch die Philosophie der Ferengi aus Star Trek. Wobei der Nutzen, den man zu maximieren versucht, auf unterschiedliche Weise verstanden werden kann:

- was ich mit gutem Grund glaube, das mir nutzt,
- was in meinem (auch langfristigen) Interesse liegt,
- was mir Vergnügen bereitet,
- was ich am meisten möchte.

Der ethische Egoismus geht davon aus, dass seine Position am besten zu den Menschen passt, die wir nun einmal sind. Und in erster Linie denken wir an unser eigenes Interesse, wenn auch vielleicht nicht immer. Mit dieser Strategie der persönlichen Nutzenmaximierung fährt man im Leben am besten. In unserem Beispiel von oben sollte Petersen also überlegen, welche der ihm zur Verfügung stehenden Handlungsalternativen den meisten Nutzen bietet. Und da kommt er vielleicht zu dem Schluss, dass er seinem Freund von dem Gespräch mit seinem Chef nichts erzählen sollte, denn es könnte seiner Karriere im Unternehmen schaden, wenn am Ende vielleicht herauskäme, dass er den Inhalt des Gesprächs ausgeplaudert hat. Ein schlechtes Gewissen muss er dabei nicht haben, da jeder in seiner Position genauso handeln sollte.

Aber bedeutet das nicht, dass, wenn jeder nur noch an sich selbst denkt, wir in einem Zustand ständiger Konflikte leben würden, in dem sich die Menschen am Ende selbst zerstören? Ganz nach dem Motto von Thomas Hobbes: Homo Homini Lupus (Ein Wolf ist der Mensch dem Menschen)? Darauf wird der ethische Egoist antworten: „Dieses Schreckensszenario folgt keineswegs. Wir Egoisten sind ja klug. Natürlich sind wir an einer vernünftigen, friedlichen Kooperation mit anderen Menschen interessiert. Das nützt uns letzten Endes mehr, als wenn wir uns permanent anfeinden würden. Der Spieltheoretiker Axelrod hat schon in einem interessanten Experiment herausgearbeitet, dass Kooperation – unter der Annahme, dass man längerfristig miteinander zu tun hat – die erfolgreichste Strategie darstellt. Deswegen haben wir auch ein Interesse daran, dass Konflikte, sofern sie auftauchen, so friedlich wie möglich gelöst werden."

Die Antwort zeigt, dass der ethische Egoist durchaus vernünftig handeln und eher Dinge unternehmen wird, die auf lange Sicht in seinem Interesse liegen.

Das Hauptproblem des ethischen Egoismus wird durch eine ganz andere Frage aufgedeckt, nämlich: Warum sollte ich in meinen Handlungen nicht auch fremde Interessen berücksichtigen? Anders ausgedrückt: Warum sollte ich eigentlich nicht altruistisch handeln? Warum sollte ich in erster Linie meinen eigenen Interessen Vorrang einräumen und nicht fremden Interessen? Wenn meine Interessen befriedigt werden sollten, warum nicht auch die anderer Menschen? Anders gefragt: Gibt es einen Grund, warum man egoistisch handeln sollte?

Der ethische Egoist übersieht, dass wir gute Gründe haben können, fremde Interessen verwirklichen zu helfen. Stellen wir uns beispielsweise vor, ich bin gerade mit dem Auto auf dem Weg in die Berge, um an meinem freien Tag eine kleine Wanderung zu unternehmen. Plötzlich winkt jemand aufgeregt am Straßenrand. Ich bleibe stehen und stelle fest, dass ein Paar eine Panne hat und mit seinem Auto liegen geblieben ist. Die Frau ist hochschwanger und will ins Krankenhaus, weil die Wehen eingesetzt haben. In dieser Situation habe ich durchaus einen guten, rationalen Grund (hier: ein Mensch braucht Hilfe), meine Fahrt zu unterbrechen und die Frau ins Krankenhaus zu fahren.

Der Egoist in dieser Variante ist an keiner Ethik, so wie wir sie verstehen, interessiert, einer Ethik, die die Interessen anderer berücksichtigt. Deshalb wird es auch Situationen geben, die für uns moralisch wichtig sind, in denen sich der ethische Egoist aber moralisch unverantwortlich verhalten würde. Denken wir nur – wie gerade eben – an die moralische Pflicht, jemandem, der in Not geraten ist, zu helfen, wenn wir erstens in der Lage sind zu helfen und zweitens die Hilfe für uns kein unzumutbares Risiko darstellt. Diese Fälle stellen für den ethischen Egoisten ein Problem dar, da durch die Hilfe zumindest kein primärer Nutzen für ihn entsteht.

Genau das, was die oben beschriebene goldene Regel zu erfassen versucht, die Perspektive der anderen, ignoriert der ethische Egoist. Die anderen spielen für ihn nur insofern eine Rolle, als er einen persönlichen Nutzen aus ihnen ziehen kann. Ihn interessieren nur die Folgen, die für ihn selbst entstehen. Richtig an der Position des ethischen Egoisten ist, dass wir natürlich tatsächlich häufig Entscheidungen treffen, die wir an unseren Eigeninteressen ausrichten, was ja auch völlig legitim ist.

Tu, was den meisten Nutzen für die Allgemeinheit hat: Folgenethik

Für jede Ethik, außer eben die des ethischen Egoismus, ist es ein zentrales Merkmal, anderen Menschen Gutes zu tun, ihre Interessen und Wünsche einzubeziehen und auf sie Rücksicht zu nehmen. Ganz radikal nimmt die Folgen, die aus dem eigenen Handeln für andere entstehen, die sogenannte Folgenethik in den Blick.

Auf die Fragen „Was soll ich tun? Welchen moralischen Normen soll ich folgen?“, wird der Folgenethiker antworten: „Handle stets so, dass durch deine Handlungen für dich und deine Mitmenschen immer das Maximum an positiven Folgen entsteht.“

Die moralische Qualität einer Handlung bemisst sich gemäß der Folgenethik nach der Menge des erzeugten Glücks beziehungsweise der Menge der bewirkten positiven Folgen. Um die moralisch richtige Handlung zu wählen, muss man überlegen, bei welcher Handlung die besten Folgen herausspringen. Es gilt also, einen Blick in die Zukunft zu werfen und die Konsequenzen abzuschätzen. Ziel ist es, konkretes Glück zu erreichen und Unglück zu verhindern. Die klassische Theorie der Folgenethik schlechthin ist der sogenannte Utilitarismus. Der Gründer dieser Theorie war Jeremy Bentham. Die Grundidee ist, dass ich bei der Antwort auf die Frage, was ich tun soll, eine Rechenaufgabe zu lösen habe, nämlich die Berechnung der Glücksfolgen

- für mich,
- für meine Familie,
- für meine Freunde und Bekannten,
- für alle anderen Menschen.

Dabei sind anders als im Egoismus alle Personen als gleichwertig zu behandeln. Niemand ist vorzuziehen. „Jeder zählt gleich viel.“ Nach dem Verständnis der Folgenethiker ist das Wesen der Ethik ihre Unparteilichkeit. Niemand wird bevorzugt. Alle in Frage stehenden Handlungen und Entscheidungen haben aus der Perspektive eines unbeteiligten Beobachters ausgeführt zu werden. Ausschlaggebendes Kriterium ist dabei allein die Gesamtmenge an Glück (Zufriedenheit, Wohlbefinden), die man erzeugt, gewissermaßen das Netto-Glücks-Produkt (NGP). Wenn man zwischen zwei Handlungen wählen kann, ist stets jene vorzuziehen, die am Ende im Saldo die höchste Glückssumme aufweist. In der folgenden kleinen Rechnung müsste man sich somit für Handlung B entscheiden, obwohl Handlung A für mich persönlich die positiveren Folgen hätte.

Folgen	Handlung A	Handlung B
für mich	+5	+3
für meinen Kollegen	-3	0
gesamt	**+2**	**+3**

Bei der Betrachtung und Berechnung der Glücksfolgen ist wichtig, dass sowohl die kurzfristigen als auch die langfristigen Folgen berücksichtigt werden. Die Folgenethik steht in einer Linie mit allen Theorien einer Verantwortungsethik, die besagt, dass man stets für seine Taten oder auch Nicht-Taten die Verantwortung übernehmen muss. Wenn ich mich der Maxime der Folgenethik anschließen möchte, muss ich mir bei allen anstehenden Entscheidungen die Fragen stellen:

- Wer ist von meiner Handlung betroffen?
- Wie wirkt sich meine Handlung auf die Betroffenen und deren Interessen aus?
- Wie sieht die Gesamtfolgen-Situation für alle Betroffenen aus?

Sehen wir uns das an folgendem Beispiel an.

Rache

Max und Claudia haben sich ineinander verliebt. Sie schwören sich ewige Treue. Da taucht aus heiterem Himmel Hans auf. Claudia verliebt sich Hals über Kopf in Hans. Sie verlässt Max und lebt fortan sehr glücklich mit Hans. Max ist zutiefst unglücklich und so sehr verletzt, dass er Claudia und Hans zu hassen beginnt. Da verschafft ihm das Schicksal die Gelegenheit, sich an beiden zu rächen und sie auch ins Unglück zu stürzen.

Welche Empfehlung würde ein Folgenethiker Max geben?

„Ja, du kannst die beiden ins Unglück stürzen und dich rächen; es steht dir aber auch frei nichts zu unternehmen. Wenn du dich rächst, werden die beiden unglücklich sein, du wirst möglicherweise Zufriedenheit daraus ziehen. Wenn du andererseits nichts unternimmst, dann bleiben die beiden glücklich und du natürlich unglücklich. Aber zwei Glückliche und ein Unglücklicher ist besser als zwei Unglückliche und ein Gücklicher. Wenn du wirklich moralisch handeln möchtest, sollte st du dich für das Nichtstun entscheiden und beide in Frieden lassen."

Diese Art von Überlegungen ist es, die ein Folgenethiker in aller Eile anstellen würde. Sehen wir uns noch ein weiteres Beispiel an, das die Stärken der Folgenethik gut aufzeigt.

Kindsentführung

Ein Kind wurde entführt. Der Kidnapper konnte bei der Geldübergabe geschnappt werden. Allerdings ist er nicht bereit, den Aufenthaltsort des entführten Kindes zu verraten. Der Kommissar steht vor der Frage, ob er den Täter auch durch die Anwendung von Gewalt dazu bringen darf, den Ort preiszugeben.

Anders ausgedrückt: Darf er den Entführer foltern, wenn er dadurch das Leben des Kindes retten kann? Im Hinblick auf die Befreiung des Kindes scheint die Zufügung von Schmerzen mehr als akzeptabel zu sein. Der Folgenethiker würde daher die Meinung vertreten, dass in diesem Fall die Anwendung von Folter moralisch geboten ist, ein Ergebnis, das den meisten Bauchschmerzen bereiten dürfte.

Die Stärken der Folgenethik lassen sich folgendermaßen zusammenfassen:

- Die Folgenethik kann immer angewendet werden, weil Handlungen immer Folgen haben. Es scheint also keine unentscheidbaren Fälle zu geben. Sie liefert für alle unsere Handlungen eine Entscheidungsgrundlage.
- Sie verzichtet auf vage, moralische Begriffe und benutzt den nachweisbaren und überprüfbaren Begriff einer Folge. Ob eine Handlung positive Folgen hat, kann man prinzipiell feststellen.
- Die Folgenethik ist realistisch, weil sie die konkreten Interessen der Betroffenen einbezieht.
- Sie entspricht unserem Fairness-Gedanken, weil sie unparteiisch ist und jede Person aus folgenethischer Sicht gleich viel zählt. Keine Person oder Personengruppe wird bevorzugt.
- Sie fördert das allgemeine Glück. Und das ist zutiefst ethisch. Denn ein zentraler Gedanke der Ethik ist es doch, allen Menschen (oder fühlenden Wesen) zu einem glücklichen Leben zu verhelfen.
- Sie ruft zur Verantwortung auf und weist damit deutlich darauf hin, dass jeder für seine Handlungen verantwortlich ist und die Konsequenzen seines Handelns zu tragen hat.

Wenn wir zu unserem Ausgangsbeispiel zurückkehren, bedeutet das nun für Petersen, dass er für seine Handlungsoptionen zu überlegen hat, welche Folgen sie jeweils zeitigen. Wenn Petersen nicht von seinem Gespräch mit dem Chef berichtet und sich an die Vereinbarung hält, Stillschweigen zu bewahren, welche Folgen kann dies haben? Für Petersen selbst, für die Firma und alle ihre Beteiligten, für seinen Freund Ralf Müller und dessen Familie? Petersen kann sich also hinsetzen und anfangen eine Liste mit möglichen Folgen aufzuschreiben. Dabei wird ihm aber wahrscheinlich Folgendes auffallen:

1. Die Folgenethik stellt eine ziemlich hohe Anforderung an uns. Es besteht die große Gefahr, dass sie uns überfordert: Die Abschätzung der positiven Folgen ist in Wirklichkeit nämlich nicht möglich. Erstens ist es problematisch, das Glück der Menschen genau zu bemessen. Die Glücksfolgen können für unterschiedliche Menschen ganz verschieden aussehen. Zweitens: Wie weit soll ich in die Zukunft blicken? Wo soll ich bei meinen Überlegungen in Bezug auf die Konsequenzen meines Handelns haltmachen? Und müsste ich nicht auch noch mit überlegen, welche Konsequenzen es hat, dass ich bestimmte Handlungsoptionen nicht ausführe? Die Folgenethik überfordert uns auch in ihrer strengen Forderung nach absoluter Unparteilichkeit. Sind uns die Interessen und Bedürfnisse unserer Verwandten und der Personen, die wir lieben, nicht näher als die fremder Menschen? Und überhaupt: Wie weit sollen meine moralischen Verpflichtungen gehen? Soll ich beispielsweise die Hälfte meines Einkommens spenden, wenn dadurch im Saldo die menschliche Glücksbilanz verbessert wird?
2. Die Folgenethik führt manchmal zu moralischen Bewertungen von Handlungen, die vollkommen entgegen unserer moralischen Intuitionen sind. Nehmen wir das Beispiel von Moritz. Er fühlt sich zu einem Leben als Dichter und Schriftsteller berufen. Und weil ihm die Welt mit seiner Ehefrau und seinem kleinen Kind zu klein ist und ihn in seiner schöpferischen Tätigkeit behindert, verlässt er eines Tages seine Familie, um in einer einsamen Hütte in Norwegen seine schriftstellerischen Ambitionen zu verfolgen. Nehmen wir an, nach seinem Tod werden seine Werke entdeckt und als grandiose Arbeiten gefeiert. Die Bücher verkaufen sich weltweit in Millionenauflagen. Er beglückt viele Menschen mit seinen Romanen. Zieht man in diesem Fall folgenethische Bilanz, so könnte der Schritt von Moritz moralisch geboten sein. Die meisten hätten aber eher das Gefühl, dass es moralisch sehr fragwürdig war, seine Familie zu ver-

lassen. Folgenethisches Denken kann zu moralisch falschen oder zumindest bedenklichen Entscheidungen führen.

3. Für den Folgenethiker sind in der Vergangenheit eingegangene Verpflichtungen nur umständlich zu begründen. Die Frage zum Beispiel „Warum soll ich ein Versprechen halten?“ bringt den Folgenethiker in die Defensive. Wir würden intuitiv sagen, weil es ein Versprechen ist und Versprechen sollte man eben halten. Das heißt, die Handlung selbst ist mit einer moralischen Verpflichtung verknüpft und nicht erst die Folgen dieser Handlung. Für den Folgenethiker müsste das Gebot Versprechen zu halten über die positiven oder negativen Folgen des Haltens oder Nicht-Haltens eines Versprechens begründet werden. Ich kann nicht erkennen, wie das gelingen sollte.

Petersen stellt fest, dass die Folgenethik ein paar sehr gute Ansatzpunkte hat. Folgen von Handlungen zu berücksichtigen, ist ein wesentlicher Teil moralischen Handelns. Aber auf der anderen Seite scheint es ihm unmöglich eine genaue Glücksbilanz aufzustellen. Einer klaren Entscheidung ist Petersen dadurch nicht näher gekommen.

Tu, was deine Pflicht ist: Pflichtenethik

Die Diskussion der Folgenethik hat gezeigt, dass unsere moralische Intuition manche Handlungen an sich als moralisch gut oder schlecht einstuft und nicht erst deren Folgen. In unserer Alltagsmoral gibt es einfach gewisse Regeln, die man einhalten soll, ohne dass danach gefragt wird, welche Konsequenzen die Handlung zeitigt. „Man soll nicht lügen.“, „Man soll seine Versprechen halten.“, „Man darf niemand Gewalt antun oder ihm Schmerzen zufügen.“, „Man soll sich für Wohltaten bedanken.“ Das sind typische Beispiele für Handlungsnormen unserer Alltagsmoral. Es gilt, diese Normen zu befolgen, ohne Rücksicht auf irgendwelche komplexen Folgen.

Diese spezielle Position nennt man Pflichtethik. Danach heißt das zentrale moralische Prinzip: Tu das, was deine moralischen Pflichten verlangen. Die Auswirkungen deiner Handlungen sind gegenüber dem Einhalten der Normen zweitrangig. Gerade das zeichnet die moralisch richtige Handlung aus. Sie ist unabhängig von Folgenüberlegungen.

In der Pflichtethik ist das ausschlaggebende Kriterium die Qualität der Handlung selbst. Welche Handlungen dabei moralisch richtig sind, wird durch Handlungsnormen festgelegt. Die Normen sind anschau-

lich und klar und sie lassen sich in den meisten Fällen einfach befolgen. (Die christlichen zehn Gebote sind ein gutes Beispiel für ein pflichtenethisches Modell.) Oft ist gar nicht gefordert, dass man speziell etwas tut, es wird nur erwartet, dass man von bestimmten Handlungen absieht. Die Handlungsnorm, niemanden zu bestehlen, ist einfach dadurch zu erfüllen, dass man keinen Diebstahl begeht. Moralisch handelnde Personen können dadurch nicht überfordert werden.
Was die Pflichtethik erkennt, ist, dass die meisten Handlungsnormen im Grunde Schutzregeln sind. Sie schützen uns davor, dass andere Personen uns Schaden zufügen oder uns in irgendeiner Form ausnutzen.

Während der Folgenethiker konsequent danach fragt, welcher allgemeine Nutzen sich aus einer Handlung ergibt und die moralische Qualität der Handlung danach bemisst, ist für den Pflichtethiker klar, dass manche Handlungsnormen einen Wert an sich darstellen und nicht deshalb sinnvoll oder gut und richtig sind, weil sich dadurch positive Folgen erzielen lassen.

Während aus folgenethischer Sicht, ein von Terroristen entführtes Flugzeug, das mit desaströsen Folgen in einem Wohngebiet zum Absturz gebracht werden soll, abgeschossen werden darf, würde sich der Pflichtethiker mit dieser Entscheidung weitaus schwerer tun. Denn der Abschuss des Flugzeugs würde das Leben der Passagiere kosten und damit der Pflicht beziehungsweise Handlungsnorm widersprechen nicht zu töten.

Dieses Beispiel zeigt auch bereits eine große Schwäche der Pflichtethik. Wird sie zu rigoros verstanden, kann sie uns zu Prinzipienmonstern machen. Wer stur nur gewissen Regeln folgt ohne genügend Rücksicht auf die situativen Gegebenheiten zu nehmen, erscheint uns nicht gerade als Vorbild für menschliches Handeln. Im Gegenteil: Prinzipienreiter empfinden wir häufig als grausam. Wenn ich durch eine Lüge ein Menschenleben retten könnte, so wäre das nach der strengen Pflichtethik unmoralisch. In unserer Alltagsmoral aber ist dies kontraintuitiv. Es sollte der Fairness halber angemerkt werden, dass die meisten Pflichtethiker durchaus Folgen in die Bewertung von Handlungen einbeziehen. Die strenge Pflichtethik findet sich ganz selten.

Was andererseits für die Pflichtethik spricht, ist Folgendes: Die Folgenethik fordert einen eher unparteiischen, neutralen Standpunkt anzunehmen, für die Pflichtethik hingegen ist selbstverständlich, dass man das moralisch Richtige immer von seiner persönliche Warte aus tun muss. Jeder von uns hat ganz unterschiedliche Pflichten, die mit unserer speziellen Lebenssituation zusammenhängen. In der Pflichtethik kommt stärker zur Geltung, dass wir besondere Beziehungen zu manchen Menschen haben, was wiederum spezielle Pflichten zur Folge hat. So wäre es zutiefst unmenschlich, wenn man beispielsweise fremden Kindern gegenüber dieselben Pflichten hätte wie gegenüber den eigenen. Als Elternteil habe ich spezielle Pflichten meinem Kind gegenüber und niemand – auch kein Folgenethiker – wird von mir verlangen können, dass – wenn mein eigenes und ein fremdes Kind in Not geraten sind – ich eine Folgenabschätzung starte, um zu entscheiden, welches Kind ich retten sollte. Die Pflichtethik trägt unserem persönlichen Leben mit seinem ganz speziellen Beziehungsgeflecht weitaus besser Rechnung als die kühle und distanzierte Folgenethik.

Eine weitere, offene Frage ist natürlich, welche Pflichten moralische Pflichten im Sinne der Pflichtethik sein könnten. Hier eine Liste mit möglichen Kandidaten:

- Man soll nicht betrügen.
- Man soll niemand Schmerzen zufügen.
- Man soll niemand töten.
- Man soll Menschen fair und gerecht behandeln.
- Man soll dankbar sein, wenn man Wohltaten empfangen hat.
- Man soll Leid lindern helfen.
- Man soll für Gerechtigkeit sorgen.
- Man soll seine Elternpflichten erfüllen.
- Man soll Menschen in Notsituationen beistehen.
- Man soll seine Schulden zurückzahlen.
- Man soll seine Versprechen halten.
- Man soll auf die Umwelt achten.
- Etc.

Es wäre interessant zu wissen, welche Normen in die Liste aufgenommen werden sollen. Es gibt ja nun mal kein Bundesamt für Ethik und Moral, das die moralischen Normen in handlichen Listen ausgibt. Hierauf gibt es keine klare Antwort. Der Pflichtethiker muss aber auch keine vollständige Liste entwerfen. Es reicht, wenn er einen Kern von Normen identifiziert und dann bewusst offen lässt, welche weiteren Normen sinnvolle Kandidaten sind. Dieses Verfahren wäre absolut legitim, auch wenn es wahrscheinlich einige Moralphilosophen nicht zufriedenstellen würde. Kant übrigens, der wohl bekannteste Pflichtethiker, hat in dieser Hinsicht einen anderen Weg beschritten. Er hat nach einer übergeordneten Metaregel gesucht, die hilft, Normen zu identifizieren. Er fand die Regel in seinem berühmten kategorischen Imperativ.

In einer Version besagt dieser Imperativ:

> Diese Handlungen sind deine Pflichten, von denen du wollen kannst, dass sie zu einem allgemeingültigen Gesetz werden.

In einer anderen Version besagt er, dass man Menschen stets als Zwecke und nie als Mittel behandeln soll.

Sehen wir uns nun an, wie Petersen die Pflichtethik helfen kann. Nach der Pflichtethik gilt es, seine Versprechen zu halten. Das heißt, dass Petersen seinen Freund nicht einweihen darf. Aber auf der anderen Seite gibt es Freundespflichten und dazu gehört, seinen Freund vor möglichen negativen Folgen zu bewahren. Welche Pflicht wiegt nun schwerer? Das Problem ist, das sich die Pflichtethik genau mit dieser Frage sehr schwertut. Bei Pflichtenkollisionen ist oft nicht zu entscheiden, welche Pflicht Vorrang genießen soll. Die Folge ist, dass die Entscheidung weiter in der Schwebe bleibt. Und damit schließt sich der Kreis für Petersen. Er steht wieder am Anfang seiner Überlegung. Ist er irgendwie weitergekommen? Gewiss nicht in seiner Entscheidung, aber er hat ein paar Denkmodelle durchlaufen, um mehr Klarheit hinsichtlich seiner Intuitionen zu bekommen.

Wir können festhalten, dass alle Modelle und Vorschläge, die wir besprochen haben, Vorzüge aufweisen. Der zentrale Schwachpunkt ist, dass man zu oft versucht, unsere moralischen Entscheidungen auf ein letztes Prinzip zurückzuführen: auf einen letztgültigen Nutzenbegriff, auf einen strengen Pflichtbegriff, auf eine einzelne Regel. Die Frage ist, warum das so sein soll. Unsere Alltagsmoral ist differenzierter als die Modelle und Theorien glauben wollen. Unsere Common-Sense-Ethik ist leistungsstärker als viele der Theorien unterstellen.

Im Laufe des Buches soll anhand von zahlreichen Geschichten gezeigt werden, wie eine sinnvolle Common-Sense-Ethik aussehen könnte. Und natürlich werden wir am Ende wieder zu Petersen zurückkommen.

Die Common-Sense-Ethik

In diesem Abschnitt möchte ich – bevor wir uns konkreten Geschichten und moralischen Fragen zuwenden – drei Thesen vorstellen, die in diesem Buch eine wichtige Rolle einnehmen. Sie stellen den Kern eines ethischen Modells dar, das ich Common-Sense-Ethik nenne. Es schafft uns einen Erklärungsrahmen, vor dessen Hintergrund wir die ethischen Probleme, in die wir in Beruf und Alltag nicht selten geraten, besser einordnen können. Es geht in diesem Kapitel also etwas theoretischer zu, aber ich verspreche, mich kurz zu halten.

Die Common-Sense-Ethik ist eine systematische Rekonstruktion unserer Alltagsmoral, die leistungsfähiger ist als viele Ethiker und Philosophen glauben. Insbesondere glaube ich nicht, dass unsere Moralvorstellungen auf ein einzelnes Prinzip zurückgeführt werden können, aus dem sich alle moralisch relevanten Überlegungen ableiten lassen. Unser Alltag und unser Leben sind viel zu facettenreich und komplex. Es ist daher weder zu erwarten noch notwendig, dass es nur eine Formel gibt, auf die moralische Entscheidungen reduziert werden können. Wenn man diesen Ansatz in einem Begriff zusammenfassen möchte, dann stellt wahrscheinlich der Ausdruck „Prinzipienpluralismus" die beste Beschreibung dar.

Meine Kernthesen sind folgende:

1. Moralische Hyperregeln: Es gibt ein System selbst-evidenter moralischer Hyperregeln (moralische Grundpflichten), die das inhaltliche Fundament unserer Alltagsmoral bzw. Common-Sense-Ethik bilden (Man soll niemandem Schmerzen zufügen. Man soll nicht betrügen. ...). Selbst-evident heißt, dass es genügt, über diese Regeln nachzudenken, um einzusehen, dass sie wahr sind.
2. Situative Ausnahmen: Die Frage danach, wie man handeln soll, ist situationsabhängig. Die moralischen Hyperregeln haben deshalb nur prima facie bindenden Charakter. Das bedeutet, sie besitzen situative Ausnahmen. Es gibt Rechtfertigungsgründe, die eine Verletzung der Regeln erlauben. Diese Gründe werden durch moralisch relevante Fakten geliefert. Das können zum Beispiel, wie vom Folgenethiker gefordert, die Folgen einer Handlung sein.
3. Ethische Ziele oder Ideale: Die Common-Sense-Ethik umfasst auch einen Bereich, der über die moralischen Hyperregeln hinausgeht. Während von den Menschen verlangt werden kann, dass sie sich an diese Regeln halten, gibt es darüber hinaus ethische Ziele oder Idea-

le, die nicht eingefordert werden können, die jedoch wünschenswert sind. Wer ethische Ideale verfolgt, kümmert sich – plakativ ausgedrückt – um die Frage, wie wir unsere Welt besser machen können. Man kann aber von den Menschen nicht fordern, ethische Ideale zu haben und zu versuchen sie umzusetzen. Was man fordern kann, ist, dass sie sich an die Minimalmoral, unsere moralischen Hyperregeln halten.

Allgemein Menschliches

Die Common-Sense-Ethik gründet auf ein paar Basisfakten, die sich ganz einfach aus ein paar Beobachtungen über uns Menschen ergeben. Eine vernünftige Ethik muss diesen Fakten Rechnung tragen.

Wir verfolgen individuelle Lebenspläne

Jeder Mensch hat seine eigene, wenn auch vielleicht nur vage Vorstellung davon, wie er sein Leben gestalten und was er in seinem Leben erreichen möchte. Jeder verfolgt einen eigenen, wie auch immer gearteten Lebensplan – manche Menschen systematischer, andere eher ad hoc. Manche haben klare Ziele, die sie anstreben, andere nur bescheidene Wünsche, die sie verwirklichen möchten. Die Lebensplanung ist immer abhängig von der Lebenssituation, in der man sich befindet. Wer ein Unternehmen gründet, hat vielleicht sehr weitgesteckte Lebensziele. Wer arbeitslos ist, für den haben Nahziele, wie eine neue Arbeitsstelle, oberste Priorität. Andere, längerfristige Zeithorizonte plant er wahrscheinlich nicht. Wieder andere Menschen planen ihr Leben um die Erziehung ihrer Kinder herum. Wer eine politische Laufbahn einschlägt, der träumt vielleicht davon, wichtige Dinge in der Gesellschaft zu bewegen.

Was dabei allen gemeinsam ist: Wir bevorzugen ein selbstbestimmtes Leben vor einem Leben, in dem wir nur tun, was andere uns sagen oder in dem wir mit einer Glücksmaschine verdrahtet sind, die uns ein virtuelles Leben vorgaukelt. In unseren individuellen Lebensvorstellungen streben wir nach verschiedenartigen Glücksgütern, also Gütern, von denen wir glauben, dass sie erstrebenswert und wertvoll an sich sind. Typische Glücksgüter können sein: materieller Wohlstand, Entwicklung von Freiheit, hedonistische Lust, ein zielorientiertes aktives Leben, Liebe, Freundschaft, spirituelle Entwicklung, die Entwicklung von Talenten und Fähigkeiten, tugendhaftes Leben oder das neue Auto. Wir Menschen haben unterschiedliche Vorstellungen davon, was Glück und ein glückliches Leben für uns bedeuten. Solange die Freiheiten und Rechte anderer Menschen nicht eingeschränkt werden, gilt das Motto, dass jeder nach seiner Fasson glücklich werden darf. Insofern es uns darum geht, unsere eigenen Wünsche und Bedürfnisse zu erfüllen, sind wir von einem starken Eigeninteresse geleitet. Das heißt, natürlich sind wir auch Egoisten.

Wir sind Gefahren ausgesetzt

Wir sind verletzlich und können jederzeit Schaden nehmen. Unsere Existenz, unser Leben ist vielen Gefährdungen und Risiken ausgesetzt. Andere Menschen können uns schaden oder uns ihre Kooperation entziehen. Wir können plötzlich krank werden, indem wir uns mit einem Erreger infizieren, wir können in finanzielle Not geraten, weil wir ein Haus gekauft haben, aber unseren Arbeitsplatz verloren haben und die Schulden nicht mehr tilgen können. Wir sind bei einem Geschäft übers Ohr gehauen worden. Ein Freund von uns hat unser Vertrauen missbraucht. Wir sind von unserem besten Freund ausgenutzt worden. Wir werden am Arbeitsplatz gemobbt etc.

Wir können kooperieren

Wir sind fähig zur Kooperation und in vielen Fällen auf die Mitwirkung anderer Menschen angewiesen. Als Kind wären wir nicht überlebensfähig, wenn es nicht Personen gäbe, die uns ernähren und behüten. Als Erwachsene können wir unsere Pläne nicht verwirklichen, wenn es nicht andere Personen gibt, die uns unterstützen und mit denen wir gemeinsam handeln. Obwohl für jeden von uns seine Bedürfnisse und Wünsche zentral sind, sind wir als rationale Egoisten klug genug zu wissen, dass wir nur durch Kooperation mit anderen unsere Ziele erreichen können.

Einige Menschen stehen uns besonders nahe

Obwohl wir prinzipiell mit allen Menschen zur Zusammenarbeit fähig sind, gibt es in der Regel Menschen, denen wir uns besonders nahe fühlen und denen wir mehr Aufmerksamkeit schenken als anderen, fremden Menschen. Das sind unsere Familie, unsere Kinder, unsere Ehepartner, unsere Freunde, unsere guten Kollegen. Mit diesen Personen haben wir ganz besondere Beziehungen, was zu besonderen Verpflichtungen und zu einer besonderen Verbindung führt.

Wir sind fähig, Gutes zu tun

Obwohl es einen Kreis von Personen gibt, denen wir in besonderer Weise nahestehen und obwohl wir egoistische Interessen verfolgen, sind wir andererseits auch zu altruistischen Handlungen fähig. Das heißt, wir können Menschen etwas Gutes tun, allein aus dem Motiv heraus, ihnen Gutes tun zu wollen. Wenn es anderen Menschen schlecht geht und wir helfen können, dann haben wir einen guten Grund ihnen zu helfen. Das bedeutet, wir sind durchaus zu einem „begrenzten Altruismus“ fähig.

Wir sind fehlbar

Wir können uns täuschen. Wir sind in unseren Handlungen und unseren Entscheidungen fehlbar. Wir müssen oft in Situationen der Ungewissheit Entscheidungen treffen, dabei können wir uns irren. Deshalb kennen wir in moralisch schwierigen Situationen auch nicht alle relevanten Fakten. Und so kann es sein, dass vernünftige Menschen zu unterschiedlichen Entscheidungen in moralischen Fragen kommen.

Wir können uns kontrollieren

Wir können unser Verhalten bewusst kontrollieren, auch wenn es durch viele unterbewusste Faktoren gesteuert wird, wie sozialpsychologische Experimente zeigen.

Wir können uns einfühlen

Wir sind mit speziellen Emotionen ausgestattet, die es uns erlauben, Sympathie und Mitleid zu empfinden oder uns in andere Personen hineinzudenken. Diese Fähigkeit erleichtert es uns oft, moralische Entscheidungen zu treffen.

Handlungsnormen als Kern menschlicher Ethik

Mit diesen Beobachtungen als Hintergrund können wir die Hauptprinzipien der Common-Sense-Ethik formulieren. Am Anfang steht dabei die Erkenntnis des Pflichtethikers aus dem letzten Abschnitt, dass der Kern unseres Moralsystems – der Common-Sense-Ethik – Handlungsnormen sind, also Vorschriften, was man tun oder nicht tun soll. Es gibt gewisse Handlungen, die in unserer Alltagsmoral geboten oder verboten sind. Solche Vorschriften sind beispielsweise:

Man soll niemanden bestehlen, man soll seine Versprechen halten, man soll niemanden töten.

Diese Normen bilden die DNS unserer Alltagsmoral. Der Grund dafür, warum es konkrete Normen sind, die solch eine zentrale Rolle spielen, ist einfach einzusehen. Normen enthalten eine klare Handlungsaufforderung, sie sind unmittelbar handlungsanleitend. Das betrifft nicht nur unsere moralischen Normen, sondern alle Arten von Normen. „Du sollst nicht mit den Fingern essen. Nimm das Besteck." „Sie dürfen auf dem Bürgersteig nicht mit dem Fahrrad fahren. Bitte steigen Sie ab." Handlungsnormen sind leicht zu befolgen und darüber hinaus auch einfach zu vermitteln. Wir haben ein allgemeines Interesse daran, dass alle Mitglieder unserer Gesellschaft sich an diese Regeln halten.

Die moralischen Grundregeln haben dabei eine gewisse Ähnlichkeit mit unserer Grammatik: Wie in der Moral so können auch die wenigsten Sprachbenutzer die grammatischen Regeln beschreiben, denen sie folgen. Die meisten Menschen werden angesichts bestimmter moralischer Situationen nur ihre moralischen Intuitionen nennen können, nach dem Motto: Das macht man einfach nicht. Nicht viele werden in der Lage sein, systematisch die Regeln anzugeben, denen sie in der Alltagsmoral folgen. Das rührt auch daher, dass – ähnlich wie in der Sprache – die moralischen Regeln nicht immer durch ausdrückliche Belehrung, sondern durch Beobachten, Übung und Imitieren erfasst werden.

Wenn wir unsere moralischen Intuitionen abrufen, dann nehmen wir häufig auf Handlungsnormen Bezug. Die Handlungsnormen sind selbst-evident, dass heißt unmittelbar einleuchtend. Übrigens lassen sich die Handlungsnormen ohne Bedeutungsverlust in moralische Werturteile oder in Rechte übersetzen. Die Handlungsnorm, dass man andere nicht verletzen soll, ist gleichbedeutend mit der Aussage „Es ist falsch, Personen zu verletzen." oder gleichbedeutend mit dem Recht auf Unversehrtheit.

Die interessante Frage ist, welche Normen den Kern der Common-Sense-Ethik nun genau ausmachen. Stellen Sie sich vor, Sie wären in eine Welt hineingeboren, wie sie Cormack McCarthy in dem Roman „Die Straße" beschreibt: eine apokalyptische Welt, in der keine Regeln und keine Gesetze gelten. Die Menschen dort leben in ständiger Angst voreinander. Sie kämpfen um die knappen Ressourcen, um ihre eigene Existenz zu garantieren. In jedem Augenblick können ihr Eigentum und ihr Leben verloren gehen. Um sich selbst und sein Überleben zu sichern, wird man versuchen, sich so gut wie möglich vor den Übergriffen der anderen zu schützen. Man wird sich bemühen, so viel Macht wie möglich anzuhäufen, zum Beispiel in Form von Waffen („Sieh her, das passiert, wenn du mich angreifst.“) oder Verbündeten („Ich hole gleich meine großen Brüder.“). Man wird darauf bedacht sein, anderen zuvorzukommen, sie mit List oder Gewalt unter Kontrolle zu bringen. Man wird beständig daran arbeiten, die eigene Machtbasis kontinuierlich zu erweitern. Man wird ein ausgesprochenes Interesse daran haben, sich ein Image als unnachgiebiger Rächer aufzubauen, um dadurch von vornherein möglichen Angriffen vorzubeugen. Möglicherweise werden sich kleine Gemeinschaften bilden, da diese Gemeinschaften die eigene Überlebensfähigkeit erhöhen. Außerhalb dieser Gemeinschaft aber sind sie Freiwild, jederzeit potenzielles Opfer anderer Menschen. Die Menschen werden in diesem Zustand auch alle Aktivitäten einstellen, die Investitionen in eine Zukunft darstellen. Fleiß, Anstrengungen und produktive Erfindungsgabe werden sich nicht lohnen, da man keinen stabilen Rahmen vorfindet, der eine sichere Lebensgestaltung ermöglicht.

Thomas Hobbes und der Moralvertrag

Thomas Hobbes hat eine solche vormoralische Welt in seinem großen Werk „Leviathan“ beschrieben, eine Welt in einem anarchischen Urzustand, in dem Kampf und Krieg ständige Begleiter des Menschen sind. Jede vernünftige Person wird in dieser Situation ein Interesse daran haben, ihr Überleben zu sichern. Und das muss ihr als Recht zugestanden werden. Denn niemand kann seinen eigenen Untergang wollen. Das wäre irrational. Und wenn ihm dies zugestanden wird, dann muss ihm auch alles andere zugestanden werden, von dem er glaubt, dass es ihm hilft, sein grundlegendes Recht auf Überleben zu gewährleisten. Dieses Recht ist im Sinne von Hobbes als ein Naturrecht zu verstehen. In dieser vormoralischen Welt finden Begriffe wie „gerecht“, „fair“ oder „moralisch falsch“ keine Anwendung. Der naturrechtliche Zustand ist ein radikaler Zustand der Freiheit; jeder kann und darf tun, was er möchte. Anything goes. Werte und Regeln haben keine Gültigkeit. Moral existiert nicht, und wenn, dann vielleicht nur in einem sehr kleinen Rahmen, innerhalb der Sippen, die zusammenleben. Es gilt allein das Prinzip „Der Stärkere setzt sich durch“, das Darwin einige Jahrhunderte später formuliert hat.

Wenn Sie in einer solchen Welt leben müssten, hätten Sie wahrscheinlich ein fundamentales Interesse daran, dass Sie mit Ihren Mitmenschen einigermaßen gut auskommen. Dabei dürfen Sie voraussetzen, dass es den anderen ähnlich geht. Auch die anderen haben ein Interesse daran, ein Leben in Sicherheit und Frieden zu führen, in dem man unbehelligt von den anderen, sein Leben gestalten kann. Hobbes spricht davon, dass wir ein allgemeines Verlangen nach Frieden haben. Und wenn alle Beteiligten vernünftig genug sind, dann werden sie zusammenkommen und ein paar Regeln des Zusammenlebens ausmachen. Das heißt, sie schließen einen Vertrag miteinander. Die inhaltlichen Vereinbarungen dieses Vertrags stellen die Regeln unserer Moral dar.

Es war Thomas Hobbes geniale Idee, den Kern unserer Moral als Schutzregeln zu erkennen. In seinen Worten in folgenden Prinzipien zusammengefasst:

1. *„Suche Frieden, solange nur Hoffnung darauf besteht; verschwindet diese, so schaffe dir von allen Seiten Hilfe und nutze sie; dies steht dir frei."* (Lev., S. 119)
2. *„Sobald seine Ruhe und Selbsterhaltung gesichert ist, muss auch jeder von seinem Rechte auf alles – vorausgesetzt, dass andere auch dazu bereit sind – abgehen und mit der Freiheit zufrieden sein, die er den übrigen eingeräumt wissen will."* (Lev S. 119)

Auf diese Weise treten moralische Schutzregeln in Kraft. Daran sollten sich alle halten. Wenn die Schutzregeln nicht allgemein akzeptiert werden, besteht auch für mich kein Grund, mich an diese Regeln zu halten und somit meine radikale Freiheit einzuschränken. Diese Schutzregeln können als eine Art Vertrag verstanden werden, als ein Abkommen und gegenseitiges Versprechen. Dabei darf man sich die Vertragsbildung nicht als Beschreibung historischer Ereignisse vorstellen. Die Menschen in grauer Vorzeit sind nicht tatsächlich zu einer G20-Konferenz zusammengekommen, um sich auf ein moralisches Regelwerk zu einigen. Unsere Moral mit ihren Normen ist vielmehr analog zu einem Vertrag zu verstehen.

Anti-Schadens- und Kooperationsregeln

Welche Motivation haben wir, uns an diesen Moralvertrag zu halten? Es gibt mehrere Gründe, die die Basis unserer Motivation sind:

- Es kann zu möglichen Sanktionen kommen, wenn wir uns nicht an die Vertragsregeln halten (Verachtung durch die Gemeinschaftsmitglieder, Strafen, Ausschluss aus der Gemeinschaft).

- Wichtiger: Ich habe ein rationales Interesse daran, dass die Menschen sich an die Regeln halten (einschließlich mir), weil die Regeln mich zum einen schützen und zum anderen Kooperation ermöglichen.

Moralische Handlungsnormen sind also Schutzregeln. Der Schutzregelcharakter beschreibt die (evolutionäre) Funktion unserer Moral. Dabei lassen sich zwei Kategorien aufmachen, in denen die Schutzregeln eingeordnet werden können. Die erste und wichtigste Kategorie besteht darin, anderen keinen direkten Schaden zuzufügen. Nennen wir die Kategorie „Anti-Schadensregeln". Die zweite Kategorie umfasst Regeln, die Kooperation ermöglichen sollen. Ich gebe ihnen den Namen „Kooperationsregeln". Die grundlegenden Regeln unserer Common-Sense-Ethik beinhalten also Anti-Schadensregeln (Man soll niemanden töten) und Kooperationsregeln (Man soll Vereinbarungen einhalten).

Was moralische Grundregeln leisten müssen

Welche konkreten Normen gehören in welche Kategorie? Ich möchte dazu an dieser Stelle einen groben Überblick geben. Im nächsten Kapitel sehen wir uns Situationen an, auf die wir diese Normen bzw. Regeln anwenden. Mit Hilfe der konkreten Beispiele lassen sich die Regeln so verfeinern, dass sie uns zu moralisch integren Entscheidungen führen können. Bevor ich jedoch eine kleine Liste aufstelle, möchte ich ein paar wichtige Anforderungen formulieren, denen die moralischen Grundregeln genügen müssen.

- Jeder muss die moralischen Regeln verstehen können und kennen. Die moralischen Regeln müssen ein öffentliches System darstellen, das prinzipiell allen bekannt ist. Man wird nicht sagen können: „Entschuldigung, ich hatte ja keine Ahnung, dass man niemanden töten darf." Religiöse Regeln können schon aus diesem Grund keine moralischen Regeln sein, weil man hier nicht voraussetzen kann, dass sie allen Menschen bekannt sind.
- Die moralischen Regeln haben meines Erachtens universellen Charakter. Sie besitzen einen universellen Geltungsanspruch. Man muss dabei zwischen der Reichweite und dem Geltungsanspruch einer Norm bzw. Regel unterscheiden. Die Reichweite kann durchaus eingeschränkt sein (die Norm betrifft dann alle Menschen aus einer Gruppe z. B. Ärzte, Pfarrer, Politiker etc.). Der Anspruch auf Befolgung ist eingeschränkt, der Anspruch auf Anerkennung aber

ist universell. Wir erwarten dabei aber eigentlich, dass die Menschen diese Grundregeln nicht nur anerkennen, sondern sie auch akzeptieren, ihnen folgen und sie aktiv befürworten.

- Die moralischen Regeln müssen unter bestimmten Bedingungen Ausnahmen zulassen. Situative Elemente müssen integriert werden können. Die moralischen Regeln haben – und dafür möchte ich einen Begriff einführen, der auf David Ross zurückgeht – Prima-facie-Charakter. Das soll bedeuten: Die Regeln haben auf den ersten Blick zwar Gültigkeit, aber es kann Situationen geben, in denen man legitim von den Regeln abweichen darf. Die moralischen Grundregeln gelten also nicht schlechthin. Vielmehr besitzen sie begründete Ausnahmen. Ich beschreibe diese Regeln daher mit dem Begriff prima facie (auf den ersten Blick). Hier unterscheide ich mich vom robusten Pflichtethiker. Sie gelten so lange, wie es keinen guten Grund gibt, gegen sie zu verstoßen. Gute Gründe können zum Beispiel negative Folgen sein.
  Gegen eine Regel darf verstoßen werden, wenn ein Rechtfertigungstest bestanden wird. Zwei Fragen spielen dabei eine Rolle:

  1. Gibt es moralisch relevante Fakten, die uns gute Gründe geben, die Regel zu verletzen?
  2. Universalisierbarkeitstest: Ist eine Regelverletzung angesichts dieser Fakten allgemein zu erlauben?

- Die moralischen Regeln müssen einfach erfüllt werden können. Die Regeln dürfen niemanden überfordern und mehr von ihm verlangen, als er in der Lage ist auszuführen.

Moralische Grundregeln (die wichtigsten Kandidaten)

Aber nun endlich zu unserer Liste.

Antischadensregeln

1. Man soll niemanden töten.

Diese erste Regel ist wohl die wichtigste und einleuchtendste moralische Grundregel, die Menschen befolgen. Sie ist wohl auch Teil unserer biologisch-evolutionären Ausstattung.

Aber selbst diese Grundregel ist als Prima-facie-Regel zu verstehen, die durchaus verletzt werden darf, wenn es rechtfertigende Gründe gibt.

Man denke an Notwehrsituationen oder die Diskussion um aktive Sterbehilfe.

2. Man soll niemanden verletzen und keinem Schmerzen zufügen (psychisch wie körperlich).

Man kann unter diese Regel körperliche Verletzungen und Schmerzen fassen, aber auch weitergehende psychische. Jemanden zu demütigen, zu erniedrigen, zu beschimpfen, zu bedrohen, zu beleidigen, zu erpressen, zu hänseln, auszugrenzen, zu missachten, zu ignorieren würde unter diese Kategorie fallen. Diese Regel umfasst allen Verzicht auf Gewalt, die man anderen Menschen antun kann.

Natürlich gibt es auch zu dieser Regel zulässige Ausnahmen. Der operative Eingriff durch einen Arzt mag schmerzhaft sein, aber, da er mit meiner vollen Zustimmung geschieht und ich mir dadurch letztlich erhoffe, von einer Krankheit geheilt zu werden oder mein Leid zu lindern, so ist diese Form des Zufügens von Schmerzen akzeptabel. Auch jemandem eine unangenehme Nachricht mitzuteilen, mag zwar schmerzhaft sein, kann aber einen rechtfertigenden Grund haben.

3. Man soll niemandem seine Freiheit nehmen.

Diese Regel verbietet als allererstes, dass man seiner Bewegungsfreiheit beraubt und eingesperrt wird. Sie verbietet jede Form von Zwang, die auf andere Personen ausgeübt wird.

Sie umfasst dabei auch das Recht auf die freie Entscheidung über die eigenen natürlichen oder erworbenen Ressourcen. Zu der freien Entscheidung über die erworbenen Ressourcen gehört, dass man niemand bestehlen darf. Diebstahl oder Raub könnte man also unter diese Regel subsumieren.

Ebenso gehört dazu, dass man niemanden seiner körperlichen oder mentalen Fähigkeiten berauben soll. Diese Regel verbietet zum Beispiel, dass jemand ein Gliedmaß abgenommen wird, auch wenn dies möglicherweise völlig schmerzfrei vollzogen wird.

Die Regel beinhaltet außerdem, dass man niemanden behindern darf, seine Talente und Fähigkeiten zu entwickeln und zu entfalten. Selbstbestimmung ist ein wesentlicher Bestandteil dieser Regel. Jeder soll frei darüber entscheiden können, was ihm angetan wird. Eingriffe in seinen Körper und in die Privatsphäre sind ebenso dadurch abgedeckt.

Damit es etwas konkreter und anschaulicher wird, hier einige Fälle, die diese Regel abdecken: berührt zu werden, wenn man nicht berührt werden möchte, gezwungen zu werden, etwas zu sehen oder zu hören, was man nicht möchte, jemandem vorzuschreiben, wen er oder sie als Ehepartner nehmen soll, jemandem ein Medikament zu geben ohne sein Wissen, jemanden in einem Gespräch ernsthaft zu bedrohen, Kindern Schulbücher nicht zur Verfügung zu stellen usw.

4. Man soll niemand benutzen (ohne seine klare und verständige Einwilligung). Man soll niemand ausnutzen und zu eigenen Zwecken missbrauchen.

Diese Regel ist eng verwandt mit Regel 3. Sie erinnert stark an eine der Varianten des kategorischen Imperativs à la Kant. Sie besagt, dass Menschen als Selbstzweck zu behandeln sind und ohne Einwilligung nicht für eigene Zwecke missbraucht werden dürfen.

5. Man soll niemanden seiner Freuden und seines Vergnügens berauben.

Prinzipiell könnte man diese Regel auch unter Regel 2 einordnen (niemand Schmerzen bereiten). Regel 5 zielt jedoch noch in andere Richtungen. Die meisten Menschen haben ein Interesse daran ihre Freuden zu genießen. Und nichts ist dagegen einzuwenden, wenn dabei niemandem Schaden zugefügt oder gegen eine moralische Regel verstoßen wird. Freuden sind die Dinge, die uns das Leben versüßen. Wer mutwillig die Freuden anderer zerstört, der handelt unmoralisch. Etwa wenn ich ein Bild zerstöre, das jemandem gefällt, wenn jemand mit Absicht laut in einem Konzert spricht oder auch wenn jemand über einen älteren Menschen nörgelt, weil er nicht schnell genug isst – wohl wissend, dass er damit das Essvergnügen des alten Menschen erheblich reduziert.

Kooperationsregeln

6. Man soll seine Versprechen halten.

Diese Regel ist selbsterklärend. Versprechen bilden die Basis von Zusammenarbeit und Kooperation. In unserer arbeitsteiligen Welt kann kein Plan verwirklicht werden, wenn man sich nicht auf Vereinbarungen verlassen kann.

7. Man soll nicht lügen und täuschen.
Lügen und Täuschungen untergraben Vertrauen und zerstören damit eine wesentliche Basis der Zusammenarbeit.

8. Man soll sich nicht unfair verhalten oder betrügen.

Wer betrügt, verletzt die Spielregeln und verhält sich damit unfair. Er bringt andere Menschen in Nachteil, was mit einem möglichen Schaden für sie verbunden sein kann.

9. Man soll seine sozialen Rollen-Pflichten erfüllen.

In unserem Leben haben wir verschiedene Rollen inne: Chefin, Arbeitnehmer, Mutter, Tochter, Politiker ... Mit jeder dieser Rollen sind soziale Pflichten verbunden, deren Nicht-Erfüllung anderen Menschen direkt oder indirekt schaden kann. Außerdem ermöglicht die Erfüllung dieser Pflichten, dass unsere arbeitsteilige Gesellschaft auf eine solide, funktionierende Basis gestellt wird.

Diese Liste ist keineswegs vollständig. Sie soll nur einen ersten groben Überblick geben, welche Arten von moralischen Grundregeln wichtiger Bestandteil unserer Common-Sense-Ethik sind. In den nächsten Abschnitten wird diese kursorische Liste verfeinert und vervollständigt. Wobei ich ohnehin nicht den Anspruch erhebe, eine vollständige Liste moralischer Regeln anzufertigen. Ich denke aber, die wichtigsten Regeln erfasst zu haben. Von den anderen Menschen dürfen wir verlangen, dass sie sich an diese Regeln halten.

Ist Moral nicht relativ?

Es gibt einen häufig vorgebrachten Einwand gegen die Aufstellung von moralischen Grundregeln oder universellen Pflichten. Nach diesem Einwand ist die Aufstellung von allgemeinen Regeln oder Pflichten eine ziemlich nutzlose Übung, weil Moral immer relativ ist – relativ zu verschiedenen Gesellschaften oder Zeiten. Damit möchte der Relativist zum Ausdruck bringen, dass in verschiedenen Gesellschaften unterschiedliche Normen galten und auch immer noch gelten. In Asien beispielsweise gelten andere Normen als in westlichen Gesellschaften. Diese Gesellschaften finden unterschiedliche Dinge richtig oder falsch. Was in unserer Gesellschaft richtig ist, kann in einer anderen Gesellschaft falsch sein oder umgekehrt.

Manchmal wird der Relativitätseinwand sogar noch weiter gefasst. Da wird behauptet, dass es sogar auf der individuellen Ebene Unterschiede in den akzeptierten Normen gibt. Was für dich richtig ist, kann für mich falsch sein. Jeder trägt gewissermaßen seine ganz individuellen moralischen Wahrheiten mit sich herum. Das ist die radikalste Form von moralischer Relativität.

Das Relativitätsargument bezieht sich häufig auf anthropologische Beobachtungen. Dort wird darauf hingewiesen, dass in manchen Gesellschaften die Kindestötung oder das Aussetzen alter Menschen akzeptiert wurde. In anderen existieren immer noch Blutrache und Ehrenmorde. Dies zeige, so der Relativist, dass es unterschiedliche Normen gebe, und es sei ein Ausdruck von moralischem Imperialismus, wenn man nur das eigene moralische Regelsystem zugrunde lege.

Der deskriptive Relativist beschreibt, dass Normen je nach Kultur oder Gemeinschaft unterschiedlich sind. Der normative Relativist sagt darüber hinaus, dass eine Norm, die in einer Gesellschaft richtig ist, in einer anderen falsch sein kann. Normen sind grundsätzlich relativ und nicht universell. Dass Gesellschaften sich unterschiedliche Normen gegeben haben, hängt prinzipiell mit den jeweiligen Lebensbedingungen und Überzeugungssystemen zusammen, etwa mit religiösen Überzeugungen. Und dann ist es wahrscheinlich auch purer evolutionärer Zufall, welche Normen sich in einer Gesellschaft herauskristallisiert haben. Der Relativist verbindet seine Haltung oft mit dem Gedanken der Toleranz. Relativist zu sein bedeutet aufgeklärt und tolerant zu sein.

Gegen den Relativisten gibt es mehrere gute Argumente:

Erstens: Wie ist eine kulturelle Gemeinschaft, von der der Relativist mit großer Selbstverständlichkeit spricht, eigentlich genau definiert? In der Regel sind wir Teil unterschiedlicher Gemeinschaften. Man ist Bürger eines Staates, Mitglied einer Volksgruppe, vielleicht Mitglied in einem Verein usw. Welche Regeln haben nun Vorrang? Der Begriff einer kulturellen Gemeinschaft ist also nicht sonderlich präzise.

Der nächste Einwand bezieht sich darauf, wie der Status eines Dissidenten in einer Gesellschaft zu sehen ist. Wenn man eine einzelne Regel nicht akzeptiert, steht man dann völlig außerhalb jeder Moral. Ergibt sich daraus ein Minimal-Relativismus?

Bedeutet der Relativismus, dass wir alle Normen einer Gesellschaft akzeptieren müssen? Wie können Normen überhaupt kritisiert werden, wenn es keinen neutralen Standpunkt gibt, von dem aus man eine Norm kritisch hinterfragen kann? Das würde auch bedeuten, dass es prinzipiell keine Möglichkeit für moralischen Fortschritt geben kann. In vielen Gesellschaften ist es an der Tagesordnung Bestechungsgelder zu bezahlen. Heißt das, dass man sich danach richten sollte? In manchen Ländern müssen Kinder arbeiten, bedeutet dies, dass Kinderarbeit akzeptabel ist?

Das stärkste Gegenargument gegen den moralischen Relativisten scheint mir der Punkt zu sein, dass es in allen Gesellschaften – entgegen allen Behauptungen – eine große Übereinstimmung in den Normen gibt. Viele der vom Relativisten als Beispiele herangezogenen Normen sind eher unterschiedliche Bräuche, Sitten und Gewohnheiten als moralische Normen. Und außerdem könnte es genauso sein, dass eine Gesellschaft bestimmte Normen einfach nicht haben sollte.

Ich behaupte, dass wir die meisten unserer moralischen Normen und Prinzipien teilen. Es gibt jedoch oft Unterschiede in der Einschätzung von Fakten, wenn es um die Anwendung von Normen geht oder um Unterschiede in der Auslegung und Interpretation von Normen. Ein Freundschaftsdienst in Deutschland kann etwas anderes heißen als in China. Aber beide Kulturen würden unterschreiben, dass es Freundespflichten gibt oder dass man sein Versprechen halten sollte etc. Und es gibt Unterschiede in der Rangfolge von Normen. Für den einen steht berufliche Pflichterfüllung vor der Erfüllung von Freundespflichten oder umgekehrt. In Asien kann es passieren, dass man mit der Wahrheit hinter dem Berg hält, um andere Menschen nicht zu verletzen, während in Europa vielleicht eher gedacht wird, dass man immer die Wahrheit sagen sollte.

Antischadensregeln

Die Antischadensregeln formulieren moralische Grundregeln, die uns direkt einleuchten. Sie sind so fundamental, dass ich im Folgenden – wie später auch bei den Kooperationsregeln – statt von Grundregeln von Hyperregeln sprechen werde. Das heißt jedoch nicht, dass es im Alltag immer so ganz einfach wäre, in ihrem Sinne ethisch aufrecht zu handeln. Unser Alltag ist so komplex, wir müssen so unterschiedlichen Anforderungen gerecht werden, dass es oft schwierig ist herauszufinden, wie man denn nun integer handeln soll. Eine Reihe von Fällen wird Ihnen zum einen diese Grundregeln illustrieren, zum anderen stelle ich Ihnen Situationen vor, in denen es kein so eindeutiges Richtig und Falsch gibt. Dann geht es darum, Wege zu finden, wie wir eine verantwortungsbewusste Wahl unter verschiedenen Handlungsoptionen treffen können.

Wenn es richtig weh tut

Beginnen wir mit einem Beispiel, bei dem der Fall eindeutig liegt: Hier verletzt jemand eindeutig eine Hyperregel. Wie aber soll man darauf reagieren?

Fallbeispiel: Ein paar Minuten zu spät

Bea Steinhaus war ein paar Minuten zu spät dran. Christin, ihre Tochter, musste noch in den Kindergarten gebracht werden und gerade montags war der Verkehr immer mörderisch. Sie hoffte, dass das Meeting ihrer Salesgruppe noch nicht angefangen hatte, wenn sie im Büro eintraf. Herr Hofmann, der Vertriebsleiter, konnte sehr ungehalten sein, wenn man zu Besprechungen zu spät kam. Auch sonst war ihr Chef keine einfache Persönlichkeit. Er hatte stets an allem etwas auszusetzen. Aber sie durfte sich nicht beklagen. Nach vier Jahren Babypause wieder eine Stelle gefunden zu haben, empfand sie als großes Glück. Sie hatte als Salesrepräsentantin das Rhein-Main-Gebiet zu betreuen und war für die neue Produktlinie Ellemore zuständig. Als Kosmetikerin war sie für die Aufgabe bestens geeignet. Allerdings waren ihre Umsätze noch nicht berauschend. Sie brauchte einfach noch mehr Zeit.
Als Bea den Meetingraum betrat, hatte die Besprechung schon begonnen. Sie setzte sich schnell auf den ersten freien Platz. Sie schien die Einzige zu sein, die zu spät war.

„Unsere Frau Steinhaus ist ja auch schon da. Guten Morgen!", sagte Hofmann süffisant.
„Guten Morgen, es tut mir leid, aber ..."

„Wahrscheinlich machen Sie das bei Ihren Kundenbesuchen genauso. Da wirft man Sie sicher schneller wieder raus, als Sie hereingekommen sind."
„Nein, das ..."
„Kein Wunder, dass Sie den schlechtesten Umsatz von allen erzielen. Zu Hause Kinderchen betreuen und ein bisschen zu stricken, wäre bestimmt vernünftiger für Sie gewesen."
Bea schluckte. Sie wusste nicht, wie sie auf diese Äußerungen reagieren sollte. Ihre Kolleginnen blickten verlegen auf den Tisch oder machten irgendwelche Notizen in ihren Unterlagen. Ruth, die nicht gerade eine Busenfreundin von Bea war, konnte sich ein Grinsen nicht verkneifen.
„Und den Mund kriegen Sie auch nicht auf, wenigstens für eine Entschuldigung oder eine Erklärung."
„Aber ich habe mich doch entschuldigt", sagte Bea.
„Wirklich, dann hat offensichtlich keiner etwas mitgekriegt. Oder haben Sie was bemerkt, meine Damen?" Keine der Anwesenden reagierte.
„Sehen Sie. Dann würde ich vorschlagen, Sie entschuldigen sich jetzt noch mal richtig bei allen hier im Raum anwesenden Personen, die es alle geschafft haben, pünktlich zu dieser Besprechung zu kommen."
Eine unangenehme Pause entstand. „Na, was ist jetzt."

Bea Steinhaus entschuldigte sich für ihr Zuspätkommen. Sie bemerkte, dass sie Schweißperlen auf der Stirn hatte.

Wie bewerten Sie das Verhalten von Herrn Hofmann?

a) Herr Hofmann ist mit seiner Kritik zwar ein bisschen über das Ziel hinausgeschossen, aber er ist zweifellos ein emotionaler Mensch. Man kann seinen Ärger ja auch verstehen. Viel zu oft gibt es Besprechungen, zu denen Teilnehmer einfach zu spät kommen. Da kam es eben zu einem kleinen emotionalen Ausbruch. Frau Steinhaus sollte das Ganze nicht überbewerten, sondern beim nächsten Mal einfach pünktlich erscheinen.

b) Dass Kritik berechtigt sein kann, wenn jemand zu einem Meeting zu spät kommt, steht nicht in Frage. Herr Hofmann hat aber dabei nicht nur Höflichkeitsregeln verletzt, er hat sich auch moralisch falsch verhalten. Denn er hat Frau Steinhaus gedemütigt. Und das ist moralisch falsch. Frau Steinhaus sollte sich deshalb dieses Verhalten von Herrn Hofmann nicht gefallen lassen.

Es ist offensichtlich, dass Herr Hofmann extrem verärgert darüber war, dass Frau Steinhaus zu spät zur Besprechung kam. Das Zuspätkommen ist natürlich Anlass für Kritik. Es kommt jedoch darauf an, wie man seine Kritik vorbringt. Und natürlich muss man seine Emotionen dabei nicht unterdrücken. Aber man kann auf unterschiedliche Art und Weise seinen Gefühlen Ausdruck verleihen. Man kann sie zum Beispiel verbalisieren, also in diesem Fall seine Verärgerung deutlich aussprechen. Herr Hofmann war in der Äußerung seiner Kritik jedoch nicht nur unhöflich, sondern er hat Frau Steinhaus auch in ihrer Person herabgewürdigt. Und man darf davon ausgehen, dass Herr Hofmann nicht nur wusste, was er tat, sondern es mit voller Absicht unternommen hatte. Das heißt, es lag in seiner Absicht, Frau Steinhaus bloßzustellen und zu erniedrigen. Damit hat Herr Hofmann gegen eine wichtige Prima-facie-Hyperregel bzw. moralische Pflicht verstoßen, nämlich niemandem Schmerzen zuzufügen.

> Man soll niemandem Schmerzen zufügen oder ihn verletzen.

Die meisten rationalen Menschen wollen Schmerz sowie alle anderen Arten von unangenehmen Empfindungen vermeiden. Wenn wir an unsere Kinder denken, dann wünschen wir ihnen ein Leben, in dem unangenehme Empfindungen auf ein Minimum reduziert sind. Wir selbst wollen nach Möglichkeit schmerzfrei sein. Natürlich gibt es Situationen, in denen wir Schmerz in Kauf nehmen müssen, um größeres Leid zu vermeiden, zum Beispiel im Rahmen einer ärztlichen Behandlung.

Neben physischem Schmerz kann man Menschen auch psychischen Schmerz zufügen. Jemanden verärgern, ihn traurig machen sind Schmerzempfindungen psychischer Art, die wir nicht verursachen sollten. Wenn man absichtlich versucht, Menschen diese Art von Schmerz zuzufügen, verstößt man gegen unsere Regel. Handlungen, die gut geeignet sind, psychischen Schmerz zu verursachen, sind: jemanden erniedrigen, jemanden in Verlegenheit bringen, ihn beschämen, ihn erschrecken, ihn sein Gesicht verlieren lassen, ihn bedrohen, Schuldgefühle erzeugen, ihn in Furcht versetzen, Ekel erzeugen.

Freilich gibt es auch den Fall, dass Menschen ganz bewusst nach einem Kick suchen, der auf der einen Seite mit einem unangenehmen Gefühl verbunden ist, aber auf der anderen Seite auch mit einer Art Genuss. Man denke an Bungee Jumping oder Horror Filme. Hier nimmt man das eigentlich unangenehme Gefühl in einem geschützten Rahmen (an einem Seil hängend, im Kinosaal sitzend) in Kauf, um gerade daraus ein besonders stimulierendes Lustgefühl zu ziehen.

Interessant sind für uns besonders Fälle, in denen man jemandem wissentlich Schmerzen zufügt, obwohl man dies gar nicht will. Manche Handlungen fügen anderen Menschen Schmerzen zu, machen sie traurig oder verletzen sie und sind vielleicht doch moralisch gerechtfertigt. Soll ich meiner Mutter sagen, dass ich heiraten werde und ausziehe, auch wenn sie dies traurig machen wird? Ich möchte sie nicht mit Absicht verletzen, weiß aber, dass ihr das Kummer bereiten wird. Darf ich als Lehrer eine schlechte Note geben, auch wenn dies zu großer Enttäuschung bei einem meiner Schüler führen wird? Darf ein Ehepartner dem andern sagen, dass er die Scheidung einreichen wird, auch wenn dies gegen die Regel verstößt, niemandem Schmerzen zu bereiten? Man weiß natürlich in solchen Situationen, dass man Schmerzen verursachen wird, auch wenn dies nicht absichtlich geschieht. Wie sind solche Situationen zu bewerten?

In vielen dieser Fälle hat man einen guten Grund, die Schmerzen anderer hinzunehmen. Man möchte weiteres Leid vermeiden oder man hat eine Rollenpflicht auszuüben. Was man jedoch in diesen Situationen überlegen kann, ist, wie man den unvermeidbaren Schmerz mildern kann, sofern dies überhaupt möglich ist. Der Arzt, der seinen Patienten über die schwere Krankheit informiert, ist fürsorglich, hört gut zu und macht Hilfsangebote. Er spendet Trost. Der Lehrer, der schlechte Noten geben muss, überlegt zusammen mit dem Schüler und den Eltern, welche Möglichkeiten es gibt, die Schulsituation zu verbessern.

Auch wenn Herr Hofmann Frau Steinhaus keine körperlichen Schmerzen zugefügt hat, so hat er ihr durch sein Verhalten doch psychische Schmerzen bereitet und sich damit moralisch falsch verhalten. Es gibt in dieser Situation auch keinen guten Grund, den Herr Hofmann heranziehen könnte, der ihm erlauben würde, sich so zu benehmen, also gegen diese Norm zu verstoßen. Sein persönlicher Ärger, den er mit Sicherheit empfindet, stellt keinen ausreichenden Grund dar.

Eine weitergehende Frage ist, wie Frau Steinhaus in dieser emotional belastenden Situation reagieren könnte. Sie war offensichtlich nicht in der Lage, sofort mit einer schlagfertigen Antwort zu kontern. Das ist auch kein Wunder. Die wenigsten sind auf einen solchen Frontalangriff vorbereitet und haben eine schlagfertige Antwort parat oder reagieren spontan mit einem raffinierten, eleganten Konter. In der Regel sind wir eher sprachlos. Die passenden Worte fallen einem erst im Nachhinein ein.

Dennoch hat Frau Steinhaus Handlungsalternativen: Sie könnte ein Gespräch nach der Besprechung mit Herrn Hofmann suchen und ihm deutlich machen, dass sie sich durch sein Verhalten gedemütigt fühlt und es deshalb nicht akzeptieren kann. Dabei kann sie betonen, dass sie berechtigte Kritik gerne annimmt, aber es sollte in der richtigen Art und Weise formuliert sein. Sie könnte auch versuchen, Herrn Hofmann zu bitten, sich beim nächsten Meeting bei ihr dafür zu entschuldigen, dass er sich im Ton vergriffen hat. Auf diese Weise würde Frau Steinhaus ihr Gesicht wiedererlangen. Sollte Herr Hofmann dazu jedoch nicht bereit sein – was fast zu erwarten ist – ist es wichtig, dass Frau Steinhaus Flagge zeigt und klarmacht, dass sie sich dieses herabwürdigende Verhalten nicht gefallen lassen wird.

Sehen wir uns nun ein Beispiel an, in dem jemand vor der schwierigen Frage steht, ob es legitim ist, wissentlich einem geliebten Menschen wehzutun. Jedem von uns kann eine solche Situation widerfahren.

Fallbeispiel: Mutterliebe

Monika hatte sich im Café bereits einen schönen Platz gesucht. Sie war 15 Minuten früher aus der Praxis gekommen und jetzt wartete sie auf Noriko, die gestern spät abends noch angerufen hatte. Sie wollte sich heute unbedingt mit ihrer deutschen Freundin treffen, um von ihr einen Rat zu erhalten.

Monika wusste Bescheid, worum es ging. Noriko hatte endlich einen Mann kennengelernt, den sie heiraten wollte. Obwohl sie mit dem Mann erst seit vier Wochen ausging, schien die Liebe so groß zu sein, dass beide unbedingt zusammenziehen wollten. Und da man in Japan, anders als in Europa, nicht unverheiratet zusammenzieht, sollte es zügig zur Eheschließung kommen. Das Problem war Norikos Mutter. Sie wusste nichts von der Beziehung ihrer Tochter. Norikos Treffen mit ihrem Freund haben nur unter größter Geheimhaltung stattfinden können. Meistens wurden Freundinnen von Noriko als Alibi benutzt, um ihrer Mutter zu erklären, warum sie abends bisweilen sehr spät nach Hause kam. Und wenn es dann wieder spät geworden war, empfing Norikos Mutter sie an der Tür, um ihr die Leviten zu lesen.

Für Noriko war es ohnehin ein ungewöhnlicher Schritt, sich mit diesem Mann zu treffen. Bisher hatte die Mutter Noriko so stark unter Kontrolle, dass es fast unmöglich war, einen Mann überhaupt kennenzulernen, geschweige denn mit ihm auszugehen. Wenn Noriko nicht um 10 Uhr abends zu Hause war, rief die Mutter bereits an, um zu fragen, wann sie endlich nach Hause käme. Wenn Noriko nicht an ihr Handy ging, war der Ärger zu Hause riesig. Dazu muss man wissen: Noriko war bereits 45 Jahre alt. Seit 45 Jahren stand sie unter der erdrückenden Liebe ihrer Mutter, die ihr viele sozialen Kontakte verbot, die für einen erwachsenen Menschen selbstverständlich sind. Ein Erklärungsgrund für das Verhalten der Mutter war, dass ihr Sohn im Alter von drei Jahren bei einem Unfall ums Leben gekommen war. Die Mutter machte sich Zeit ihres Lebens Vorwürfe, dass sie diesen Unfall nicht verhindern konnte.

Jetzt aber wollte Noriko endlich ihr Leben selbst in die Hand nehmen, sich von der Umklammerung ihrer Mutter befreien und von zu Hause wegziehen, das hatte sie Monika gestern Abend am Telefon verkündet. Was Monika seltsam erschien, war, dass Noriko sich so große Sorgen um ihre Mutter machte. Sie hatte Angst, dass ihre Mutter ihren Weggang nicht verkraften könnte und extrem darunter leiden würde. Deswegen fühlte sich Noriko schuldig und sie wollte jetzt Monika um Rat fragen, was sie tun solle. Andererseits wollte sie auch nicht die Beziehung mit ihrem neuen Freund aufs Spiel setzen. Vor vier Jahren scheiterte schon einmal eine Beziehung zu einem anderen Mann, weil es Noriko nicht übers Herz brachte, ihre Mutter allein zu lassen.

Was sollte Monika Ihrer besten Freundin in dieser Situation raten?

Es gibt ein ganz fundamentales Grundrecht, das Henry Sidgwick, ein englischer Moralphilosoph, klar erkannt hat:

> Jeder Mensch hat ein Recht darauf, sein eigenes Leben zu führen und es nach seinen eigenen Vorstellungen zu gestalten. Jeder hat ein Recht darauf, seine vitalen Eigeninteressen zu verfolgen. Niemand hat die Pflicht, auf seine Bedürfnisse zu verzichten. Selbst ein hartgesottener Altruist muss gewissen Eigeninteressen gehorchen, um sein Leben gestalten zu können.

Jeder hat Anspruch auf ein gelungenes und glückliches Leben. Zu diesem unverbrüchlichen Recht gehört, seine innigsten legitimen Wünsche – zum Beispiel nach einer Partnerschaft – zu erfüllen. Auch Noriko steht dies zu. Aber bisher blieb es ihr durch das erdrückende Kontrollverhalten ihrer Mutter zu einem wesentlichen Teil versagt. Norikos Leben ist weitgehend fremdbestimmt. Es sind die Vorstellungen ihrer Mutter, die ihr Leben gestalten. Die Mutter verhält sich nicht korrekt, weil sie ihrer Tochter die Möglichkeit nimmt, ihr eigenes Leben zu leben.

Natürlich wird die Mutter darunter leiden, wenn Noriko von zu Hause weggeht. Das heißt, Noriko würde die Regel verletzen, niemanden Schmerzen zuzufügen. Dabei ist festzuhalten, dass Noriko ihrer Mutter nicht absichtlich wehtun will. Der Schmerz entstünde vielmehr als Folge ihres Weggehens. Verhält sich Noriko moralisch falsch, wenn sie die Mutter verlässt?

Ich habe im vorangegangenen Kapitel davon gesprochen, dass unsere moralischen Hyperregeln sogenannte Prima-facie-Regeln darstellen. Das heißt, sie haben so lange Geltung, wie es keinen guten Grund gibt, der einen Verstoß erlaubt. Deshalb ist es wichtig, einen genauen Blick auf die konkrete moralische Situation zu werfen, um die richtige moralische Entscheidung zu treffen. Um festzustellen, ob man berechtigt gegen eine moralische Regel verstoßen darf, kann man einen moralischen Stresstest absolvieren.

Obwohl uns allen wahrscheinlich intuitiv sofort klar ist, dass Noriko einen sehr guten Grund besitzt, die Regel „Füge niemandem Schmerzen zu" zu verletzen, können wir an diesem Fall den Rechtfertigungsmechanismus einer Regelverletzung durchspielen.

Der moralische Stresstest

Zunächst sind wir aufgefordert, die moralisch relevanten Fakten zu identifizieren. Zu diesem Zweck steht uns leider kein mechanisch ausführbarer Algorithmus zur Verfügung. Wir haben lediglich ein paar Leitfragen, die uns Orientierung geben können, zur Verfügung.

- Welche moralische Regel würde durch meine Handlung verletzt werden?
- Welcher Schaden (in welchem Ausmaß, in welcher Härte, mit welcher Wahrscheinlichkeit, für welche Zeitdauer und mit welcher Verteilung) wird durch die Regelverletzung entstehen, würde durch die Regelverletzung vermieden oder verhindert?
- Welche Interessen und Einstellungen hat die Person oder Personengruppe, die die Regelverletzung treffen?
- Welche Anliegen hat die Person oder Personengruppe, die von der Regelverletzung profitiert?
- Welche positiven Folgen (hinsichtlich Art, Schärfe, Wahrscheinlichkeit, Dauer) hätte die Regelverletzung?
- Gibt es Handlungsalternativen, die moralisch vorzuziehen wären?
- Gibt es eine Notsituation, die eine Regelverletzung erlauben würde?
- Gibt es eine konkurrierende Regel, die ich einhalten soll und die eine Regelverletzung erlauben würde, weil sie größeres Gewicht hat?
- Habe ich eine spezielle Fürsorge- oder Aufsichtspflicht, die eine Regelverletzung erforderlich macht?

Wie sehen die moralisch relevanten Fakten in Norikos Fall aus? Es ist anzunehmen, dass Norikos Mutter darunter leidet, wenn Noriko sie verlässt und auszieht. Es wird wahrscheinlich auch kein einfacher kurzer Schmerz sein, eher ein lang anhaltender tiefer Schmerz. Die Beziehung zwischen Mutter und Tochter wird möglicherweise sehr belastet. Denn Norikos Entscheidung kommt für die Mutter überraschend und wie aus heiterem Himmel. Mit einem Mal setzt sich Noriko über die von der Mutter gesetzten Regeln hinweg, das muss der Mutter wie ein Tabubruch vorkommen. Es besteht die Gefahr, dass die Mutter den Kontakt zu ihrer Tochter einstellen wird. Mit Sicherheit aber wird auch die Beziehung zu dem Ehemann, der ihr ja die Tochter „weggenommen" hat, nicht einfach und frei von emotionaler Belastung sein. Darunter werden wahrscheinlich alle Beteiligten leiden. Und es könnte sein, dass diese Situation sich bis zum Lebensende der Mutter nicht ändern wird.

Obwohl wir die Bedürfnisse der Mutter nicht genau kennen, erscheint aus der Geschichte heraus plausibel, dass das Anliegen von Norikos Mutter, ihre Tochter bei sich zu haben, verletzt wird.

Beim Nachdenken über die Folgen, wird bereits eine Sache sehr deutlich: Wir sind darauf angewiesen, gewisse plausible Vermutungen anzustellen. Manche dieser Hypothesen sind als sehr wahrscheinlich anzusehen, andere aber sind von ihrer Wahrscheinlichkeit her nicht so klar zu beurteilen. Vielleicht wäre Norikos Mutter ja sogar sehr erfreut darüber, dass Noriko endlich einen Mann fürs Leben gefunden hat?

Was ich damit klarmachen möchte, ist Folgendes: Wenn wir über mögliche Folgen nachdenken, müssen wir immer überlegen, aufgrund welcher Datenbasis wir zu der Folgeneinschätzung kommen und wie wir uns eine bessere Datenbasis verschaffen können. In Norikos Fall ließe sich das erreichen, indem sie mit ihrer Mutter redet. Ja, man möchte es kaum glauben. Manchmal ist miteinander reden durchaus ein guter erster Schritt, bevor man eine Entscheidung trifft.

Wie dem auch sei. Gehen wir, ohne genauere Kenntnis zu haben, davon aus, dass unsere etwas grobe Folgenanalyse in Bezug auf Norikos Mutter richtig ist und gehen wir zu Noriko über. Verzichtet Noriko zum Wohl ihrer Mutter darauf, eine Partnerschaft einzugehen, versagt sie sich ein Leben, das sie sich schon lange von Herzen wünscht. Ohnehin hatte sie kaum mehr damit gerechnet, überhaupt noch einen geeigneten Partner zu finden. Es könnte auch dazu führen, dass sie ihre Mutter eines Tages dafür hassen wird, sich ihren Herzenswunsch aus Rücksicht auf die Gefühle ihrer Mutter versagt zu haben. Die Partnerschaft mit dem Mann scheint ihr ein eigenes Leben zu versprechen, auch wenn sie ihn noch nicht lange kennt. Für sie ergibt sich dadurch die Möglichkeit, ihr Leben zum ersten Mal selbst in die Hand zu nehmen.

Es besteht keine spezielle Notsituation, auch keine besondere Fürsorgepflicht, denn die Mutter ist noch in der Lage, ihr Alltagsleben selbst zu meistern. Es scheint auch keine andere moralische Hyperregel zu geben, die Priorität hätte. Setzen wir weiter voraus, dass keine vernünftigen Handlungsalternativen bestehen. Alles läuft also darauf hinaus, entweder die Mutter zu verlassen und ihr damit Schmerzen zuzufügen oder aber den Freund zu verlassen und bei der Mutter zu bleiben.

Noriko hat also zwischen den verletzten Gefühlen ihrer Mutter und der Gestaltung des eigenen Lebens abzuwägen. Und in diesem Fall scheint klar, dass das eigene Leben Vorrang genießen sollte. Dass Noriko von zu Hause weggeht, wird das Leben der Mutter nicht zerstören, aber Norikos Leben wird empfindlich leiden, wenn sie sich wieder insgeheim nach den Wünschen der Mutter richtet statt nach den eigenen.

Es kann nun die zweite Frage in unserem Stresstest gestellt werden: Ist es angesichts dieser Faktenlage allgemein zu erlauben, dass die Regel, man solle niemanden Schmerzen zufügen, verletzt wird? Können wir allgemein wollen und zulassen, dass Menschen, die sich in einer solchen Situation befinden, diese Regel verletzen? Anders ausgedrückt: Hat Noriko gute Gründe, die eine Regelverletzung rechtfertigen?

Ich glaube, in diesem Fall können wir das positiv beantworten. In Norikos Situation wäre es wohl allgemein zu erlauben, dass sie von zu Hause weggeht, auch wenn dies bedeutet, dass sie ihrer Mutter damit psychischen Schmerz zufügt. Noriko wird offen mit ihrer Mutter über ihren Wunsch und ihre Anliegen sprechen müssen. Es ist wichtig, dass sie alles erzählt, was sie bedrückt und wie es ihr geht. Vielleicht finden sich dadurch Möglichkeiten, wie sie den Trennungsschmerz für ihre Mutter erleichtern kann.

Lassen Sie mich den gerade betrachteten Fall noch ein bisschen modifizieren. Stellen wir uns vor, Norikos Mutter ist seit einem halben Jahr sehr schwer krank. Die Ärzte haben geraten, dass jede Aufregung zu vermeiden ist, weil sie für die Mutter tödlich enden könnte. In dieser Situation würde Noriko mit ihrem Weggang nicht nur Regel 2 verletzen, sondern auch Regel 1, niemanden zu töten. Sie würde zwar ihre Mutter nicht absichtlich töten, aber sie wüsste, dass es gute Belege dafür gibt, dass ihre Mutter aufgrund der Aufregung sterben würde. Sicher, der Fall mag extrem sein, aber er zeigt, dass Noriko unter einer etwas anderen Faktenlage durchaus einen Grund hat, ihre Mutter nicht zu verletzen, indem sie von zu Hause weggeht. In dieser Situation müsste sie mit ihrem Freund sprechen und gemeinsam überlegen, was sie tun könnten, um die Situation zu retten.

Muss ich eingreifen?

Wie sieht die Sache nun von der anderen Seite aus? Wir beobachten eine Regelverletzung und stehen vor der Frage, ob wir eingreifen sollen oder nicht. Dürfen wir es überhaupt oder müssen wir es gar? Der Grat zwischen ungerechtfertigter Einmischung einerseits und angemessener Hilfeleistung andererseits erscheint uns oft schmal. Welche Überlegungen können uns leiten?

Fallbeispiel: Die Schulung

Bei der Hopla GmbH fand ein eintägiges Training statt. Die Verkäuferinnen und Verkäufer wurden im neuen Kassensystem geschult. Herr Bauer, der Betriebsleiter, übernahm höchstpersönlich die Schulung. Er wollte sichergehen, dass wirklich jeder das neue System verstand und auch richtig anwenden konnte. Die Schulung lief seit zwei Stunden. Prinzipiell war alles recht einfach und übersichtlich. Die meisten hatten mit dem neuen System keinerlei Problem. Nur Frau Keller hatte immer wieder leichte Schwierigkeiten, die neue Technik genau zu verstehen. Als sie bei einer Übung zum dritten Mal einen Fehler machte, schrie sie Herr Bauer an: „Also, wenn Dummheit einen Namen hat, dann muss der Keller sein. Das gibt's doch nicht! Was ist denn hier schwer zu verstehen? Sie müssen nur ein paar Knöpfe drücken. Oder sind sie damit schon überfordert?"

„Es ist halt alles ganz neu für mich."

„Ja, mein Gott", erwiderte Herr Bauer, „für die anderen ist es auch ganz neu, aber die stellen sich nicht so dumm an. Ihre Kinder möchte ich mal sehen. Das müssen richtige Intelligenzbestien sein."

„Ich habe keine Kinder."

„Das ist wahrscheinlich auch besser so. Schlimm, wenn sich Dummheit auch noch vermehrt", sagte Bauer und belustigte sich an seinem eigenen Scherz.

In diesem Moment schaltete sich Frau Sommer ein: „Herr Bauer, können wir nicht weitermachen? Ich finde es nicht richtig, wie Sie Frau Keller hier abkanzeln, nur weil sie ein paar Fehler gemacht hat."

„Das dürfen Sie schon mir überlassen, was richtig ist. Das weiß ich besser als Sie."

„Das wissen Sie offenbar nicht, sonst hätten Sie Frau Keller jetzt nicht so verletzt", beharrte Frau Sommer.

„Ich habe niemanden verletzt. Ich habe nur die Fakten genannt."

Als Herr Bauer gerade wieder eine spitze Bemerkung in Richtung Frau Keller machen wollte, stand diese auf und verließ weinend den Raum.

Wie finden Sie es, dass Frau Sommer in das Gespräch eingegriffen hat?

a) Frau Sommer hätte lieber nichts sagen sollen. So hat sie die Situation nur verschlimmert. Für Frau Keller auf der einen Seite, aber auch für sich selbst. Sie hätte lieber darauf warten sollen, dass Frau Keller sich selbst zur Wehr setzt.

b) Es war richtig, dass Frau Sommer den Mund aufmachte und Herrn Bauer zurechtwies. Denn wie Herr Bauer sich verhalten hat, war beleidigend und moralisch falsch.

Vermutlich stimmen die meisten darin überein, dass das Verhalten von Herrn Bauer unangebracht war. Er hat Frau Keller zutiefst beleidigt und vor versammelter Mannschaft bloßgestellt. Das ist tatsächlich auch moralisch falsch.

Da Frau Sommer den Eindruck hatte, dass Frau Keller sich nicht verteidigen konnte, griff sie in das Gespräch ein und machte Herrn Bauer darauf aufmerksam, dass sein Verhalten nicht korrekt war. Das verlangt Mut. Es erfordert manchmal eine gehörige Portion Zivilcourage, für Werte und moralische Normen einzustehen. Personen, denen es gelingt, offensiv ethische Prinzipien zu vertreten, verdienen unseren Respekt und können uns als Vorbild dienen. Es ist dabei auch interessant zu sehen, dass solche Personen meiner Erfahrung nach oft eine Führungsrolle in einem Team einnehmen. Sie sind dann so etwas wie die moralische Instanz des Teams. Allerdings müssen sie auch fachlich anerkannt sein, sonst gelten sie leicht als verschrobene Moralisten und Prinzipienreiter. Menschen aber, die einerseits wichtige Resultate im Team erzielen und auf der anderen Seite einen klaren Wertestandpunkt vertreten, zählen häufig zu den Meinungsführern.

War es eine Pflicht von Frau Sommer in diesem Fall Frau Keller beizustehen? Ich glaube, wir haben die Pflicht, Menschen, die in Not sind zu helfen, wenn es für uns kein unzumutbares Risiko bedeutet. Deswegen haben wir ja auch die Pflicht, Erste Hilfe zu leisten, wenn wir an einen Unfallort kommen. Verlässt man den Unfallort ohne zu helfen, begeht man nach unserem Recht Unfallflucht. Dieses Gesetz bringt nur ein wichtiges moralisches Prinzip zum Ausdruck, nämlich Menschen, die in Not geraten sind, zu helfen. Die knifflige Frage ist: Befindet sich Frau Keller in einer solchen Notsituation? Wenn ja, dann ist es meine Pflicht, hier einzugreifen. Ich glaube, dass man diese Situation durchaus als eine Notsituation verstehen konnte. Frau Keller war ja offenbar nicht in der Lage sich selbst zu verteidigen. Als Frau Sommer ihr beisprang, versuchte sie Frau Keller aus dieser Situation zu retten. Zumindest hat wahrscheinlich Frau Sommer die Situation so interpretiert.

Ich muss zugeben, dass ich hier keine eindeutige Meinung habe. Man könnte die ganze Geschichte nämlich auch so verstehen, dass zwar keine Pflicht besteht einzugreifen, dass es aber durchaus zu unserem ethischen Ideal gehören kann, Menschen selbst dann zu unterstützen, wenn sie in keiner körperlich bedrohlichen Situation sind. Neben dieser Schutzfunktion für Frau Keller gibt es allerdings noch einen weiteren guten Grund sich einzumischen. Personen, die sich moralisch falsch verhalten, sollte dies auch aufgezeigt werden. Das heißt, Herrn Bauer muss ein Spiegel über sein eigenes Verhalten vorgehalten werden.

Als Regel können wir festhalten:

> Man soll Menschen in Not helfen, wenn man dazu in der Lage ist und es kein unzumutbares Risiko für einen selbst bedeutet.

Es ist aber interessant zu fragen, wie sinnvoll diese Regel ist. Denn in unserer Welt sind gegenwärtig immer Menschen irgendwo in Not. Sie sind von Hunger bedroht, von Folter oder von Krieg. Diese Regel fordert mich auf zu helfen. Das würde bedeuten, dass ich mich im Krisendauereinsatz befinden würde. Das kann die Regel nicht verlangen. Vielleicht sollte man die Regel etwas modifizieren, sodass sie in Einklang mit unseren Intuitionen steht. Ein offensichtlich wichtiges Kriterium ist die eigene physische Präsenz. Dann könnte man formulieren:

Man soll Menschen in einer Notsituation, in der man selbst präsent ist, helfen, sofern man dazu in der Lage ist und es kein unzumutbares Risiko für einen selbst bedeutet.

Wenn die Nothilferegel in dieser Weise aufgefasst wird, dann hat sich Frau Sommer an diese Regel gehalten. Sie war in der Situation physisch präsent, sie war in der Lage zu helfen und es bedeutete kein unverhältnismäßiges Risiko (wirklich?) für sie selbst.

Sehen wir uns ein ganz anders geartetes Beispiel an, das aber dieselbe Frage aufwirft. Eingreifen oder schweigen? Und zu welchem Preis? Wozu bin ich verpflichtet? Was darf von mir erwartet werden?

Fallbeispiel: Zwicken

Als Claudia nach Hause kam, lief sie sofort in ihr Zimmer, ohne – wie sonst üblich – bei ihrer Mutter kurz vorbeizuschauen. Ihre Mutter fand das eigenartig und so ging sie nach oben, um zu sehen, ob mit ihrer Tochter alles in Ordnung war. Claudia lag auf dem Bett und weinte.

„Was ist los, Claudia. Ist etwas passiert? War etwas los in der Arbeit?" Claudia hatte seit Kurzem ausgelernt und arbeitete nun in der Psychiatrie auf einer Station. Die Arbeit fand sie sehr aufregend und anspruchsvoll, weil sie auch viel mit Kommunikation verbunden war. Es war genau die Art von Tätigkeit, die sie sich immer gewünscht hatte. Was konnte da los sein? Oder war etwas mit ihrem neuen Freund?

Es dauerte eine Weile, bis Claudia mit der Sprache herausrückte. Sie erzählte, dass sie jetzt in der Schicht mit einem älteren Kollegen namens Max zusammenarbeite. Aber heute habe sie etwas bemerkt, was sie sehr schockiert habe. Max habe nämlich Patienten, die zum Teil nicht richtig ansprechbar sind, einfach gezwickt. In den Arm oder auch in den Po, einige haben dabei leicht aufgeschrien. Sie war so entsetzt, dass sie nichts sagen konnte. Aber sie habe dann mit einer Kollegin darüber gesprochen und die habe ihr erzählt, dass Max einfach hin und wieder mal seinen Rappel hat, dann zwickt er halt manchmal einen Patienten. Alle wüssten davon, aber da Max ein guter Bekannter der Stationsleitung sei, würde nichts passieren. In ein paar Wochen würde sich auch Claudia daran gewöhnt haben und die meisten Patienten merken eh nichts davon. Und so ein kleines Zwicken hat ja wirklich noch niemandem geschadet.
„Aber ich kann das doch nicht so einfach hinnehmen. Das sind doch alles Menschen mit Gefühlen, die kann man doch nicht so behandeln", sagte Claudia empört. „Nein, das kann man nicht", sagte ihre Mutter.

Wie sollte sich Claudia verhalten?

a) Sie sollte sich von der Station wegbewerben. Denn es ist wirklich untragbar weiter dort arbeiten zu müssen und dann noch mit Max zusammen.

b) Sie sollte versuchen damit zurechtzukommen und nach Möglichkeit vermeiden, mit Max in einer Schicht zu arbeiten.

c) Sie sollte aktiv etwas gegen das Verhalten von Max unternehmen.

Max' Verhalten ist moralisch und auch rechtlich falsch. Er misshandelt Patienten und damit ist sein Verhalten eindeutig kriminell. Moralisch verstößt er unter anderem gegen unsere Regel, niemandem Schmerzen zuzufügen. Aber was sollte Claudia als junges Teammitglied und frisch Examinierte tun? Es ist eindeutig ihre Pflicht, etwas zu unternehmen, einmal aus menschlicher Perspektive, weil Menschen hier mutwillig

Schmerzen zugefügt werden, aber auch aus ihrer beruflichen Perspektive heraus. Denn sie hat eine gewisse Fürsorgepflicht ihren Patienten gegenüber. Gerade dann, wenn jemand sich nicht selbst schützen kann, muss es jemanden geben, der diese Schutzfunktion übernimmt. Claudia hat mehrere Möglichkeiten zur Verfügung.

Sie kann zunächst mit weiteren Kollegen sprechen, um sich zu versichern, was bisher unternommen wurde und sich ein Bild davon zu verschaffen, wie andere Kollegen das Ganze sehen. Die Gefahr dabei besteht jedoch, dass die Kollegen, die jahrelang dieses Verhalten gedeckt haben, sich nun ihrerseits in Gefahr sehen, falls diese Geschichte aufkommt.

Sie könnte Max selbst mit seinem Verhalten konfrontieren. Das wäre durchaus eine gute Möglichkeit. Allerdings besitzt sie wahrscheinlich nicht die Autorität, Max von seinem Verhalten abzubringen. Bestenfalls verkneift er sich Patienten zu zwicken, wenn Claudia anwesend ist. Zur direkten Konfrontation gehört natürlich eine gehörige Portion Mut. Nicht jeder fühlt sich dem gewachsen.

Sie könnte außerdem das Gespräch mit ihrer Vorgesetzten, der Stationsleitung, suchen und sie auf das Verhalten von Max ansprechen. Mir scheint dies ein erster, guter Schritt zu sein. Denn dadurch erfährt sie, wie die Stationsleitung darüber denkt und was diese unternehmen wird. In dem Gespräch kann sie die Leitung gleich darauf aufmerksam machen, was sie tun wird, falls Max sein Verhalten nicht einstellt. Das bringt die Leitung in einen gewissen Zugzwang, ohne dass man Claudia von vornherein Unkollegialität vorwerfen könnte. Obwohl Kollegialität in diesem Fall kein ausreichender Rechtfertigungsgrund dafür ist, dass jemand misshandelt wird. Das ist ein schönes Beispiel dafür, wie der moralische Stresstest, ob eine Regel verletzt werden kann, nicht bestanden wird.

Ein weiterer Schritt bestünde darin, zum Betriebsrat oder zur Vertrauensfrau zu gehen, um sich beraten zu lassen, wie man am besten in diesem Fall vorgeht.

Entscheidungsfragen

Die Beispiele haben gezeigt, wie stark moralische Entscheidungen von der konkreten Situation abhängen, in der wir sie zu treffen haben. Moralisches Handeln fordert uns durchaus ein wenig Mühe ab, und sei es zunächst nur die, sorgfältig nachzudenken. Wir müssen die Fakten zusammentragen und möglichst realistisch die Wirkungen unseres jeweiligen Tuns auf die Betroffenen abklopfen. Um Ihnen dies etwas zu erleichtern, habe ich hier einige Leitfragen zusammengestellt. Sie können Sie zu einer begründeten Entscheidung führen, wenn Sie in einer moralisch schwierigen Situation stehen und sich die Frage stellen: Was soll ich moralisch tun, was ist der moralisch richtige Weg für mich?

Checkliste: Moralische Leitfragen
• Welche Entscheidung gilt es zu treffen?
• Handelt es sich dabei überhaupt um eine moralische oder ethische Frage?
• Wie sieht die Entscheidungssituation aus? Wie liegen die Fakten? Welche Fakten sind mir unbekannt? Wie kann ich mehr über die Faktenlage herausfinden?
• Wird irgendjemand Schaden zugefügt? Wessen Interessen sind betroffen?
• Haben irgendwelche Anliegen in der gegebenen Situation Priorität? Und wenn ja, warum?
• Sind die betroffenen Personen gehört oder konsultiert worden? Kenne ich ihre Meinungen und Anliegen?
• Was sind meine Anliegen im vorliegenden Fall?
• Gibt es eine Handlung, die moralisch geboten ist?
• Gibt es ethische Ideale, die ich mit meiner Handlung verfolge (und die keine moralische Regel verletzen)?
• Welche Handlungsoptionen habe ich?
• Kollidieren moralische Pflichten oder Handlungsnormen?
• Zu welcher Option tendiere ich? Und warum?
• Wäre damit eine Verletzung einer Handlungsnorm, moralischen Hyperregel verbunden?
• Welche Handlungsoption hat den stärksten Grund?
• Wie würde die Öffentlichkeit oder eine Person, die ich sehr schätze, darauf reagieren, wenn ich meine Entscheidung und die Gründe dafür darlege? Würde meine Entscheidung allgemein akzeptiert? Würde sie auf Widerstand stoßen?
• Wie setze ich meine Entscheidung am besten um? Wie schone ich die Anliegen und Interessen der betroffenen Personen? Wie mildere ich negative Folgen ab?

Wie viel Freiheit brauchen wir?

Sie liegen am Strand, lauschen der Meeresbrandung und lassen sich von einem lauen Lüftchen umschmeicheln. Die Sonne wärmt Ihre Haut und Sie riechen die salzige Seeluft. Während Sie die Augen geschlossen haben, denken Sie darüber nach, was Sie in den letzten Jahren alles erreicht haben. Die Firma, die Sie gegründet haben, floriert und eilt von Erfolg zu Erfolg. Ihre Kinder wachsen prächtig heran und Sie haben eine wunderbare Frau, die äußerst erfolgreich Kriminalromane schreibt. Sie selbst erfreuen sich bester Gesundheit, erst letzte Woche sind sie bei einem Marathon unter die besten 10 gekommen. Sie haben Spaß an Ihrem Leben. Heute Abend sind Sie zu einem Galadinner eingeladen, bei dem Sie für Ihr bürgerliches Engagement und Ihre karitativen Stiftungen geehrt werden. Sie werden von Ihren Mitbürgern allseits geschätzt und man hat Sie als Bürgermeisterkandidat vorgeschlagen. Der Gedanke macht Sie stolz auf sich selbst, aber auch auf die Stadt und das ganze Land, in dem Sie leben. Sie wollten zu keiner anderen Zeit geboren sein. Alle Menschen haben Arbeit und ein gutes Auskommen, die Kriminalitätsrate tendiert gegen Null – vielleicht ist das ein Grund, dass die Romane Ihrer Frau so reißenden Absatz finden – und die Menschen leben so gesund und werden so alt wie nie zuvor.

Hätten Sie etwas dagegen, wenn diese kurze Geschichte eine korrekte Beschreibung Ihres Lebens wäre? Vermutlich nicht. Denn diese Geschichte hört sich nach einem guten und geglückten Leben an. So schön könnte es sein.

Wie würden Sie reagieren, wenn ich Ihnen erzähle, dass Sie dieses Leben haben können, dass es jedoch einen Preis hat. Es ist nämlich nur virtuell zu haben. Was das genau heißen soll? Nun, es ist ganz einfach: In Wirklichkeit liegt ihr Körper eingesperrt in einem speziellen Zylinder in einer Nährlösung und Ihr Gehirn ist mit einem Supercomputer verdrahtet. Alles, was Sie erleben, ist nicht von der Wirklichkeit zu unterscheiden, tatsächlich jedoch handelt es sich um eine Illusion à la Matrix. Sie selbst werden allerdings keinen Unterschied feststellen. Sie werden sich nicht einmal an Ihr früheres Leben erinnern können. Alles wird Ihnen völlig normal erscheinen. Die Glücksmaschine für ein erfülltes Leben ist perfekt. Das Problem ist, wenn Sie sich einmal an die Glücksmaschine anschließen lassen, ist der Prozess nicht mehr umkehrbar. Zeit Ihres Lebens, bis zum natürlichen Tod Ihres Körpers werden Sie in dem Zylinder gefangen sein.

Nun die Gretchenfrage: Würden Sie unter diesen Umständen Ihr Gehirn mit dieser Maschine verbinden lassen und Ihr bisheriges Leben vollständig aufgeben?

Ich bin überzeugt, die meisten Menschen würden das ablehnen. Man möchte nicht in einer Traumwelt leben, auch wenn sie sich noch so real anfühlen würde und man in dieser Welt nur positive Erfahrungen machen würde. Warum? Die Glücksmaschine nimmt uns zum einen den Bezug zur Realität, wir haben keinen echten Kontakt mehr mit der Welt. Wir wollen jedoch Teil der realen Welt sein und nicht einer illusionären. Außerdem kommt folgender wichtiger Aspekt hinzu: Die Glücksmaschine würde eine massive Einschränkung unserer Freiheit und Selbstbestimmung bedeuten. Frei und selbstbestimmt zu leben sind zwei hohe Glücksgüter. Wird die Möglichkeit dazu untergraben, stellt dies ein echtes Übel für unser Leben dar.

Freiheit ist ein ganz zentraler Wert für uns Menschen. Freiheit kann dabei zweierlei bedeuten: Im primären Sinn bedeutet „frei sein", frei von äußerem Zwang zu sein. Eine weitere wichtige Bedeutung ist, Wahlfreiheit zu besitzen und selbstbestimmt Entscheidungen treffen zu können. Der körperlichen Freiheit beraubt zu werden, indem man beispielsweise eingesperrt wird, ist wohl das schlimmste Übel, das einem widerfahren kann, aber auch die Wahlfreiheit zu verlieren, nicht mehr für sich entscheiden zu können, empfinden wir als Unheil. Deswegen lautet die dritte Regel der Common-Sense-Ethik:

> Man soll niemandem seine Freiheit nehmen.

Diese Regel kennt verschiedene Spezifizierungen. Es können unterschiedliche Inhalte mit ihr verbunden sein. In ihrer grundlegenden Bedeutung sagt die Regel tatsächlich aus, dass man niemanden seiner körperlichen Freiheit berauben darf, indem man ihn zum Beispiel einschließt und ihm damit seine Bewegungsfreiheit nimmt. Gerechtfertigte Ausnahmen bilden natürlich die Fälle, in denen Menschen Straftaten begangen haben und im Anschluss zu einer Gefängnisstrafe verurteilt worden sind. Das macht deutlich: Die einzige Instanz, die ein Zwangsmonopol besitzt, ist der Staat. Und der Staat hat dieses Monopol durch ein demokratisches Verfahren übertragen bekommen. Diese Fälle, dass einem buchstäblich die körperliche Freiheit entzogen wird, sind in unserem Alltagsleben nicht an der Tagesordnung. Es sind andere Situationen, die uns mehr interessieren, weil sie ebenfalls Verstöße gegen die Freiheitsregel darstellen.

Fallbeispiel: Der Domainname

Am langen Verhandlungstisch gegenüber saßen die beiden amerikanischen Anwälte Higgs und Murdoch. Beide blickten mehr als missmutig drein. Und Paul konnte auch nicht gerade behaupten, dass er sich in dem kühl gestylten Anwaltsbüro sehr behaglich fühlte. Zumal der Anlass für seine Anwesenheit auch nicht besonders erfreulich war. Die Anwaltskanzlei Gordon, Stitch & Rosenberg hatte ihn nämlich auf sehr direkte und unverblümte Weise angemahnt. Es ging um einen Domainnamen, den Paul vor mehr als vier Jahren angemeldet hatte. Die Anwälte behaupteten, dass Paul den Domainnamen zu Unrecht beanspruchte, und forderten im Namen ihrer Klientin, einem amerikanischen Unternehmen, von Paul auf die Rechte an der Domain zu verzichten.

„Wir wollen nicht lange um den heißen Brei herumreden", sagte Higgs in hervorragendem Deutsch. „Wir haben hier ein Papier vorbereitet, das Sie bitte unterschreiben. Damit verzichten Sie auf alle Rechte an dem Namen und die Sache ist erledigt."
„Das geht aber alles ein bisschen schnell", sagte Paul.
„Schnell kann es nur ungemütlich für Sie werden, falls Sie sich bockbeinig stellen. Ziemlich ungemütlich", knurrte Higgs. Murdoch grinste ungemütlich.
„Was soll das heißen? Ich habe den Namen rechtmäßig reserviert."
„Wir können Sie ruinieren. Das garantiere ich Ihnen. Wir zerren Sie vor jede nur mögliche Instanz. Und unsere Schadensersatzforderungen werden Sie bis zu Ihrem Lebensende verfolgen. Auch das garantiere ich Ihnen. Sie sind kurz vor dem Abschluss Ihres Studiums. Sie haben ja noch ein Leben vor sich. Nicht wahr?", drohte Higgs. Die Drohung sprach er so beiläufig aus wie er im Vorbeigehen andere Personen grüßte.
Pauls Unbehagen war merklich angewachsen. Er hatte schon viel von amerikanischen Anwälten und ihren rigorosen Vorgehensweisen gehört. Auf der anderen Seite hatte er nichts Unrechtes getan. Er hatte den Namen für sich reserviert, aber noch keine Website darunter veröffentlicht. Der Name hat ihm einfach gut gefallen. Vielleicht wäre die Website in Zukunft nutzbar gewesen.
„Sie sollten nicht zu lange überlegen", fuhr Higgs fort und er hielt Paul ein Blatt Papier unter die Nase. „Sehen Sie dieses Schreiben hier? Das ist die Klage, die wir gegen Sie einreichen werden, wenn Sie hier und heute nicht unterschreiben. Und gleich zu Beginn machen wir 50000 Euro Schadensersatz geltend. Ich werde allerdings dieses Schreiben zerreißen, wenn Sie unterschreiben."

Murdoch reichte Paul einen Stift, einen richtig dicken Stift für wichtige Unterschriften.

Paul wird in dieser Szene massiv unter Druck gesetzt. Es wird zwar kein körperlicher Zwang, aber psychischer Zwang auf ihn ausgeübt. Paul ist noch jung und unerfahren, wahrscheinlich wird er unter diesem Druck nachgeben. Damit rechnen die beiden Anwälte natürlich.

Für sie ist es der schnellste Weg, um zu einer akzeptablen Lösung zu kommen.

Die Ausübung von Zwang ist prima facie moralisch falsch und stellt eine Verletzung unserer Freiheitsregel dar. Um solche Fälle, wie gerade beschrieben, mit aufzunehmen, könnte man die Regel folgendermaßen spezifizieren:

> Man soll niemanden durch Zwang zu etwas bringen, dem er normalerweise nicht zustimmen würde.

Diese Regel schließt nicht aus, dass man jemanden von etwas überzeugen kann. Aber was die Anwälte in unserem Dialog veranstalten, ist keine Überzeugungsarbeit, es ist pure Manipulation. Man möchte, dass Paul unter dem aufgebauten Schreckensszenario klein beigibt.

Der Manipulator, der psychischen Druck und Zwang ausüben will, hat eine breite Palette von Instrumenten zur Verfügung: Er kann erpressen, drohen, Schuldgefühle erzeugen, Ängste schüren usw. Dass solches Verhalten moralisch falsch ist, leuchtet uns unmittelbar ein: Menschen wird die Freiheit eingeschränkt oder im schlimmsten Fall gar genommen, um zu einer Entscheidung zu kommen.

Wie könnte sich Paul dagegen wehren? Gegen die Ausübung von massivem Druck oder Zwang, die in einem Gespräch stattfindet, gibt es eine Methode, die ich „Aus der Situation treten“ nenne. Bei dieser Methode würde Paul auf folgende Weise vorgehen:

1. Er unterbricht das Gespräch („Einen Moment bitte, meine Herren, kurze Auszeit.“).
2. Er spricht an, was gerade passiert ist. Das heißt, er nennt die Manipulation beim Namen („Sie versuchen, mich hier gerade massiv unter Druck zu setzen. Das gefällt mir gar nicht.“).
3. Er macht einen Vorschlag oder stellt eine Frage. („Ich möchte auf diese Art und Weise kein Gespräch mit Ihnen führen. Ich werde mich in diesem Fall beraten lassen. Im Anschluss daran können wir unser Gespräch fortsetzen.“).

Paul würde also in diesem Gespräch zunächst einen Abbruch vorschlagen, was sehr vernünftig ist, weil er scheinbar vollkommen unvorbereitet in das Gespräch gegangen ist. Auf diese Weise verschafft er sich eine bessere Ausgangslage für weitere Verhandlungen. Er schützt sich auf faire Art vor den rüden Beeinflussungstechniken der Anwälte und gewinnt neuen Freiraum.

Gruppendruck

Auf ganz andere Weise wird Zwang auf uns ausgeübt, wenn Gruppen ins Spiel kommen. Gruppen können Entscheidungen extrem beeinflussen, denn der Wunsch dazuzugehören kann Menschen stark unter Druck setzen. Wie sind solche Situationen moralisch zu bewerten?

Fallbeispiel: Das Teambuilding

Die Vertriebsmitarbeiter von Quexcom waren zu einem Teamevent eingeladen. Drei Tage lang wollte man sich zu einer Klausur an einen abgeschiedenen Ort in die Berge zurückziehen. Neben der Erörterung einiger vertriebstechnischer Fragen sollten auch einige Teambuildingmaßnahmen durchgeführt werden. Die ganze Aktion hatte als Ziel, sich untereinander noch besser kennenzulernen und noch stärker als Team zusammenzuwachsen. Für die Teamentwicklungsmaßnahmen wurden ein paar Outdoor-Aktivitäten eingeplant. Höhepunkt war die Überquerung einer Schlucht mithilfe einer selbst gebauten Seilkonstruktion. Diese Schluchtüberquerung sollte in Form eines Wettbewerbs durchgeführt werden. Vier Teams sollten gegeneinander antreten. Das schnellste Team hatte gewonnen.

Robert, der seit drei Monaten im Unternehmen war, hatte schon den ganzen Tag einen gehörigen Bammel vor dieser Aktion. Er war nicht schwindelfrei und auch sonst nicht der sportlichste Typ. Und als er schließlich als letzter aus seiner Gruppe oben am Rande der Schlucht stand, sah alles noch viel schlimmer aus als von unten. Robert gehorchten die Beine fast nicht mehr. Sein Herz klopfte wie verrückt, seine Hände waren pitschnass. Er hatte furchtbare Angst, am liebsten hätte er angefangen zu heulen. Aber unten standen seine Kollegen, die ihn aufforderten, sich endlich in das Seil einzuhaken und sich nach unten zu hangeln.

„Was ist jetzt? Mach schon?"
„Die anderen holen uns noch ein."
„Das gibt's doch nicht. Jetzt steht der da oben dumm rum."
„Robert, hast du die Hosen voll oder was."
„Mann, du bringst 100 Kilo auf die Waage und hast Schiss vor dieser kleinen Aufgabe."
„Jetzt komm schon."

Der Trainer, der die ganze Aktion leitete, hatte erklärt, dass man jederzeit aussteigen könne, aber jetzt warteten seine Kollegen nur noch auf ihn. Vielleicht würden Sie sogar den kleinen Wettbewerb gewinnen. Und überhaupt wollte er nicht als Feigling gelten. Also hakte sich Robert in das Seil ein und begann sich über die Schlucht zu hangeln. Aber es kam, wie es kommen musste. Auf der Mitte der Strecke verließen Robert die Kräfte. Er erlitt einen Kreislaufzusammenbruch. Nur mit Mühe konnte Robert durch das Trainergespann zurückgezogen werden. Die Rettungsaktion verlief so unglücklich, dass Robert sich dabei das rechte Handgelenk brach. Fast eine Woche musste er im Krankenhaus verbringen.

Wie bewerten Sie diese Situation? Handelt es sich um einen Fall, in dem jemand unmoralisch gehandelt hat? Oder sind moralische Kategorien hier gar nicht anwendbar? Denn es war ja einfach nur ein Unfall. Ich glaube, unsere Intuition sagt durchaus, dass die Kollegen von Robert eine moralische Schuld trifft. Sie sind mitverantwortlich für den Schaden, den Robert durch die Aktion davongetragen hat. Warum? Auch sie haben unsere Regel verletzt, nämlich:

> Man soll niemandem seine Freiheit bzw. seine Freiheiten nehmen.

Wie in der vorangegangenen Geschichte gesehen, beinhaltet die Regel, dass man niemand zu etwas zwingen darf, dem er normalerweise nicht zustimmen würde. Zwang stellt eine Regelverletzung dar und ist prima facie moralisch falsch. In unserer jetzigen Geschichte wird eine ganz spezielle Form von Zwang aufgebaut, nämlich Gruppenzwang. Durch den Druck der Gruppe wurde Robert dazu bewegt, sich mit schlimmem Ausgang über die Schlucht zu hangeln.

Zwang kann also in unterschiedlicher Form auftreten, in einer direkten körperlichen Art in Form von Gewalt, durch den Einsatz von Macht oder eher in subtiler Art in Form von Manipulation oder Gruppendruck. Der Wunsch nach Anerkennung und Akzeptanz sowie ein Erfolgsdruck haben dazu geführt, dass Robert sich dem Druck der Gruppe ergeben hat.

Ist man selbst Gruppendruck ausgesetzt, erfordert es eine gehörige Portion Mut, sich nicht beeinflussen zu lassen. Die Gefahr besteht nämlich, schnell aus der Gruppe ausgeschlossen zu werden und isoliert zu sein. Wenn man jedoch erkennt, dass eine Gruppe in eine falsche Richtung marschiert und man selbst nicht in diese Richtung gehen möchte, dann sollte man Charakter zeigen und seine Bedenken klar äußern. Möglicherweise gibt es noch andere Personen in der Gruppe, die ähnlich denken, aber sich nicht getraut haben, etwas zu sagen.

Von einer etwas anderen Warte aus kann es wichtig sein zu erkennen, ob Menschen durch Gruppenzwang in eine Lage gebracht werden, der sie nicht gewachsen sind. Besonders für Teamleiter ist entscheidend zu sehen, ob ein Teammitglied gerade in die Panikzone gerät, aber nicht wagt, seine Überforderung einzugestehen, weil der Teamdruck so hoch ist. Den Puls des Teams zu fühlen, indem regelmäßige Teamgespräche und persönliche Gespräche stattfinden, ist dafür eine notwendige Maßnahme.

Gruppenzwang ist gerade in Konfliktsituationen ein bekanntes Phänomen. Ab einer gewissen Eskalationsstufe kommt es in Konflikten oft zur Bildung von Koalitionen. Das heißt, bestimmte Gruppenmitglieder solidarisieren sich untereinander. Im Konflikt stehen sich nicht mehr einzelne Personen gegenüber, sondern Gruppen. Auf Personen, die versuchen neutral zu bleiben, wird schnell erheblicher Druck ausgeübt. Man nimmt diesen Personen darüber hinaus ihre angebliche Neutralität nicht ab. Vielmehr ordnet man sie dem Feind zu, getreu dem Motto: Wer nicht für uns ist, der muss gegen uns sein.

Zum Glück gezwungen

Einer anderen Frage, die sich uns im Alltag immer wieder stellt, wollen wir im nächsten Beispiel nachgehen: Darf ich jemanden zu seinem Glück zwingen? Darf ich andere aus Fürsorge, um sie vor Schaden zu bewahren, unter Druck setzen? Bin ich dazu etwa sogar moralisch verpflichtet?

Fallbeilspiel: Hausbesuch

Es klingelte. Berta ging in langsamen Schritten zur Tür. Das Gehen fiel ihr schwer. In den letzten Tagen war auch der Husten wieder schlimmer geworden. Wer konnte das so spät am Abend noch sein? Sie erschrak, als sie vor der Tür ihren Bruder Egon zusammen mit Dr. Hanauer, ihrem Hausarzt, sah.

„Was soll das?", fragte sie verdattert.
„Ich habe Dr. Hanauer mitgebracht, damit er dich mal untersucht", sagte Egon bestimmt.
„Mir geht's gut", sagte Berta, konnte aber einen kleinen Hustenanfall nicht unterdrücken.
„Er wird dich mal untersuchen."
„Ich will aber nicht."
„Berta, wir gehen nicht weg. Wir bleiben so lange, bis du dich mal durchchecken lässt", insistierte Egon.
„Es geht Ihnen nicht so gut. Das kann man sofort sehen, Frau Kern", sagte der Arzt. „Normalerweise mache ich so etwas nicht, einfach mitzugehen, wenn mich ein Verwandter holt, ohne Zustimmung des Patienten. Aber ich kenne Ihre Familie ja schon so lange. Es dauert auch nur 10 Minuten ..."

War das Verhalten von Bertas Bruder moralisch richtig? Immerhin zwingt er ja seine Schwester gewissermaßen zu einer Untersuchung durch den Arzt. Er bringt sie in eine Situation, der Berta nicht freiwillig zugestimmt hätte. Insofern verstößt Egon hier gegen unsere Regel, Menschen zu nichts zu zwingen. Hat Egon einen ausreichenden, rechtfertigenden Grund für sein Verhalten?

Der Fall ist zwiespältig. Es ist offensichtlich, dass Egon nur beste Absichten hat. Er macht sich ernsthaft Sorgen um den Gesundheitszustand seiner Schwester. Wahrscheinlich sieht er es als einzige Chance, dass sie endlich zum Arzt geht und sich untersuchen lässt. Auf der anderen Seite stellt er Berta jedoch einfach vor vollendete Tatsachen. Möglicherweise hat sie einen guten Grund, sich gerade von Dr. Hanauer nicht untersuchen zu lassen. Vielleicht hat sie spezielle Ängste, weswegen sie vermeidet zum Arzt zu gehen. Über diese durchaus legitimen Anliegen, sofern sie existieren sollten, setzt sich Egon einfach hinweg. Es gehört zur freien Selbstbestimmung von Berta, ob sie zu einem Arzt gehen möchte oder nicht. Das Problem ist, dass Egon zu einer sehr radikalen Methode gegriffen hat, um Berta untersuchen zu lassen. Er hat damit vermutlich nicht alle Handlungsalternativen ausgeschöpft wie Gespräche oder Informationen, die er mitbringt.

Was ist jedoch, wenn sich herausstellt, dass Berta schwer krank ist und nur durch den Zwang von Egon gerade noch geheilt werden konnte? Das heißt, im Nachhinein könnte sich Egons Handlung als Glücksfall erweisen. Mir scheint, dass selbst in diesem Fall die Handlung moralisch zweifelhaft ist. Vom Standpunkt des Ergebnisses aus könnte man sagen, er hat das Richtige getan, vom Standpunkt der Handlung aus, war die Handlung aber moralisch nicht richtig. Egon hat seine Schwester in eine Zwangslage gebracht. Natürlich dürfte Egon versuchen, Berta von einem Arztbesuch zu überzeugen. Aber sie so direkt mit einer Untersuchung zu konfrontieren, ist moralisch im Sinne unserer Freiheits- und Selbstbestimmungsregel zumindest bedenklich. Man sieht, dass es durchaus Situationen geben kann, in denen die Ausübung von Zwang durchaus bedenkenswert ist. Sehen wir uns dazu auch folgende Geschichte an.

Fallbeispiel: Konfliktgespräch

Konrad war sich sicher, er musste etwas unternehmen. So konnte es nicht weitergehen. Seit einem Jahr leitete er die Intensivstation als Oberarzt. Zwei seiner ärztlichen Mitarbeiter, Henrik und Moritz, hatten massive Probleme miteinander. Sie konnten sich offenbar gegenseitig nicht ausstehen. Vor kurzem kam es zu einem Zwischenfall mit einem Patienten, weil Moritz für Henrik einspringen sollte, der kurzfristig auf einer anderen Station eingesetzt werden musste. Henrik hatte Moritz aber offensichtlich nicht informiert und passierte es, dass die Intensivstation kurze Zeit ohne ärztliche Besetzung war. Just in dieser Situation war ein Notfall eingetreten, der gerade noch einmal glimpflich abging. Der Konflikt zwischen beiden konnte nicht länger ignoriert werden. Konrad wollte deshalb beide zu einem Gespräch mit einem Moderator einladen. Henrik wollte sich aber dem Gespräch verweigern. Konrad hat daraufhin deutlich gesagt: „Wenn Sie hier auf unserer Station eine Zukunft haben wollen, dann lege ich Ihnen sehr ans Herz, an diesem Gespräch teilzunehmen. Mir ist wichtig, dass Sie zusammen mit Moritz eine Lösung für Ihren Konflikt finden. Ich bestehe darauf, dass Sie an dem Gespräch teilnehmen. Das Gespräch findet morgen um 14 Uhr statt."

Konrad setzt Henrik in dieser Geschichte unter Druck, das heißt, er übt einen gewissen Zwang aus. Ist das moralisch in Ordnung? Immerhin soll man Menschen ja zu nichts zwingen.

Konrad hat allerdings einen sehr guten Grund, warum er in dieser Situation berechtigt dosierten Zwang einsetzen darf. Er hat nämlich eine Schutzfunktion gegenüber den Patienten, die offensichtlich die Leidtragenden des Konflikts zwischen Moritz und Henrik sind. Konrad kann die Geschehnisse nicht ignorieren, da es sich dabei nicht um eine Privatangelegenheit Henriks handelt wie in unserer vorherigen Geschichte, sondern die Interessen verschiedener Personen sind betroffen. Und um größeren Schaden zu vermeiden, ist es kein unzumutbares Ansinnen, ein Gespräch zu führen, in dem es um die Lösung des Konflikts geht. Konrad ist hier also berechtigt, Zwang auszuüben.

Der Philosoph John Stuart Mill gibt ebenfalls ein schönes Beispiel:

Stellen wir uns vor, jemand möchte über eine vom Einsturz bedrohte Brücke gehen. Alle unsere Kommunikationsversuche und Warnungen schlagen fehl (vielleicht ist er schwerhörig oder er ist unserer Sprache nicht mächtig). In dieser Situation darf durchaus körperlicher Zwang angewendet werden, um die Person davon abzuhalten über die Brücke zu spazieren.

Es zeigt sich, dass auch die Freiheitsregel eine Prima-facie-Regel ist, die begründete Ausnahmen kennt.

Kann sich Rudi im nächsten Beispiel ebenfalls auf eine begründete Ausnahme berufen? Was meinen Sie?

Fallbeispiel: Endlich Ferien!

Der erste Urlaubstag war sehr schön. Rudi und Hertha hatten eine kleine Wanderung um den See unternommen und jetzt saßen sie in dem hübschen Restaurant am Ortsrand.

„Was möchten Sie gerne trinken", fragte der Kellner.

„Ich trinke ein Glas Rotwein", sagte Rudi.
„Und Ihre Frau?"
„Meine Frau trinkt Wasser. Bringen Sie ihr bitte ein Glas Wasser mit Kohlensäure."
„Sie wollen keinen Wein?", hakte der Kellner nach und blickte freundlich zu Hertha.
„Sie haben doch gehört, was ich sagte, sie will Wasser", fuhr Rudi dazwischen.
„Natürlich."
„Ich hätte heute durchaus mal ein Glas Wein getrunken. Zur Feier des Tages", murmelte Hertha.
„Du trinkst doch nie Wein."
„Manchmal schon. Heute hätte ich halt gern ..."
„Ach was. Wasser ist genau richtig für dich. Du weißt doch, dass du keinen Alkohol verträgst."
„Einen kleinen Schluck aber hätte ich mir heute schon mal genehmigt", sagte Hertha kleinlaut.
„Jetzt hör auf darüber zu diskutieren. Wir haben die Getränke schon bestellt. Morgen fahren wir übrigens mit der Jenbachbahn. Die geht von Jenbach hinter ins Zillertal, muss sehr schön sein."
„Ach schade, ich dachte, wir hätten vielleicht noch mal eine kleine Wanderung unternehmen können."
„Nein, auf keinen Fall. Heute hast du es gerade so geschafft. Du weißt doch, dass du mit deinem Knie immer wieder Probleme bekommst, wenn du zu lange marschierst."
„Aber heute habe ich mein Knie gar nicht bemerkt."
„Nein, nein, ich will nicht riskieren, dass du den Rest des Urlaubs nur noch herumhumpeln kannst. Darauf solltest du Rücksicht nehmen. Das kann uns den ganzen schönen Urlaub verderben, wenn du nicht mehr richtig gehen kannst."
„Meine Herrschaften, Ihre Getränke ... Wasser für die Dame und Wein ..."

Wie beurteilen Sie Rudis Verhalten?

a) Rudi ist ein fürsorglicher Ehemann und kümmert sich um die Anliegen seiner Frau. Sein Verhalten ist absolut in Ordnung, da er nur die besten Absichten hat.

b) Rudis Verhalten ist bevormundend und paternalistisch. Er schränkt die Selbstbestimmung von Hertha ein und verletzt damit die Freiheitsregel.

In unserer kleinen Geschichte nimmt der Ehemann seiner Frau alle Entscheidungen ab. Er entscheidet über ihren Kopf hinweg. Möglicherweise hat er wirklich nur gute Absichten dabei. Er meint es ja nur gut. Etwas gut zu meinen, kann allerdings durchaus in unmoralische

Handlungen münden. Anstatt seine Ehefrau einzubeziehen, geht er über ihre Anliegen hinweg. Er merkt es wahrscheinlich nicht einmal. Das heißt, es handelt sich bei ihm um einen blinden Fleck. Er bevormundet sie. Gerade Menschen, die eher zurückhaltend sind, kann es passieren, dass man sie bevormundet. Es ist wichtig, dass Hertha sich das Recht für sich selbst zu entscheiden zurückholt. Sie muss ihrem Mann deutlich sagen, dass sie es nicht akzeptiert, wenn er in ihrem Namen Entscheidungen trifft. Hertha schuldet das auch ihrer eigenen Selbstachtung. Unsere Freiheitsregel kann also nun dadurch weiter spezifiziert werden, dass wir sagen:

Man soll niemanden bevormunden.

Paternalismus kommt ethymologisch von dem Ausdruck pater und heißt etwa „wie ein Vater handeln“ bzw. „den anderen Menschen wie ein Kind behandeln“. Wer paternalistisch handelt, begründet sein Verhalten meistens damit, dass er es zum Wohl des Menschen getan hat, entweder um ihm etwas Gutes zu tun oder um ihn vor Unheil zu bewahren. Jemandem eine Entscheidung abzunehmen, weil man glaubt, die Person ist dazu nicht in der Lage, ist paternalistisch. Wichtige Informationen zurückzuhalten, weil man glaubt, die Informationen würden der Person nur schaden, ist paternalistisch.

Selbstverständlich gibt es auch dafür begründete Ausnahmen, etwa dann, wenn eine Person aufgrund einer Krankheit nicht mehr fähig ist, für sich zu entscheiden oder aufgrund ihres Alters noch nicht fähig ist, für sich zu entscheiden. Für solche Situationen wird in unserem Rechtssystem ein Vormund eingesetzt. Oder man versteckt den Alkohol in der Anwesenheit eines Alkoholikers, Waffen bei aggressiven Menschen etc. Diese Formen von Paternalismus sind durchaus erlaubt.

Es ist übrigens auch im beruflichen Kontext eine wichtige Einsicht, dass es gut ist, bei Entscheidungen die Personen mit einzubeziehen, die von ihnen betroffen sind. Dabei wollen gar nicht alle immer aktiv mitentscheiden, sondern sie wollen darüber informiert werden, was vor sich geht, was passiert. Es ist kein Wunder, dass einige Mitarbeiter beim Eintritt ins Unternehmen ihren Kopf bzw. ihr Gehirn ausschalten, weil sie sowieso den Eindruck haben, dass ihr Kopf gar nicht benötigt wird.

Zustimmung erforderlich

Wahrscheinlich hat jeder von uns schon einmal mit mehr oder weniger schlechtem Gefühl so gehandelt: Wir haben widerspruchslos Wohltaten akzeptiert, obwohl wir vielleicht geahnt haben, dass der edle Spender dabei von falschen Voraussetzungen ausgeht, weil er etwa unsere Zuneigung oder unseren Einfluss überschätzt. Ist ja seine freie Entscheidung uns zu unterstützen, zwingt ihn ja keiner, und außerdem, man will ja niemanden verletzen. So oder so ähnlich haben wir vielleicht gedacht. Gilt es hier tatsächlich, die Freiheit zu schützen?

Fallbeispiel: Ausgenutzt

Robert ist wissenschaftlicher Mitarbeiter am Institut für Betriebswirtschaft. Eines Tages lernt er Lisa kennen, eine Studentin, die ihm sehr gefällt. Robert ist Feuer und Flamme. Da er aber sehr schüchtern ist, bekennt er sich nicht offen zu seinen Gefühlen für Lisa. Insgeheim hofft er, dass sie eines Tages auch ihre Gefühle für ihn entdecken wird und sie vielleicht ein Paar werden. Ihre Beziehung ist also von Anfang an eher platonischer Natur.

Robert unterstützt Lisa, wo er nur kann. Er hilft ihr dabei, Seminararbeiten zu schreiben, übernimmt die Literaturrecherche für sie. Er unterstützt sie auch bei allen Arten von Alltagsproblemen: beim Umzug, bei Einkäufen, bei der Installation von Programmen auf ihrem Computer usw. Mit seiner Hilfe erhält sie sogar ein Stipendium in den USA für ein halbes Jahr. Einmal kauft er ihr sogar ein Flugticket nach Boston, als sie nach ihrer Rückkehr von ihrem Auslandsaufenthalt irgendwie sehr traurig schien. Lisa nahm all diese Unterstützung stets gern an, tat aber umgekehrt selten etwas für Robert. Hin und wieder lud sie ihn mal zum Essen bei sich zu Hause ein. Als Robert eines Tages beim Skifahren schwer gestürzt war und er für mehrere Wochen im Krankenhaus lag, besuchte sie ihn lediglich einmal und auch nur, um ihm mitzuteilen, dass sie leider im nächsten Monat zusammen mit ihrer Freundin in die USA in Urlaub fahren werde. Robert war darüber sehr enttäuscht. Doch irgendwie hoffte er noch immer, dass noch mehr aus ihrer Beziehung werden könnte. Nach ihren USA-Ferien jedoch, schickte Lisa Robert eine Mail mit folgendem Wortlaut: „Lieber Robert, ich hoffe es geht dir besser und du kannst endlich wieder joggen. Die Ferien mit Marie in den USA waren super. Wir haben tolle Leute getroffen. Übrigens: Wir werden uns nicht mehr so oft treffen können, ich habe in Amerika einen Mann kennengelernt. Wir werden zusammenziehen. Aber jedenfalls danke für die letzten Jahre. Und pass' in Zukunft beim Skifahren auf."

Diese Mail muss für Robert wie ein Schock sein und er muss sich ziemlich ausgenutzt vorkommen. So wie die Datenlage aussieht, hat Lisa aus der Freundschaft mit Robert sehr viele Vorteile gezogen. Das legt nahe, dass sie diese Freundschaft ausgenutzt hat. Zumindest war der Nutzen, den jeder durch die Freundschaft hatte, sehr einseitig verteilt. Nehmen wir zugunsten von Lisa an, dass sie nicht bewusst die Absicht verfolgte, Robert für ihre Zwecke zu instrumentalisieren. Vielleicht hat sie eher unbewusst gespürt, welche Vorteile ihr die Bekanntschaft mit Robert bringt. Vielleicht wäre ihr nicht einmal im Traum in den Sinn gekommen, dass sie Robert durch ihr Verhalten benutzte. Für sie war die Art der Beziehung zu Robert so selbstverständlich, dass sie nie darüber nachdachte, ob ihr Beitrag für ihre Freundschaft mit Robert ausreichend war. Mit dem Vorwurf konfrontiert, dass sie Robert ausgenutzt hat, hätte sie wahrscheinlich geantwortet: „Robert hat nie einen Ton gesagt. Er hat sich nie bei mir beschwert. Wenn ihn etwas gestört hat, dann hätte er seinen Mund aufmachen müssen." Dahinter steckt die Annahme: Robert ist doch selbst schuld, wenn er sich ausgenutzt fühlt und nichts sagt. Die Frage muss Robert sich natürlich gefallen lassen, ob er seine Anliegen nicht schon viel früher hätte ansprechen müssen. Ist er vielleicht auch selbst mit schuld, dass es so gekommen ist? Er hätte sich nicht zwangsweise ausnutzen lassen müssen.

Nichtsdestoweniger und ungeachtet dessen, wie Robert sich hätte schützen sollen, bleibt das Verhalten von Lisa moralisch fragwürdig. Denn es ist moralisch falsch, Menschen ohne Zustimmung für eigene Zwecke zu benutzen. Menschen sollen nicht instrumentalisiert und für eigene Zwecke missbraucht werden. Das trifft sich mit dem Kantschen kategorischen Imperativ. Menschen sollen nie als Mittel, sondern immer als Zwecke betrachtet werden. Das Selbstbestimmungsprinzip ist fundamental. Der britische Philosoph Derek Parfit hat eine kluge Neuformulierung des Kantischen Prinzips vorgenommen. Er nennt es das Zustimmungsprinzip. Es lautet:

> **!** Es ist falsch, Menschen in einer Weise zu behandeln, der sie rational nicht zustimmen könnten.

Rational nicht zustimmen können bedeutet, dass es keinen hinreichenden Grund für eine Zustimmung gibt. Das Zustimmungsprinzip trifft in der Tat viele unserer moralischen Intuitionen und moralischen Regeln. Es ist ein wichtiges Prinzip, das neben unseren Regeln als gutes Kriterium dafür dienen kann, ob eine Handlung moralisch richtig oder falsch ist.

Sicher könnte man in unserem Fall auch argumentieren, dass Robert in gewisser Weise seine Zustimmung gegeben hat, wenn auch nicht ausdrücklich, so doch implizit. Er hätte ja jederzeit die Beziehung beenden können. Dieses Argument ist nicht ganz von der Hand zu weisen. Deswegen handelt es sich bei unserem Fall auch eher um eine mildere Form des Ausnutzens. Aber trotzdem ist die Argumentation schief. Denn wäre Robert vollkommen im Bilde darüber, dass er ausgenutzt wird, dann würde er dieses Verhalten mit Sicherheit nicht gutheißen. Es ist eher anzunehmen, dass sich Robert, vielleicht aus einem Wunschdenken heraus, nicht darüber im Klaren war, benutzt worden zu sein.

Vielleicht kann man sich selbst an der einen oder anderen Stelle fragen: Habe ich Beziehungen, die sehr einseitig verlaufen? Nutze ich jemanden, weil es irgendwie selbstverständlich ist, aus? Beziehungen sollten immer auf Gegenseitigkeit beruhen. Das Gegenseitigkeitsprinzip ist ein wichtiges menschliches Prinzip. Es ermöglicht erst menschliche Kooperation. Ich helfe dem, der mir hilft. Ich höre dem zu, der mir zuhört usw.

Aber gibt es nicht gerade im beruflichen Kontext Situationen, in denen es einfach klüger und aus Firmensicht geradezu geboten ist, Mitarbeiter unter falschen Voraussetzungen arbeiten zu lassen und sie nicht über die wahren Zwecke zu unterrichten?

Fallbeispiel: Die Restrukturierung

Die Firma MikroBack möchte in einem ihrer Betriebe ein neues Produktionsverfahren einrichten. Man verspricht sich durch das neue Verfahren geringere Kosten. Und damit eine bessere Wettbewerbsfähigkeit auf dem Markt. Um die neue Anlage aufbauen zu können, benötigt man die aktive Hilfe der derzeitigen Mitarbeiter. Das ganze Projekt soll innerhalb eines halben Jahres beendet sein. Nach der Umstrukturierung werden 20 Prozent des Personals nicht mehr benötigt. Man wird also viele Angestellte entlassen oder auf andere Stellen im Konzern umsetzen. Die Mitarbeiter werden darüber jedoch vom Management nicht informiert. Warum? Das Management befürchtet, dass die Motivation erheblich leiden könnte, wenn die Belegschaft weiß, dass später viele ihre Stelle verlieren werden. Martin ist als Berater engagiert worden, um den Prozess zu begleiten. Die Geschäftsführung möchte von Martin als erstes wissen, was getan werden kann, um die Motivation der Mitarbeiter hoch zu halten und wie man die Mitarbeiter über die anstehenden Veränderungen informieren sollte. Die Geschäftsleitung ist einhellig der Meinung, dass es fatal wäre, wenn die Karten offen auf den Tisch gelegt würden. Martin wird gefragt, wie man das am besten bewerkstelligen könnte.

Wie sollte die Antwort von Martin ausfallen?

Die Anliegen der Geschäftsleitung sind in gewisser Weise nachzuvollziehen. Um wettbewerbsfähig zu bleiben, müssen Veränderungen durchgeführt werden. Solche Veränderungen sind oft mit schmerzhaften Entscheidungen verbunden. Sich von 20 Prozent der Belegschaft zu trennen, ist ein massiver Einschnitt. Natürlich befürchtet man, dass durch eine offensive Kommunikation der geplanten Ziele und Maßnahmen die Motivation und Beteiligung leiden könnte. Möglicherweise kommt es sogar zu Streikaktionen.

Trotzdem ist die Vorgehensweise nicht richtig und zwar in zweierlei Hinsicht. Erstens in moralischer Hinsicht: Die Mitarbeiter werden instrumentalisiert, ohne sie über die eigentlichen Zwecke der Umbaumaßnahmen zu informieren. Man möchte die Mitarbeiter ganz gezielt zur Erreichung eines bestimmten Ziels benutzen. Ganz bewusst will die Geschäftsleitung die Mitarbeiter über die wahren Konsequenzen nicht informieren. Könnte die Geschäftsleitung einen rechtfertigenden Grund anführen? Sie könnte behaupten, dass durch eine vollkommen offene Information das gesamte Projekt gefährdet ist und damit auch das Überleben des Unternehmens. Wenn die Existenz des Unternehmens auf dem Spiel stehen würde, dann wäre dies ein durchaus ernst zu nehmender Grund. Dafür müsste es aber sehr gute Belege geben. Und selbst wenn es in seiner Existenz gefährdet wäre, müsste man immer noch fragen, ob es nicht bessere Handlungsalternativen gäbe. Die Geschäftsleitung geht von einer bestimmten Vermutung aus, dass nämlich das Projekt dadurch behindert werden könnte, dass die Mitarbeiter ihre Mitwirkung extrem einschränken, wenn sie offen informiert werden. Aber ist das wirklich so? Ist die Vermutung wirklich richtig?

Das führt zu der zweiten Hinsicht, in der die Nichtinformationspolitik falsch ist. Sie ist nicht nur moralisch fragwürdig, sie ist auch unklug. Die Mitarbeiter sind ja nicht dumm. Ist allen Ernstes zu erwarten, dass wichtige Folgen des Veränderungsprojekts geheim gehalten werden können? Schon bei den ersten Arbeitsworkshops, die durchgeführt werden, wird die Frage aufkommen, was die Umstrukturierung für die Mitarbeiter bedeutet. Und sie werden garantiert bemerken, wenn sie angelogen werden. Hier kann Vertrauen nachhaltig zerstört werden – mit weitaus gravierenderen Konsequenzen, als wenn man offen und ehrlich informiert hätte. Klar wäre auch dann Widerstand nicht ausgeblieben, doch mit diesem Widerstand hätte man offen umgehen können. Martin sollte also der Geschäftsleitung davon abraten, die Mitarbeiter nicht zu informieren.

Menschen ohne ihre Zustimmung zu benutzen – und da gibt es unterschiedliche Grade und Abstufungen – ist unserer Intuition nach moralisch falsch. Natürlich lassen sich Extremsituationen vorstellen, in denen gegen die Regel verstoßen werden darf (um den Aufenthaltsort des entführten Kindes herauszufinden, muss eine Person ohne ihr Wissen als Informant benutzt werden. Die Rettung des Kindes ist ein schwerwiegenderer Grund als der Vertrauensmissbrauch.) Wenn sehr großer Schaden verhindert werden kann und der Grad des Benutzens einer Person vergleichsweise niedrig ist, dann darf gerechtfertigt gegen das Freiheits- und Selbstbestimmungsprinzip verstoßen werden.

An dieser Stelle möchte ich noch einen interessanten interkulturellen Fall anschließen.

Fallbeispiel: Ausgenutzt?

Herr Bohl leitet ein kleines und sehr erfolgreiches Beratungsunternehmen, spezialisiert auf die Messelektronikbranche. Er möchte „sich über Europa hinaus ausdehnen" und auch in Japan Kunden gewinnen. Er ist sehr zuversichtlich: Herr Bohl weiß genau, dass Erfahrung und Know-how seiner Firma weltweit wohl einmalig sind. Er organisiert eine Reise nach Japan, um vor potenziellen Partnern das Leistungsspektrum seines Unternehmens zu präsentieren. Die Reaktion ist überraschend positiv: Er wird wie ein König behandelt und bewirtet, die japanischen Firmen zeigen sich äußerst interessiert und aufgeschlossen.

Vor allem die Firma K. signalisiert Interesse an weiteren Verhandlungen. Er wird telefonisch von Herrn Shimada, einem sehr wichtigen Projektleiter bei K., um weitere Informationen gebeten. Dieser Bitte entspricht Herr Bohl gern und stellt die gewünschten Daten zu einem umfangreichen Dossier zusammen. Daraufhin bittet Herr Shimada ihn um eine weitere Vertiefung und Ergänzung – im Namen des Vizepräsidenten von K. Als Herr Bohl nochmals um weitere Informationen für den Vizepräsidenten gebeten wird, ist er schon nicht mehr so überzeugt, dass die Sache ein Erfolg wird – er fühlt sich leicht ausgenutzt. Dieses Gefühl aber ist wie weggeblasen, als ihn Herr Shimada um ein weiteres Treffen in Tokio bittet. Er möchte, dass Herr Bohl den Vizepräsidenten persönlich trifft. Herr Bohl bereitet sich akribisch auf diese Präsentation vor. Er entwirft eine detaillierte Nutzenargumentation, die genau aufzeigt, wie viel Geld das Unternehmen K. mit seiner Hilfe pro Jahr einsparen könnte. Die Präsentation verläuft sehr gut. Der Vizepräsident, Herr Shimada und die anderen Gesprächspartner sind offensichtlich beeindruckt.

Acht Tage danach klingelt Herrn Bohls Telefon: Herr Shimada bittet um einen Termin für Herrn Yagi, den Chefingenieur von K. Herr Bohl freut sich natürlich und glaubt kurz vor einem enormen Geschäftserfolg zu stehen. Das Gespräch mit Yagi bereitet er professionell vor und erläutert ihm in allen Einzelheiten, welche Vorteile speziell die von ihm geleiteten Abteilungen von einer Zusammenarbeit haben könnten. Kurz danach schickt

Herr Yagi ein Fax an Herrn Bohl: Ob er nicht für eine Gruppe von hochrangigen Ingenieuren und Entwicklern der Firma K. in Tokio ein Seminar über die technischen Möglichkeiten halten könnte. Herr Bohl weiß, dass der Aufbau einer Partnerschaft mit japanischen Firmen Zeit und langen Atem braucht, deshalb sagt er wieder zu. Das Seminar ist ein Riesen-Erfolg. Beim Essen danach werden Herrn Bohl viele Fragen gestellt. Wieder zurück in Deutschland fasst er seine Argumente in einem Brief an Herrn Yagi zusammen und wartet auf eine Entscheidung. Das Telefon läutet. Es ist Herr Yagi. Er bedankt sich für den Brief und hätte da noch ein paar Fragen ... Herr Bohl fühlt sich ausgenutzt. Das Verhalten seiner japanischen Gesprächspartner erscheint ihm ungerecht und unfair – gelinde ausgedrückt.

Dieses Beispiel ist typisch: Viele Europäer und Amerikaner fühlen sich von ihren japanischen Geschäfts-„Partnern" ausgenutzt bzw. unfair behandelt. Wie sehen die japanischen Gesprächspartner der Firma K. die Sache vermutlich?

1. Für die Japaner sieht das ganz anders aus. Herr Bohl ist nicht Mitglied einer Gruppe, die in einem anerkannten hierarchischen Verhältnis zu dem Unternehmen K. steht. Mit anderen Worten: Er ist nicht in ein verbindliches Netzwerk von Sitten, Tugenden und wechselseitigen Erwartungen integriert; er ist ein Außenseiter. Und für den Umgang mit Außenseitern gelten ganz andere Sitten wie für den Umgang mit Insidern. Außenseiter laufen immer Gefahr zum Wohl der Gruppe, mit der sie Kontakt haben, instrumentalisiert zu werden. Diese Sichtweise zeigt, dass es eine wichtige Frage sein kann, wer alles zur moralisch relevanten Gruppe gehört.
2. Wie könnte Herr Bohl diese Instrumentalisierung vermeiden? Eine Möglichkeit wäre es, darauf zu verweisen, dass seine Zeit „eigentlich" für seine Kunden reserviert ist. Die Anfrage bezüglich Informationen und Seminaren bringt ihn gegenüber seinen Kunden in eine schwierige Situation: Er läuft Gefahr, ihre Erwartungen nicht optimal erfüllen zu können. Deshalb sei es Sitte in seinem Unternehmen, größere Informationsdienstleistungen und Seminare als normalen, bezahlten Kundenkontakt zu sehen. Diese Regel sei Firmenpolitik – und daran müsse man sich halten. Für diese Argumentation wird jeder japanische Manager Verständnis haben: Firmensitten bricht man nicht!
3. Ein weiterer Vorteil: Herr Bohl könnte auf diese Weise sehr schnell herausfinden, wie ernst es seinen japanischen Gesprächspartnern ist, und sehr schnell einen „offiziellen" Geschäftskontakt mit ihnen herstellen.

Das Recht auf Freiheit und Selbstbestimmung hat freilich noch mehr Facetten. Es gehört etwa auch dazu, dass ich über mein Eigentum frei bestimmen kann. Jemandem sein Eigentum zu nehmen ohne dessen Zustimmung ist Diebstahl. Gibt es berechtigte Ausnahmen von dieser Regel?

Fallbeispiel: Würstchen

Karin arbeitet in einer Betriebskantine. Jeden Abend, wenn die Kantine schließt, bleiben viele Essensreste zurück, die alle im Müll landen. Karin findet das schade und bedenklich, dass Essen einfach so weggeworfen wird. Deswegen steckt sie sich oft abends heimlich einige Sachen ein und nimmt sie mit nach Hause, obwohl es von der Firma aus die klare Regel gibt, dass keine Speisereste mitgenommen werden dürfen.

„Die schmecken gut, die Würstchen. Hast du die bei der Metzgerei Hofbauer gekauft?", fragte Karins Ehemann Lutger beim Abendessen.
„Nöö, die sind aus der Kantine", antwortete Karin.
„Aber du sollst doch nichts aus der Kantine mitnehmen. Ich mag das nicht. Wenn das aufkommt, bist du deinen Job los."
„Doch nicht wegen vier Würstchen, die ohnehin weggeworfen worden wären. Das ist doch einfach pure Verschwendung. Woanders hungern Menschen."
„Das mag sein. Aber trotzdem darfst du das nicht."
„Uns spart es auch ein bisschen Geld. Ich rackere wie ein Pferd und am Ende bleibt ein Hungerlohn."
„Ich weiß nicht Karin. Ist das nicht Diebstahl?"
„Quatsch, Diebstahl! Du übertreibst mal wieder. Ich nehm' ja nur was mit, was ja sowieso weggeworfen würde."

Was halten Sie von den Bedenken des Ehemannes? Finden Sie sie überzogen? Können Sie Karins Argumentation nachvollziehen?

Lutger findet Karins Handlung falsch, er hält es schlicht und einfach für Diebstahl, was sie macht. Karin aber argumentiert, dass es kein Diebstahl sei, wenn man etwas nimmt, das ohnehin weggeworfen wird. Außerdem ist eher die Verschwendung von Nahrungsmitteln ein moralischer Skandal.

Der zentrale Punkt, um den es hier geht, ist die Frage, wie mit Eigentum umgegangen werden soll. Ich behandle das Recht auf Eigentum als ein spezielles Freiheitsrecht. Ich darf selbst entscheiden, wie mit den Ressourcen, die mir gehören, umgegangen wird. Mir zustehende Ressourcen zu nehmen, ist Diebstahl. Und etwas zu stehlen ist moralisch falsch. Ich betrachte Diebstahl als einen Spezialfall unserer Freiheitsregel, weil die Bestimmung über die Ressourcen, die mein Eigentum darstellen, ein wichtiger Aspekt meiner persönlichen Lebensgestaltung ist. Das Eigentum verschafft mir Freiraum für die Verwirklichung meiner Ziele. Deshalb ist es falsch, wenn mir meine Ressourcen ohne meine Zustimmung genommen werden.

In unserer Geschichte muss jedoch die Frage erlaubt sein, ob Karin nicht einen guten Grund hat, gegen die Regel zu verstoßen. Die positiven Konsequenzen des Regelverstoßes liegen auf der Hand. Man spart Geld und Nahrungsmittel, die noch genießbar sind, landen nicht unnötigerweise im Müll. Könnte man dann als allgemeine Regel zulassen: Ein Produkt oder Gut, das weggeworfen und damit zerstört wird, darf von jemanden, der es gebrauchen kann, einfach genommen werden?

Die Regel klingt nicht unplausibel. Aber auf der anderen Seite: Was, wenn wir uns täuschen? Und das Gut wird doch noch genutzt?

Darüber hinaus gibt es in Karins Firma offenbar die Regel, nichts von den Speiseresten mit nach Hause zu nehmen. Die Firma hat also ganz explizit eine Regel aufgestellt, gegen die Karin verstößt. Das kommt erschwerend hinzu. Sie hat also gegen eine Weisung des Arbeitgebers verstoßen.

Das Hauptproblem scheint mir darin zu liegen, einfach etwas zu nehmen, ohne zu fragen, ob man es nehmen darf. Wenn jemand eine Sache wirklich nicht mehr benötigt, dann kann man ihn auch danach fragen und sich somit die Erlaubnis einholen, die Sache zu nehmen. Man erhält in diesem Fall die Genehmigung des Besitzers. Dann haben wir eine transparente Situation. So könnte also Karin in der Kantine anstoßen, dass man sich die Lebensmittel mitnehmen darf.

Gibt es Situationen, in denen man gegen die Regel, Dinge zu stehlen, verstoßen darf? Meine Mutter erzählte, dass sie nach dem Krieg oft nicht wussten, was sie essen sollten. Also gingen sie nachts manchmal zu einem Feld, um sich einen Kohlkopf zu holen. Sie musste Schmiere stehen, damit sie und ihr Vater nicht entdeckt wurden. War diese Handlung moralisch in Ordnung? Hier geraten unsere Intuitionen schon eher ins Wanken. Der Schaden für den Bauern ist gering, der Nutzen für die hungernde Familie groß. Dennoch wäre es auch in diesem Fall angebracht gewesen zu fragen. Warum hat man das nicht gemacht? Weil man sich schämte. Man schämte sich dafür, um einen Kohlkopf betteln zu müssen. Also hat man ihn lieber gestohlen.

Eine Notsituation könnte durchaus rechtfertigen etwas zu stehlen, wenn der Schaden vergleichsweise gering ist. Wie sieht es in folgendem Fall aus?

Fallbeispiel: Eine Tafel Nuss-Nugat

Klaus hatte Lust auf ein Stück Schokolade. Er war in der WG der große Schokoladefreak. Im Küchenschrank hatte er immer mehr als zehn Tafeln liegen. Seine Mitbewohner nannten ihn wegen seiner Vorliebe Schoko-Klaus. Klaus stellte fest, dass seine Lieblingsschokolade, Nuss-Nugat, fehlte. Er ging deshalb rüber ins gemeinsame Wohnzimmer, wo Hedwig und Erich fernsahen.

„He, sagt mal, hat jemand von euch meine Nuss-Nugat gegessen? Die war vorgestern noch da."
„Ach ja, genau, haben wir vergessen, dir zu sagen", erklärte Erich. „Gestern Abend war ja noch Maria da mit ihrer kleinen Tochter. Die isst so gern Schokolade. Da haben wir ihr von deiner eine Tafel gegeben. Wir haben gedacht, du wirst es bestimmt verschmerzen können, und die Kleine hat sich mächtig gefreut."
„Aber hört mal, da hättet ihr mich fragen können. Ich war die ganze Zeit in meinem Zimmer."
„Wir haben uns nichts dabei gedacht. Und wie gesagt, du hast ja immer noch genug. Stell dich nicht so an, wir kaufen dir 'ne neue."
„Darum geht's doch gar nicht. Ihr könnt doch nicht einfach was nehmen, ohne mich zu fragen."
„Du bist aber kleinlich. Die Kleine hat sich tierisch gefreut. Wir haben sie sogar eine Tafel aussuchen lassen. Die hat halt zufällig den gleichen Geschmack wie du und steht auch auf Nuss-Nugat."

Dass Klaus ärgerlich ist, erscheint sehr verständlich. In seinem Ärger macht er auf ein wichtiges Prinzip aufmerksam: Er wollte gefragt werden. Es ist ihm wichtig, dass nichts mit seinen Sachen ohne seine Zustimmung passiert. Dieser Fall zeigt jetzt einen neuen Aspekt auf. Weiter oben habe ich das Zustimmungsprinzip der Philosophen Kant und Parfit vorgestellt. Danach soll man Menschen nicht auf eine Art und Weise behandeln, der sie nicht rational zustimmen könnten.

Was wir jetzt gelernt haben, ist jedoch, dass es manchmal entscheidend ist, dass jemand tatsächlich zustimmt. Gerade wenn es um Dinge geht, die eine Person direkt und unmittelbar betreffen, genügt es nicht zu überlegen, ob die Person hinreichend Gründe haben könnte zuzustimmen, sondern es ist ganz wichtig, dass sie tatsächlich zustimmt. Wenn ein Arzt mich behandeln möchte und ich dabei Schmerzen erleide, muss ich der Behandlung de facto zustimmen. Es genügt nicht zu überlegen, dass ich rational zustimmen könnte.

An der obigen Geschichte ist auch Folgendes interessant: Hedwig und Erich rechtfertigen ihre Regelverletzung damit, dass sie einem kleinen Mädchen etwas Gutes getan haben. Das Mädchen hatte einen Nutzen davon, auch wenn Klaus einen kleinen, aber verschmerzbaren Schaden erlitten hat. Diese Argumentation ist jedoch äußerst problematisch. Die These ist vielmehr umgekehrt:

> Ein Nutzen, der für eine Person entsteht, ist keine ausreichende Rechtfertigung dafür, dass jemandem ein Schaden zugefügt wird.

Das Argument von Hedwig und Erich ist ein typisch utilitaristisches, folgenethisches Argument. Wenn insgesamt die positiven Folgen überwiegen, dann ist auch moralisch gerechtfertigt, dass jemand dadurch Schaden zugefügt wird. Die Argumentation ist nur in Situationen akzeptabel, wo die Verhinderung eines großen Schadens einen nur kleinen Schaden erforderlich macht. Wie die Schadenslage genau aussieht, muss durch eine genaue Prüfung der Fakten festgestellt werden. Jemandem ohne Zustimmung seine „Ressourcen" zu nehmen und sei es auch für einen guten Zweck, ist moralisch falsch und eine Verletzung unserer Freiheitsregel.

Privat – kein Zutritt für Unbefugte!

Mein Privatleben gehört mir, da soll mir niemand reinreden. Dass die aktuelle Zustimmung einer Person auch beim Thema Privatsphäre ein erforderliches Kriterium dafür darstellt, ob eine Regelverletzung vorliegt oder nicht, leuchtet unmittelbar ein. Doch die Grenzüberschreitung verläuft oft fließend, denken Sie nur an die Themen Datenschutz, polizeiliche Überwachung, Datenpreisgabe im Internet. Die folgenden Geschichten beleuchten einige Aspekte davon.

Fallbeispiel: Das Mitarbeitergespräch

Klaus Kern saß in seinem ersten Mitarbeitergespräch mit seinem Chef, Helmut Haller. Haller hatte allerlei Unterlagen vor sich ausgebreitet.

„Ja, Herr Kern, ich wollte mir mal eine Stunde Zeit nehmen für unser Jahresgespräch. Gefällt es Ihnen denn gut bei uns?"

„Ja, mir gefällt es sehr gut."

„Die Arbeit macht Ihnen also Spaß?"

„Ich kann mich nicht beklagen."

„Das ist gut zu hören. Ich habe allerdings von anderer Seite auch gehört, dass manchmal Ihre Motivation zu wünschen übrig lässt", sagte Helmut Haller.

„Von wem haben Sie da was gehört?"

„Das spielt keine Rolle. Ich mache mir einfach nur Sorgen. Ist denn in Ihrem Privatleben alles in Ordnung?"

„Da steht alles zum Besten."

„Wirklich, keine Probleme mit der Ehefrau oder mit den Kindern? Wissen Sie, meiner Erfahrung nach, tragen die Mitarbeiter ihre privaten Sorgen oft

mit in die Arbeit und das merkt man dann auch an der Leistung und der Motivation."
„Ich glaube nicht, dass mein Privatleben hierher gehört."
„Das lassen Sie mal meine Sorge sein. Als Ihr Vorgesetzter entscheide immer noch ich, was hierher gehört oder was nicht. Ich will Ihnen ja nur helfen, Herr Kern. Also schießen Sie mal los. wo liegen denn die Probleme?"
„Ich sagte doch, ich habe keine privaten Probleme."
„Wie lange sind Sie denn schon verheiratet, Herr Kern?"

Ich denke, uns ist allen klar, dass Herr Haller in diesem Gespräch zu weit geht. Das Privatleben hat normalerweise nichts in einem Mitarbeitergespräch zu suchen. Wenn Herr Haller ein Motivationsproblem ausgemacht hat, wobei er dabei wenig konkret ist, dann darf er das berufliche Umfeld abklopfen, aber nicht das private. Eine Ausnahme ist, wenn der Mitarbeiter signalisiert, dass er darüber sprechen möchte. Herr Haller dringt zu tief in das Privatleben ein, es ist ein Eingriff in die Freiheitsrechte, die uns obige Hyperregel sichert.

Privatheit ist ein Spezialfall unserer Freiheitsregel. Es gibt einen geschützten Bereich, den man Privatsphäre nennt. Die Regel lautet:

> Man soll nicht in die Privatsphäre eines Menschen ohne dessen Zustimmung eindringen.

Schon John Stuart Mill hat dies in seinem berühmten Essay „On Liberty" so gesehen. Für Mill gilt, wo die legitimen Interessen anderer Menschen nicht verletzt werden, muss man die Freiheit haben, sein Leben so zu gestalten, wie es einem genehm ist. Dies ist der private Bereich. Er darf nicht durch andere ohne Zustimmung gestört werden. Der private Bereich ist der persönliche, geistige und körperliche Schutzraum, den man braucht, um sich und seine Interessen zu verwirklichen. Wie wäre eine Gesellschaft, in der alles öffentlich wäre?

Wir haben ein allgemeines Interesse daran, dass es geschützte Bereiche gibt, die nur wir selbst kontrollieren können. Das mag mit dem wichtigen Wert der Selbstbestimmung zusammenhängen. Man kann verschiedene Arten von Privatheit unterscheiden:

- Körperliche, räumliche Privatheit
- Entscheidungsprivatheit
- Informationelle Privatheit

Das Recht auf körperliche und räumliche Privatheit verbietet, dass uns jemand ohne Erlaubnis buchstäblich zu nahe kommt. Berührungen (der freundschaftliche Klaps auf den Po) können da bereits eine Grenzüberschreitung darstellen. Dazu kann aber auch räumliche Privatheit gehören. In meine eigenen, privaten Räume darf niemand ohne meine Zustimmung eindringen. Ein privater Raum stellt einen Rückzugsort dar, in dem man allein für sich sein kann, unbeobachtet und unbehelligt von anderen. In den USA ist ein Bekleidungsgeschäft beschuldigt worden, die Umkleideräume bewusst so gestaltet zu haben, dass man von Außen bei einem speziellen Betrachtungswinkel sehen konnte, wie sich die Menschen darin umzogen. Das Ganze war als Maßnahme gedacht, um den Ladendiebstahl einzudämmen. Natürlich war dies ein eklatanter Eingriff in die Privatsphäre.

Privatheit hinsichtlich Entscheidungen, die jeder nur für sich treffen sollte, nenne ich in Ermangelung eines besseren Ausdrucks Entscheidungsprivatheit: Sie gibt uns das Recht, in bestimmten Angelegenheiten nur selbst entscheiden zu können, ohne dass sich jemand von Außen einmischen darf. Die Regel lautet knapp: Man soll sich nicht in die privaten Angelegenheiten einer Person einmischen. So ist es zum Beispiel ganz allein mir überlassen, wen ich zum Beispiel als Ehepartner nehmen möchte oder welche Berufslaufbahn ich einschlagen will. Niemand hat hier das Recht, mir meine Entscheidungen vorzuschreiben.

Informationelle Privatheit bezeichnet meine Kontrolle darüber, wer was über mich wissen darf. Die neuen Technologien stellen uns gerade in Bezug auf das Thema informationelle Privatheit vor neue Herausforderungen. Videoüberwachungen, Vorratsdatenspeicherung, das Anlegen von Datenprofilen sind einige der Themen, die hier auf der Tagesordnung stehen. Gerade im Zeitalter des Internets ist informationelle Privatheit ein großes und wichtiges Thema. Im Web existieren große Datenmengen über mich als Person und sie sind oft meiner Kontrolle entzogen. Der Datenschutz ist genau zu dem Zweck ins Leben gerufen worden, eine unlautere Nutzung von Informationen über uns als Personen zu verhindern.

Deshalb werden auch Datenschutzprinzipien erarbeitet, die helfen sollen, die private Datenkontrolle zu gewährleisten. Dabei werden oft folgende Prinzipien angewandt:

- Die Existenz von Datensystemen, die persönliche Informationen enthalten, sollten nicht geheim gehalten werden. Es soll transparent sein, dass es solche Systeme gibt und dass Daten gespeichert werden.

- Persönliche Daten sollen nur für ganz spezifische Zwecke gespeichert werden (Lieferdaten, Bezahldaten bei Bestellungen im Internet).
- Persönliche Daten sollen nur mit ausdrücklicher Zustimmung des Betroffenen oder seines gesetzlichen Vertreters gesammelt werden.
- Daten dürfen nicht ohne Zustimmung an Dritte weitergegeben werden.
- Die Speicherdauer der Daten muss zeitlich begrenzt sein.
- Die Personen sollten Zugang zu den Daten haben und mögliche Irrtümer korrigieren dürfen.
- Der Datensammler muss für die Datensicherheit sorgen.

Die Grundidee des Codes ist es, dass der Einzelne die Kontrolle über die Daten behält, die über ihn im Umlauf sind.

Was alles privat ist und was nicht, welche Reichweite Privatheit haben soll, darüber wird viel diskutiert. Und so wird man bisweilen mit dem Einwand konfrontiert, dass, wer nichts verbrochen hat, keine Sorge haben muss, wenn er – von staatlicher Seite – nach privaten Daten befragt wird oder im Sinn der öffentlichen Sicherheit beobachtet wird. Denn dies sind letztendlich alles Schutzmaßnahmen, die der eigenen Sicherheit dienen. Oder das Thema Organspende mit den unterschiedlichen Lösungsansätzen: Ist die Widerspruchslösung ein zu starker Eingriff in die Freiheits- und Privatheitsrechte einer Person? Nach der Widerspruchslösung muss man sich gewissermaßen die Freiheit wieder holen. Sie ist zunächst außer Kraft gesetzt. Ist es eine Privatangelegenheit, wenn man abtreiben oder Selbstmord begehen möchte? Diese Fragen und die Diskussionen dazu zeigen, dass es keine einheitliche Sichtweise auf die Reichweite von Privatheit gibt und unter welchen Umständen die Privatheitsregel verletzt werden darf.

Auf der anderen Seite scheinen sich viele Menschen der Gefährdung der Privatheit entweder gar nicht bewusst zu sein oder sie bewusst in Kauf zu nehmen. Da werden Informationen über die eigene Person freizügig im Internet veröffentlicht, um nur ein Beispiel zu nennen. Man vergisst oder übersieht, dass das Netz nicht vergisst. Oder Handygespräche in Zügen, die so laut geführt werden, dass alle Umstehenden den Inhalt der Gespräche mitbekommen.

Warum ist Privatheit als Wert überhaupt wichtig? Dazu fallen einem verschiedene Antworten ein: Es gibt ein grundlegendes, menschliches

Bedürfnis danach, für sich sein zu können. Dies hat mit Selbstbestimmung, Abgrenzung und Freiheit zu tun. Zu wissen, dass es einen autonomen Bereich gibt, über den nur ich Kontrolle habe, verleiht Sicherheit und ist Ausdruck der Würde, die eine Person hat. Es ist Zeichen des Respekts einer Person einem moralischen Subjekt gegenüber. Dass es einen solchen absolut geschützten Bereich geben muss, hat wesentlich mit mir als Person zu tun. Der private Bereich ist der unantastbare Kern menschlicher Würde, und der gilt es durch Anerkennung Respekt zu zollen. Jemandem seinen privaten Raum zu lassen, ist ein Zeichen von Achtung.

Privatheit ermöglicht uns differenzierte Grade des Beziehungsaufbaus. Wir können selbst entscheiden, wen wir stärker in unsere Nähe lassen wollen und wen nicht. Wir können darüber entscheiden, mit wem wir unsere privaten Räume teilen. Privatheit ist damit auch eine Form der Festigung von Beziehungen. Privatheit ist ein Ausdruck unserer natürlichen Anliegen. Wir haben sachlich fachliche Anliegen, die sich aus unserer beruflichen Tätigkeit ergeben. Wir haben persönliche Anliegen und wir haben private und intime Anliegen. Privatheit gibt uns die Chance zu entscheiden, welche Anliegen wir mit wem verwirklichen wollen.

Möglicherweise brauchen wir einen geschützten Bereich auch deshalb, um uns selbst als Person entwickeln zu können. Erst in der Abgrenzung zu anderen Personen können wir unsere Individualität entfalten und unseren Charakter ausbilden.

Wie auch immer die Wichtigkeit von Privatheit erklärt wird, es ist unstrittig, dass sie einen bedeutenden Wert in allen Gesellschaften darstellt, wenn auch in unterschiedlichen Graden. Während Privatheit vermutlich in allen Gesellschaften existiert, so gibt es doch unterschiedliche Interpretationen und Anwendungen der Regel, dass man nicht in die Privatsphäre einer Person eindringen soll. In Asien kann es passieren, dass sich ein Chef schon mal mehr in das Privatleben eines Mitarbeiters einmischt als im Westen akzeptabel wäre. In Japan lebt man in viel engeren Räumen zusammen, sodass intime Privatheit nur schwer zu realisieren ist. Vielleicht ist das ein Grund, dass es dort so viele Love Hotels gibt, in die sich Pärchen zurückziehen können.

Kehren wir zu unserer Geschichte „Mitarbeitergespräch“ zurück. Was kann Herr Kern tun, um sich vor dem Eindringen in seine Privatsphäre zu schützen? Die einfachste Methode ist zu sagen, was er nicht möchte. In diesem Fall sagt Herr Kern: „Herr Haller, wir können gern über alle beruflichen Fragen sprechen, ich möchte jedoch nicht über mein Privatleben mit Ihnen reden." Macht Herr Haller weiter mit privaten Fragen, wiederholt Herr Kern: „Ich möchte mit Ihnen nicht über mein Privatleben sprechen." Das heißt, Herr Kern benutzt eine Methode, die ich Schallplatte mit Sprung nenne. Er wiederholt einfach auf höfliche Weise, was er möchte oder – in diesem Fall – nicht möchte. Vielleicht ergänzt Herr Kern seine Äußerung noch durch eine präzise Frage, mit der er Herrn Haller wieder in den beruflichen Kontext zurückholt. Zum Beispiel: „Wo genau sehen Sie denn Motivationsproblem bei mir?" Herr Kern nutzt in diesem Fall also eine Gesprächstechnik, um sich sein Recht auf Privatheit zu sichern.

Könnte der Chef einen ausreichenden Grund haben, um Fragen nach dem Privatleben zu stellen? Nicht in diesem Fall, denn dass der Chef von irgendjemandem gehört hat, dass Herr Haller Motivationsprobleme hat, ist kein moralisch relevantes Faktum, das eine solche Regelüberschreitung erlauben würde.

Es kann natürlich Situationen geben, wo auch ein Vorgesetzter in den privaten Bereich eines Mitarbeiters eindringen muss und dies gerechtfertigterweise. Betrachten wir dazu folgenden Fall.

Fallbeispiel: Über den Durst

Bernd, der Bereichsleiter, zuständig für die Abteilung Wartung bei der Fluglinie Dragonfly, hat Herbert, stellvertretenden Schichtleiter aus Team zwei, zu sich zum Gespräch zitiert.

„Hallo Herbert, ich muss heute mit Ihnen über eine sehr ernste Sache sprechen. Mir ist aufgefallen, dass die letzten drei Wochen die Dokumentation unserer Wartungsarbeiten nicht mehr ordnungsgemäß durchgeführt wurde. Auf mehreren Dokumenten fehlen Ihre Unterschriften. Sie kommen mir außerdem seit einiger Zeit extrem unkonzentriert vor. Einige haben sich beschwert, dass die Flugzeuge nicht schnell genug fertig wurden. Und dann muss ich etwas ansprechen, was zugegeben heikel ist, aber es ist wichtig. Mir ist bei Besprechungen aufgefallen, dass Sie eine extreme Alkoholfahne hatten. Trinken Sie, Herbert? Ich muss das wissen, damit ich Ihnen helfen kann."
„Abends trinke ich freilich mal was. Aber was geht Sie das an?"
„Ich meine, trinken Sie während der Arbeit?"
„Während der Arbeit darf man nicht trinken."
„Ja genau, darum geht es. Tun Sie es trotzdem, Herbert?"

In diesem kleinen Dialog dringt Bernd durchaus in die Privatsphäre von Herbert ein. Er stellt ihm sogar eine äußerst intime Frage. In diesem Fall jedoch ist Bernd sogar dazu verpflichtet nachzufragen, da Schlamperei in einer Fluggesellschaft massive Folgen haben kann. In dieser Geschichte dürfte man es allgemein erlauben, dass der Vorgesetzte stärker nachhakt und damit die Privatheitsregel verletzt. Bernd hat einen guten, akzeptablen Grund.

Wie schätzen Sie den guten Grund in den folgenden Beispielen ein? Wie würden Sie sich verhalten?

Fallbeispiel: Nachbarskinder

Frau Heller ist unsicher, was sie machen soll. Seit drei Jahren wohnt sie neben den Kruses. Und immer wieder hörte sie, wie die beiden Kleinkinder von ihrem Vater geschlagen wurden. Der Vater war oft betrunken. Einmal hat Frau Heller Herrn Kruse angesprochen, als sie wieder Schreie aus der Nachbarswohnung vernahm. Herr Kruse hat daraufhin Frau Heller beschimpft, es gehe sie einen feuchten Dreck an, was bei ihnen in der Wohnung passiere. Sie solle sich nicht einmischen. „Ich mische mich ja auch nicht in Ihre Angelegenheiten ein", brüllte Kruse und schlug ihr die Tür vor der Nase zu.

Was würden Sie in diesem Fall sagen? Darf Herr Kruse sich auf die Privatheitsregel berufen, um sich eine Einmischung von Frau Heller zu verbitten? Ich denke, dieser Fall ist eindeutig. Frau Heller darf, ja muss sich sogar einmischen, zum Beispiel, indem sie das Jugendamt informiert. Das Recht auf Privatheit hat da seine Grenzen, wo andere Schaden nehmen – hier Kinder, die sich selbst nicht schützen können.

Fallbeispiel: Computer

Lisa saß mit etwas schlechtem Gewissen vor dem Computer ihres Sohnes. Aber sie musste einfach wissen, was der Junge so den lieben langen Tag am Computer trieb. Wenn er von der Schule nach Hause kam, verschwand er sofort in seinem Zimmer und kam erst zum Abendessen wieder heraus. Wenn man ihn fragte, was er denn im Zimmer mache, ob er nicht auch mal rausgehen wolle, das Wetter sei so herrlich, erntete man nur einsilbige Antworten und ein Gemurmel von Hausaufgaben.

Man hörte so viel darüber, dass Jugendliche durch die extensive Nutzung des Internets regelrecht süchtig werden konnten. Sie öffnete den Browser und wollte anhand der Historie der aufgerufenen Seiten überprüfen, wo sich ihr Sohn so im Netz herumtrieb. Vielleicht ging er sogar auf verbotene Seiten. Nicht auszudenken. Der Junge war erst zwölf Jahre alt.

Finden Sie in Ordnung, was Lisa macht? Oder glauben Sie, dass sie gegen die Privatheitsregel verstößt?

Man kann nachempfinden, dass sich Lisa Sorgen macht. Erstens liebt sie ihren Sohn und sie möchte nicht, dass ihm etwas passiert und zweitens hat sie eine Fürsorgepflicht ihm gegenüber. Rechtfertigt dies, dass

Lisa ausspioniert, was ihr Sohn am Computer so treibt? Ihr Verhalten ist jedenfalls ein eindeutiges Eindringen in die Privatsphäre ihres Sohnes. Ihr Sohn ist bereits in einem Alter, wo es ein Zeichen der Wertschätzung ihm gegenüber ist, wenn man seinen privaten Raum respektiert. Es ist ein Zeichen von Respekt. Dieser Respekt wird verletzt. Die Frage, die hier eine Rolle spielen kann, ist: Hat Lisa eine Handlungsalternative?

Eine solche hat sie durchaus. Sie könnte das Gespräch mit ihrem Sohn suchen und ihm ihre Sorgen offen gestehen. Am besten stellt sie ihm ein paar Fragen und lässt sich einfach mal zeigen, was er so im Internet macht.

Talente entwickeln

Fähigkeiten ausbauen und Talente entwickeln – schön und gut, werden Sie vielleicht denken, aber was hat das mit moralischen Fragen zu tun? Sehen Sie selbst:

Fallbeispiel: Der Klavierspieler

Das Sofa, auf dem Frau Ganzhausen Platz genommen hatte, war so groß, dass sie sich ganz klein und verloren fühlte. Überhaupt hatte alles riesige Ausmaße in dem Haus der Familie Huber. Max Huber war einer der größten Bauern der Gegend. An allen Einrichtungsgegenständen konnte man erkennen, dass die Hubers wohlhabend waren. Im breiten Sessel gegenüber thronte Herr Huber, daneben saß seine Ehefrau und auf einem kleinen Hocker hatte der neunjährige Toni Platz gefunden. Frau Ganzhausen war Tonis Klavierlehrerin. Sie war heute zu den Hubers gekommen, um sie davon zu überzeugen, Toni auf ein musisches Gymnasium zu schicken. Toni war außerordentlich talentiert und mit der richtigen Förderung konnte er es weit bringen. Sie hatte noch nie eine Schülerin oder einen Schüler, der in so jungen Jahren so virtuos war und gleichzeitig ein so enormes musikalisches Verständnis besaß.

„Auf ein musisches Gymnasium? Der Toni?", polterte Huber mit so lauter Stimme, dass der ganze Raum dröhnte.
„Auf keinen Fall! Der Junge macht eine Lehre oder geht auf ein naturwissenschaftliches Gymnasium wie seine Brüder auch. Und mit dem Klavier ist jetzt Schluss."
„Aber Herr Huber, der Junge ist wirklich außergewöhnlich talentiert. Er könnte ein guter Musiker werden", warf Frau Ganzhausen rasch ein.
„Ein Musiker? Nein, auf keinen Fall."
„Aber Musiker ist ein schöner Beruf. Ist es nicht schön, wenn man etwas machen kann, was einen wirklich erfüllt", argumentierte die Klavierlehrerin. Dabei rutschte sie etwas nach vorn, um ihrer Entgegnung auch körperlich noch etwas mehr Nachdruck zu verleihen.

„Musik kann er daheim machen. Wir haben ihm extra so ein teures Klavier gekauft", sagte Herr Huber barsch.
„Er selbst würde auch gern aufs musische Gymnasium gehen. Das hat mir Toni selbst gesagt."

Frau Ganzhausen sah zu Toni, wie um ihn um Hilfe zu bitten, sie zu unterstützen, aber Toni blickte nur verschämt auf den Boden und sagte keinen Ton. Wie sollte er auch?

„Das Gymnasium in Pfefferdorf hat einen sehr guten Ruf", sagte Ganzhausen.
Huber wandte sich jetzt an seine Frau: „Rosi, ich hab dir gleich gesagt, das ist keine gute Idee mit dem blöden Klavier. Der Junge hätte lieber Fußball spielen sollen. Das ist das, was Jungen in seinem Alter tun, und nicht den ganzen Tag auf dem Klavier rumklimpern."
„Das ist kein Rumklimpern", verteidigte Frau Ganzhausen. „So ein Talent muss gefördert werden. Toni will es ja selbst auch. Den müssen sie nicht zum Klavierspielen zwingen."
„Zum Klavierspielen nicht, aber zu den Hausaufgaben", sagte Herr Huber.
„Sie haben eine Verpflichtung gegenüber Ihrem Sohn. Sie versündigen sich, wenn sie ihn nicht fördern", setzte Ganzhausen nach, die das Gefühl hatte, stärkere argumentative Geschütze auffahren zu müssen, um Huber von seinem festgefahrenen Standpunkt wegzubringen. Aber ihr Geschütz traf auf ein Gegengeschütz.
„Jetzt seien Sie aber vorsichtig, was Sie sagen. Sonst versündige ich mich noch gegen Sie."
„Haben Sie ihn überhaupt schon mal spielen hören?", fragte Frau Ganzhausen.
„Ich muss mir das Gedudel nicht anhören."

Ganzhausen bemerkte, dass sie auf Granit stieß und so blickte sie Hilfe suchend zu Hubers Ehefrau: „Frau Huber, bitte sagen Sie doch was."
„Mein Mann hat schon alles gesagt", sagte Frau Huber leise.
„Gut, da kann man wohl nichts machen. Aber es ist eine Schande ..."

Mit diesen Worten stand Frau Ganzhausen auf und verabschiedete sich.

Frau Ganzhausen tritt in der Geschichte als Tonis Fürsprecherin auf. Der Knackpunkt ist, dass sie versucht, dem Jungen zu helfen, seine Talente weiterzuentwickeln. Und tatsächlich, glaube ich, gibt es eine moralische Grundregel, die einen Spezialfall der Freiheitsregel darstellt, und die besagt:

Man soll niemanden seiner Fähigkeiten berauben oder die Entwicklung seiner Fähigkeiten behindern.

Zu den Fähigkeiten, von denen hier die Rede ist, gehören körperliche, aber auch mentale Fähigkeiten. Jemandem ohne Grund ein Bein zu amputieren oder ihm ohne seine Zustimmung Alkohol einzuflößen, um ihn auf diese Weise betrunken zu machen, wäre ein klarer Verstoß gegen die Regel. Jemandes Talente nicht zu entwickeln oder gar zu unterdrücken oder verkümmern zu lassen, obwohl die Fähigkeit erkannt ist und ohne unzumutbaren Aufwand gefördert werden könnte, scheint mir ebenfalls ein solcher Verstoß zu sein. (Für Kant zum Beispiel war es eine wesentliche Pflicht, die eigenen Talente und Fähigkeiten zu entwickeln, ebenso für Humboldt und auch Konfuzius. Wer die Talente oder Fähigkeiten anderer Menschen unterdrückt, der handelt unmoralisch, weil er verhindert, dass der Mensch entwickeln kann, was an Potenzial in ihm steckt.)

Insofern hat Frau Ganzhausen durchaus recht, wenn sie Herrn Huber darauf hinweist, dass er eine spezielle Verpflichtung Toni gegenüber habe. Sie ist dabei nicht sehr geschickt vorgegangen, denn durch ihre sehr direkte Art hat sie eher zu einer Eskalation beigetragen als zu einer Problemlösung.

Frau Ganzhausen hat sich für Toni eingesetzt. Sie verfolgt ein ethisches Ideal und möchte Toni darin unterstützen, seine Begabung zu entwickeln. Entscheidend ist dabei auch, was Toni selbst will. Und obwohl er in der kleinen Szene nichts sagt – wahrscheinlich ist er zu eingeschüchtert – scheint deutlich zu werden, dass es ihm eine große Freude bereitet, Klavier zu spielen. Wahrscheinlich ist es viel zu früh zu sagen, ob Toni ein Musiker werden wird, aber dass er als ungewöhnliche Begabung gefördert werden sollte, steht außer Frage. Wenn die Eltern die Förderung nicht unterstützen oder gar abbrechen – und finanzielle Mittel scheinen nicht das Problem zu sein –, dann nehmen sie Toni eine seiner Freiheiten, nämlich die Entwicklung seiner Talente.

Frau Ganzhausen ist allerdings nicht sehr klug vorgegangen. Sie hat Herrn Huber ganz direkt vorgeworfen, dass er seine Pflichten nicht erfüllen würde. Und das lässt er sich natürlich nicht gern sagen. Frau Ganzhausen hätte etwas behutsamer vorgehen müssen. Vielleicht wäre es sinnvoll gewesen, zuerst mit Frau Huber zu sprechen und sie als Verbündete zu gewinnen. Da Herr Huber nicht so leicht zu überzeugen zu sein scheint, wäre es vielleicht auch hilfreich gewesen, ihn mal erleben zu lassen, wie Toni spielen kann. Vielleicht ein kleines Hauskonzert, wo auch ein paar Bekannte und Freunde eingeladen werden. Wenn er sieht und erlebt, wie Toni spielen kann, rührt dies möglicherweise mehr in ihm an als tausend Worte.

Frau Ganzhausen hat auch versäumt etwas mehr Fragen zu stellen, um die Anliegen und Befürchtungen von Herrn Huber herauszuarbeiten.

So wie das Gespräch lief, war schnell eine unüberbrückbare Kluft aufgebaut, die ein normales Gespräch erschwerte.

Haben wir einen freien Willen?

Da dieser Abschnitt den Titel „Freiheit" trägt und selbstbestimmte Entscheidungen ein zentrales Thema sind, darf natürlich eine Frage nicht fehlen: Sind wir eigentlich wirklich so frei in unseren Entscheidungen?

In den letzten Jahren sind von verschiedener Seite Zweifel darüber geäußert worden, dass wir in unseren Handlungen wirklich frei sind. Spektakuläre Ergebnisse der Hirnforschung scheinen zu bestätigen, dass viele unserer Entscheidungsprozesse unbewusst ablaufen und bestenfalls im Nachhinein rationalisiert werden. In Wirklichkeit ist es ein deterministischer Kausalprozess, der uns steuert und für unsere Entscheidungen verantwortlich ist. Der freie Wille ist pure Illusion. Er ist lediglich das Epiphänomen eines ansonsten unbewussten Ursache-Wirkungs-Zusammenhangs. Wenn der freie Wille eine Illusion ist, wenn letztendlich Hirnprozesse ausschlaggebend für unsere Handlungen sind, so stellt sich als nächstes die Frage, inwiefern wir dann eigentlich für unsere Handlungen verantwortlich sind, da wir doch einem reinen Kausalprozess unterworfen sind, der außerhalb unserer Kontrolle liegt?

Das Problem der Willensfreiheit ist ein ziemlich komplexes Problem. Ich möchte an dieser Stelle nur einige Bemerkungen dazu machen.

1. Die wichtige Frage scheint mir zu sein, was wir genau unter einem freien Willen verstehen. Ein freier Wille kann nicht einfach ein willkürlicher blinder Wille sein, der plötzlich aufleuchtet und mich zu einer Handlung antreibt. Der absolute freie Wille ist tatsächlich ein Unding. Ein freier Wille muss unter dem Einfluss von Gründen stehen können. Ich tue etwas, entscheide mich für eine Handlung aus bestimmten Gründen. Diese Gründe mögen mir nicht immer voll bewusst sein, in den meisten Fällen bin ich mir jedoch über diese Gründe im Klaren.

   Wenn wir jemanden für etwas verantwortlich machen, ihm also zum Beispiel vorwerfen, dass seine Handlung moralisch falsch war, dann stellen wir die Person und ihre Entscheidung in einen normativen Raum von Gründen. Jemanden verantwortlich zu machen, heißt ihn dafür zu tadeln, dass er etwas getan hat, wovon er hätte einsehen können, dass es falsch ist. Er hätte also mit ein bisschen

Nachdenken zu dem Schluss kommen müssen, dass er die Handlung nicht ausführen darf. Und dann hätte er auch danach gehandelt. Es hätte gute Gründe für ihn geben können. Diese normative Bewertung geht nicht verloren, selbst wenn wir nichts anderes sind als unser Gehirn, was ich im Übrigen glaube (was nicht bedeutet, dass ich jetzt nur mein Gehirn sein möchte, auf den restlichen Körper lege ich durchaus auch Wert!).

2. Mir scheint, dass in der Diskussion stets von einem etwas schrägen Bild ausgegangen wird. Da ist auf der einen Seite das Gehirn und auf der anderen Seite stehe ICH, getrennt von dem Gehirn. Und es bestimmt mein Gehirn, nicht mein bewusstes ICH, wo es langgeht. Ich selbst bin nur der stille Beobachter, der keinen Einfluss auf das Geschehen hat. Das Ich ist eine Art Homunkulus, eine Art Geist in der Maschine, der hilflos zusehen muss, was um ihn herum passiert. (Ich hätte gern anders gehandelt, aber mein Gehirn war stärker.) Dieses Bild ist meines Erachtens schief und verantwortlich für ein paar hartnäckige Rätsel. Man sollte es anders sehen. Das bewusste ICH ist keine vom Gehirn getrennte Entität. Wenn mein Gehirn also eine Entscheidung treffen sollte, dann heißt das nichts anderes, als dass ICH es bin, der die Entscheidung trifft.
3. Die Ergebnisse der Hirnforschung sind alles andere als sattelfest. Wie Stefan Schleim sehr klar in seinem Buch „Die Neurogesellschaft“ zeigt, sind sowohl die Validität als auch die Zuverlässigkeit der empirischen Ergebnisse in mancherlei Hinsicht stark in Frage zu stellen. Wenn man einige kritische Fragen an die Experimente stellt, auf denen die Forschungsergebnisse beruhen, verlieren manche Ergebnisse an Robustheit. Zum Beispiel Fragen wie:
   - Wie war das experimentelle Design genau?
   - Was lässt sich über mögliche Messfehler sagen?
   - Welche statistischen Auswertungen wurden vorgenommen?
   - Welche stillschweigenden Annahmen wurden vorausgesetzt?
   - Wie wurden die Daten interpretiert?
   - Wie groß ist die Datenmenge? Und wie repräsentativ?
   - Welche Einflussgrößen können sich störend auf das Ergebnis auswirken?
   - Aus welchen Gründen wurden Daten nicht in das Ergebnis aufgenommen?
   - Wurden die Ergebnisse in anderen Experimenten repliziert?

Die Hirnforschung ist ein hoch spannendes, wichtiges und zukunftsträchtiges Forschungsfeld. In den letzten Jahren hat sie eine rasante Entwicklung erfahren. Es ist jedoch wichtig, eine gewisse wissenschaftliche Vorsicht walten zu lassen, um Forschungsergebnisse nicht falsch zu bewerten und damit zu verzerren.

Haben wir ein Recht auf Spaß?

In diesem Abschnitt möchte ich eine moralische Hyperregel vorstellen, die wahrscheinlich nicht so offensichtlich ist. Sie leuchtet aber sehr schnell ein, wenn man Situationen betrachtet, in denen die Regel verletzt wird. Im Alltag geschieht dies immer wieder und beschert uns ein oft diffuses Unbehagen. Es mag Ihnen in der einen oder anderen Lebenslage daher ganz direkt helfen, sich diese Regel einmal bewusst gemacht zu haben.

Fallbeispiel: Der neue Weinkeller

Familie Meier saß beim Abendessen zusammen. Georg, der Vater, berichtete von seinem Wein-Workshop, an dem er die letzten beiden Tage teilgenommen hatte. Begeistert erzählte er, was man aus einem Wein alles herausschmecken könne. Man brauche nur ein bisschen Übung dazu und etwas Hintergrundwissen. Da schmeckten die Weine noch tausendmal besser.

„Ich möchte mir unbedingt einen kleinen Weinkeller einrichten. Mein Chef hat auch einen. Der sagt, das ist eine ganz tolle Sache", sprudelte Georg heraus.
„Das kostet bestimmt viel Geld", gab Maria, Georgs Ehefrau, zu bedenken.
„Ach wo, man muss ja nicht mit den teuersten Weinen anfangen. Das muss wachsen, über die Jahre hinweg. ... Das Problem ist nur", Georg unterbrach seinen Gedanken, „welchen Raum nutzen wir dafür?"
„Also, ich würde ja sagen", fuhr Georg fort, „wir nehmen den Raum, wo Opa jetzt seine Modelleisenbahn hat".
„Und wo kommt Opas Eisenbahn dann hin", fragte Sonja, die zehnjährige Tochter.
„Die kommt ganz weg. Opa war ja die letzten Monate eh fast nur noch im Krankenhaus", sagte Georg.
„Aber das ist doch sein großes Hobby", erwiderte Sonja. „Und nächste Woche, wenn er aus dem Krankenhaus kommt, will er vielleicht wieder daran arbeiten."
„Der sollte sowieso raus aus dem Keller. Das Klima dort unten ist gar nichts für ihn. Der soll mehr an die frische Luft", schlug Georg vor. „Und wie gesagt, wer weiß, wie lang er diesmal zu Hause sein wird. Das letzte Mal hat's nur drei Wochen gedauert und dann musste er schon wieder ins Krankenhaus. Und es ist ja auch für einen guten Zweck. So ein Weinkeller

> ist wie eine Investition. Die Weine gewinnen ja an Wert. Oder was meinst du, Maria?"
> „Ich weiß nicht ..."
> „Ach, du weißt immer nicht."

Was halten Sie von Georgs Plan, den Modelleisenbahnraum des Großvaters, der nicht mehr regelmäßig genutzt zu werden scheint, in einen Weinkeller umzuwandeln?

Im Gespräch hört es sich so an, als wolle Georg ihm den Raum einfach wegnehmen. Nun gehört die Modellbahn dem Großvater. Ihm die Bahn einfach wegzunehmen, ist daher schon aus dem Grund problematisch, weil er der Besitzer ist. Aber es gibt noch ein weiteres Problem, das berücksichtigt werden sollte und das moralisch relevant ist. Durch Georgs Vorhaben wird dem Großvater eine seiner Freuden genommen. Scheinbar hat der Großvater gern an seiner Modellbahn gebastelt. Das hätte er nicht getan, wenn er keine Befriedigung und Freude daraus ziehen würde. Freude, Vergnügen, Lust, positive Gefühle und Stimmungen sind uns in der Regel sehr wichtig. Sie stellen positive Glücksgüter in unserem Leben dar. Es ist ein Übel, wenn man Menschen ihre legitimen Freuden vergällt. Menschen Freuden oder Vergnügen zu nehmen ist daher moralisch falsch. Folgende Prima-facie-Hyperregel kann man formulieren:

> Man soll niemandem seine Freuden oder Vergnügen nehmen.

Um den Sinn dieser Regel noch besser einzusehen, möchte ich ein paar Bemerkungen dazu machen. Denken Sie dabei zunächst an all die positiven Dinge im Leben, die einem Freude oder Vergnügen bereiten:

- ein Spaziergang am Meer,
- ein spannender Roman,
- dass der Sohn im Weitsprungwettbewerb gewonnen hat,
- eine entspannende Massage,
- Sex,
- der erste Kuss,
- ein gutes Abendessen,
- ein erfrischendes Bier,
- das Vergnügen, das man empfindet, wenn man anderen eine Freude bereitet,

- ein heißes Bad,
- eine frische Brise,
- das Gefühl einer sanften Berührung,
- eine Achterbahnfahrt,
- ein Instrument spielen,
- eine neue Fähigkeit erlernen.

Das sind Dinge, die ein Leben lebenswert machen. Und warum? Weil sie die Quelle von Vergnügen darstellen. Freude, Vergnügen, Lust sind intrinsisch wertvolle Zustände, das heißt, sie haben einen Wert an sich. Das bedeutet, ihr Wert ist von keiner anderen Sache abhängig. Geld stellt deshalb nur insofern einen Wert für uns dar, als wir damit Dinge kaufen können, die uns wichtig sind. Geld hat deshalb auch keinen intrinsischen Wert.

Unseren Kindern würden wir ein Leben wünschen, das von positiven Erfahrungen, Erlebnissen, Freude und Glücksgefühlen geprägt ist. Lust und positive Gefühle sind ein Bestimmungsfaktor für ein glückliches Leben. Wir hoffen, dass sich negative Erlebnisse und Gefühle, wenn sie sich auch nicht ganz vermeiden lassen, in Grenzen halten.

Hedonismus oder der Wert eines freudvollen Lebens

Die These, dass Lust, Freude, Vergnügen den höchsten Wert in unserem Leben darstellen, haben die Hedonisten vertreten. Wer es zu seinem Lebenszweck macht, möglichst positive Gefühle anzusammeln, der qualifiziert sich als Hedonist. Hedonismus kommt von *hedone*, das heißt Lust. Aristippos von Kyrene ist der Vater des Hedonismus und der englische Philosoph Jeremy Bentham einer seiner Söhne.

Für den Hedonisten sind Freude und Vergnügen gut an sich. Hedonisten würden sogar noch weitergehen und sagen, dass Lust und Freude die einzigen positiven und erstrebenswerten Güter darstellen. Ein gutes und glückliches Leben zeichnet sich für einen Hedonisten durch eine positive Glücksbilanz aus.

Der Hedonismus hat nicht gerade das beste Image. Einen Hedonisten stellt man sich geläufig als einen Menschen vor, der nur an seine eigenen Genüsse denkt, der Ausschweifungen frönt, Drogenexzessen erliegt, schnelle Autos fährt und ein Weiberheld ist. Ein Lustmensch, der nur fleischliche Lüste im Hinterkopf hat. Auf den griechischen Philosophen Aristipp, den Gründungsvater des Hedonismus, der empfohlen hat, die körperlichen und sinnlichen Lustempfindungen zu maximieren, trifft das wahrscheinlich zu. Allerdings verzerrt dies den hedonistischen Grundgedanken.

Schon Epikur, der ebenfalls dem Lager der Hedonisten zugerechnet werden kann, machte deutlich, dass nicht die körperliche Lust maßgebend ist, sondern die Lust daran, schmerzfrei zu ein. Den Zustand der Schmerzfreiheit hielt er für die höchste Form der Lust. Das ist ein bisschen rätselhaft, denn wie kann ein neutraler Zustand der Schmerzfreiheit einen Lustzustand darstellen. Die ganze Sache ist wahrscheinlich eher so zu sehen, wie sie der Philosoph Fred Feldman beschreibt. Lust und Freude sind danach eine Art kognitiver Zustand, ein Zustand zweiter Stufe gewissermaßen. Die Lust oder Freude entsteht daraus, dass man sich in einem schmerzfreien Zustand weiß. Ich freue mich, dass ich in diesem Zustand bin. So wie man Freude daran empfinden kann, dass man etwas Spezielles geschafft oder geleistet hat. Es handelt sich dabei um eine kognitive und nicht rein sensorische Freude.

Für unsere Zwecke ist nicht wichtig, den Argumenten für und wider den Hedonismus genau zu folgen. Es ist lediglich entscheidend zu erkennen, dass der Hedonismus eine wichtige Wahrheit in unserem Leben widerspiegelt: Lust und Glücksgefühle, Vergnügen bereichern unser Leben und stellen ein wichtiges Gut dar. Nicht umsonst ist in den letzten Jahren immer wieder von der Spaßgesellschaft die Rede gewesen, wenn auch eher in einem kritischen Zusammenhang. Jedenfalls würden wir ein Leben, das mit Lust- und Glücksgefühlen erfüllt ist, einem Leben vorziehen, das keines dieser Gefühle aufweist. Es gehört zu einem geglückten Leben, dass man Freude, Lust und Vergnügen empfinden kann und darf.

Das betrifft im Grunde auch die Arbeitswelt. Man gewinnt Motivation daraus, wenn einem die Arbeit Freude bereitet, wenn sie genussvoll verrichtet werden kann. Immer mehr Menschen legen Wert darauf, dass sie am Arbeitsplatz auch Spaß und Vergnügen haben können. Unternehmen, denen es gelingt, den Faktor Freude mit dem Leistungsfaktor zu kombinieren, haben mit Sicherheit einen Wettbewerbsvorteil, weil ein wichtiges, inneres Bedürfnis des Menschen angesprochen wird.

Einen interessanten Aspekt von Freude und Lust als wichtiges menschliches Gut möchte ich noch erwähnen. Lust, Freude, Vergnügen haben eine seltsame Eigenschaft. Je stärker man versucht, diese Zustände zu erreichen, desto stärker entziehen sie sich. Man bezeichnet dieses Phänomen als das hedonistische Paradox. Es scheint geradezu ein Markenzeichen von Vergnügen zu sein, dass es nur als Nebenprodukt zu haben ist. Es entsteht im Zuge anderer Tätigkeiten. Man kann es sich fürs Leben nur schwer vornehmen: „Jetzt werde ich mich richtig vergnügen". Freude kann man nicht erzwingen.

Das Glück der anderen schützen

Aus all diesen Überlegungen heraus ist es moralisch falsch, wenn man Menschen ihre Freuden nimmt, solange sie dadurch keinen Schaden anrichten. Wenn Georg möchte, dass sich der Großvater von seiner geliebten Modelleisenbahn trennt, auch wenn er nicht zustimmt, ist es daher moralisch nicht richtig.
Betrachten wir noch einige Fälle, in denen das Spaßverderben auch eine moralische Komponente besitzt.

Fallbeispiel: Die Geige

Vorsichtig holte Barbara ihr Instrument aus dem Geigenkasten. Die Geige war schon 40 Jahre alt und Barbara fand sie wunderschön. Behutsam nahm sie das Instrument in die Hand, drehte es und betrachtete es von allen Seiten. Was gab es Schöneres als eine Geige? Vor einem halben Jahr hatte Barbara wieder angefangen zu spielen. Davor hatte sie zehn Jahre lang das Instrument nicht mehr in die Hand genommen. Nach dem Tod ihres zweiten Sohnes konnte sie einfach keine Musik mehr machen. Vorher hatte sie in einem kleinen Kammerorchester gespielt. Dreimal wöchentlich hatten sie zusammen geprobt. Hin und wieder waren sie aufgetreten. Barbara dachte gern an diese Jahre zurück.
In der kleinen Mietwohnung, in der sie jetzt lebte, – nach der Scheidung von ihrem Mann vor drei Jahren, konnte sie sich keine größere Wohnung leisten –, war es immer etwas problematisch zu üben, ohne die Nachbarn zu stören. Nun glaubte Barbara nicht, dass klassische Musik wirklich stören könnte – und so schlecht spielte sie wirklich nicht –, aber aus Rücksicht auf die Nachbarn übte sie nach Möglichkeit am späten Vormittag für eine Stunde. Sie wollte niemanden belästigen.

Routiniert setzte Barbara die Geige an und begann eine kleine Etüde von Bach zu spielen. Doch nach den ersten Takten ging es wieder los, wie schon seit zwei Wochen. Der Nachbar nebenan drehte seine Musikanlage voll auf, sodass die ganze Wohnung dröhnte. Bum, bum, bum ... Barbara konnte kaum noch ihr eigenes Spiel hören. Und wenn sie aufhörte zu spielen, endete kurz danach auch die laute Musik aus dem Nachbarraum. Begann sie wieder, setzte auch die Musik wieder ein. Manchmal hörte sie auch, wie jemand gegen die Wand klopfte und „aufhören" schrie. Der Spaß und die Freude an der Musik wurden ihr dadurch jedes Mal so stark verleidet, dass sie nach wenigen Minuten traurig das Instrument zurücklegte. Was sollte sie machen? Sie hatte nur diesen einen Raum, wo sie spielen konnte? Und warum verhielt sich der Nachbar so?

Was würden Sie Barbara empfehlen? Was sollte sie tun?

Die Antwort ist naheliegend. Sie muss mit ihrem Nachbarn sprechen. Der Nachbar verhält sich nicht korrekt. Er nimmt Barbara eine Freude und das ist moralisch nicht richtig. Der Nachbar fühlt sich offenbar durch das Spielen gestört. Die Musik laut aufzudrehen ist seine Art, seinem Ärger Luft zu machen. Er weiß, dass er damit Barbara in ihrem Spiel so stört, dass sie die Geige weglegt und zu spielen aufhört. Das hat er in den letzten zwei Wochen als erfolgreiche Störmethode mitbekommen. Er weiß, dass seine Methode nach dem Motto – der Lautere (man beachte die Doppeldeutigkeit) setzt sich durch – sehr effektiv ist. Diese Art des Feedbacks ist nicht akzeptabel. Barbara kann die Situation nur lösen, wenn sie mit ihrem Nachbarn redet. Die Grundidee einer Verhandlung ist nämlich, die Anliegen auf den Tisch zu legen und gemeinsam zu überlegen, welche Lösung es gibt. Vielleicht können die beiden eine Vereinbarung treffen, mit der jeder leben kann. Zumindest ist es einen Versuch wert.

Es ist eindeutig moralisch falsch, wenn man jemandem mit Absicht eine Freude vergällt. Ist es auch falsch, wenn man es nicht mit Absicht, aber doch wissentlich tut? Der amerikanische Moralphilosoph Bernard Gert bringt das Beispiel, dass jemand in einem Konzert sehr laut spricht und damit natürlich das Hörvergnügen seiner Sitznachbarn merklich trübt. Mir scheint, auch dieses Verhalten ist moralisch falsch. Die laute Person weiß ja, dass man in einem Konzert der Musik lauschen möchte. Wenn er das Hörvergnügen auch nicht mit Absicht trüben möchte, so bleibt die Handlung dennoch unmoralisch und stellt eine Verletzung der Regel dar.

Ich kann mich erinnern, dass während meiner Studienzeit oft Mitglieder marxistischer Gruppierungen in den Vorlesungssaal kamen, um die Lehrveranstaltungen durch Zwischenrufe massiv zu stören. Auch dieses Verhalten stellte einen Verstoß gegen diese Regel dar, auch wenn die Marxisten zu ihrer Rechtfertigung ihren legitimen Kampf gegen die Unterdrückerinstitutionen des Staates anführten. Es gibt aber auch entschuldbares Verhalten. Nämlich dann, wenn es unabsichtlich und unwissentlich geschieht.

Wie sieht es in folgendem Fall aus?

> Ich stehe beim Obsthändler an, um mir eine Wassermelone zu kaufen. Während ich warte, kriege ich mit, dass die Familie hinter mir auch eine Melone kaufen möchte. Als ich nun an die Reihe komme, gibt es nur noch eine Wassermelone.

Ist es moralisch nun falsch, wenn ich die letzte Wassermelone kaufe und damit der Familie hinter mir die Chance nehme, eine zu bekommen? Alle haben sich vielleicht darauf gefreut, heute eine Wassermelone zu essen. Und jetzt schnappe ich ihnen die letzte weg und ruiniere ihnen den bislang wunderschönen Tag. War das nicht rücksichtslos und unmoralisch von mir? Sicher nicht. Das kann durch eine Überlegung geklärt werden, in der wir unsere moralischen Hyperregeln und unsere Rechte miteinander in Verbindung bringen.

Jeder moralischen Grundregel entsprechen Rechte.

Der Grundregel, niemandem Schmerzen zuzufügen, entspricht das Recht, dass einem ohne Zustimmung keine Schmerzen zugefügt werden. Der Regel, dass man niemandem sein Vergnügen nehmen soll, entspricht das moralische Recht auf Freude und Vergnügen. Rechte von Personen dürfen nur mit deren Zustimmung eingeschränkt werden – und auch da nur unter gewissen Bedingungen. Zum Beispiel muss man voraussetzen können, dass die Konsequenzen der Rechteeinschränkung voll überblickt werden. Allgemein kann man sagen: Wenn jemand kein Recht auf ein bestimmtes Verhalten hat und er durch das Verhalten, das Recht einer anderen Person einschränkt oder verletzt, dann ist seine Handlung unmoralisch, selbst wenn er es nicht absichtlich getan hat. Wenn man allerdings ein Recht auf eine Sache oder Handlung hat und durch die Handlung die Freiheit anderer Personen oder deren Freuden einschränkt, dann handelt man nicht unmoralisch. In unserem Fall bekomme ich die letzte Wassermelone. Beschränke ich damit das Vergnügen des hinter mir anstehenden Käufers, so ist dieses Verhalten nicht unmoralisch, weil ich natürlich das Recht habe, eine Melone zu kaufen. Stellen wir uns aber folgende Situation vor: Ich werfe die Melone absichtlich kräftig zu Boden, sodass sie aufplatzt, im Schmutz landet und nicht mehr verzehrt werden kann. Dann ist mein Verhalten unmoralisch, denn ich hatte kein Recht, die Melone zu ruinieren.

Aber auch hier muss man ein paar qualifizierende Bemerkungen machen. Denn es ist nicht ganz so einfach, wie es sich zunächst darstellt: Wenn man nämlich ein Recht hat, dieses Recht aber mit der Absicht ausübt, einer anderen Person bewusst ein Vergnügen zu nehmen, dann erscheint mir auch dieses Verhalten moralisch falsch. Ich stelle mich absichtlich möglichst schnell an, um die Melone zu bekommen und den anderen wegzuschnappen. Obwohl ich das Recht habe, ist meine Handlung falsch, weil sie aus einer moralisch bösen Absicht heraus geschah. Man könnte in diesem Fall auch auf dem Standpunkt stehen: Die Absicht ist zwar böse, aber die Handlung an sich ist nicht moralisch falsch. Ich war einfach schneller. Dieser Einwand hat eine gewisse Plausibilität, weil Handlungen leichter verifizierbar sind als Absichten. Absichten erschließen wir meistens aus Handlungen. Dennoch haben wir die Intuition, dass, wenn jemand etwas mit Vorsatz tut, es moralisch schlimmer ist, als wenn er es nur wissentlich tut. Vielleicht stufen wir dies deshalb als moralisch verwerflicher ein, weil eine vorsätzliche Handlung auch etwas über den Charakter einer Person aussagt. Wir könnten daraus schließen, dass diese Person die Disposition hat, gegen moralische Regeln zu verstoßen, dass es also eine hohe Wahrscheinlichkeit gibt, dass die Person auch in anderen Situationen ohne Hemmungen gegen moralische Regeln verstößt. Während eine Person, die nur wissentlich falsch handelt, aber nicht absichtlich, dies aus Nachlässigkeit, mangelnder Sorgfalt oder Schlamperei tut.

Fallbeispiel: Der Neue

Pascal war ganz neu im Team bei den Ingenieuren. Die Arbeit machte ihm Spaß. Er kam frisch aus dem Studium und die Tätigkeit vor Ort in den Anlagen war aufregend. Vom ersten Tag an versuchte er, sich mit vollem Engagement einzubringen. Besonders dem Leiter des Teams gefiel dies und deshalb nahm er Pascal auch öfter einmal mit auf Geschäftsreisen in andere Werke. Helmut fand das mehr als übertrieben und so gut war die Leistung Pascals nun auch wieder nicht, er konnte es sich deshalb nicht verkneifen, Pascal manchmal vor versammelter Mannschaft vor Augen zu führen, dass er noch ein ziemliches Greenhorn war. Pascals Freude an der Arbeit litt darunter erheblich. Karin sprach eines Tages Helmut darauf an und fragte ihn, was er damit bezwecke, dass er Pascal so häufig kritisiere und ihm immer wieder aufzeige, wo er noch Wissenslücken und Schwächen habe. Helmut erwiderte darauf: „Der Junge kommt sich so schlau vor, da muss man ihm doch mal die Grenzen aufzeigen."

Finden Sie es richtig, dass Karin Helmut auf seine Nörgelei an Pascal angesprochen hat? Hatte sie einen guten Grund dazu?

Karin hatte durchaus einen guten Grund. Sie störte sich an dem Verhalten ihres Kollegen, weil sie bemerkte, dass dessen Kritik an Pascal nicht wirklich sachlich begründet war. Helmut wollte Pascal die Freude an der Arbeit verderben. Warum er das tat, erschließt sich uns nicht. Vielleicht war es Neid, vielleicht konnte er Pascal einfach nicht leiden. Wir brauchen aber auch keinen Blick in Helmuts Psyche zu werfen, um zu erkennen, dass sein Verhalten moralisch nicht akzeptabel war, weil er hier unsere Regel verletzte, niemandem seine Freuden zu nehmen – noch dazu, wo es selten genug ist, dass Menschen Motivation aus ihrer Arbeit ziehen.

Fallbeispiel: World of Warcraft

Martina legte entmutigt den Hörer auf. Wieder war nur der Anrufbeantworter dran. Peter ging schon seit zwei Tagen nicht ans Telefon. Und er musste sich unbedingt für den nächsten Kurs anmelden. Sonst konnte er nächstes Semester wieder nicht den fälligen Schein machen. Sie wusste, was er tat. Er spielte wieder mal World of Warcraft. Ein neues Add-on war herausgekommen und Peter wollte so schnell wie möglich seine Figur hochleveln. Er war dann wie besessen, vergaß sogar zu essen. Nach ein paar Tagen beruhigte sich das Ganze zwar wieder, aber er hatte immer wieder einmal Phasen, wo er tagelang untertauchte und nur vor dem Computer saß, um mit seiner Gilde einen absurden Erfolg zu erzielen.

„Aber es macht mir einfach Spaß zu spielen", sagte er immer wieder in den Diskussionen, die er mit Martina über Sinn und Zweck des Online-Games führte. Martina konnte gar nicht verstehen, wie man den ganzen Tag in einer Fantasiewelt verbringen konnte.
„Geh doch mal raus, unter Leute", schlug sie dann jedes Mal vor.
„Und was soll ich da, ... blöde Gespräche führen?"
„Immer noch besser als mit deinen Kumpels über den nächsten EndBoss zu quatschen. Ist das besser?"
„Vielleicht nicht besser, aber es hilft mir, mich zu entspannen. Bei dem ganzen Stress an der Uni."
„Wenn du stundenlang mit dem nutzlosen Spiel verbringst, wird der Stress nicht weniger", erwiderte Martina treffend.
„Willst du mir das Spiel verleiden?"
„Will ich nicht. Aber du musst die Prioritäten richtig setzen."
„Das tu ich schon, da brauchst du dir gar keine Sorgen machen. Es ist einfach echt geil, wenn du in dem Spiel ein paar Erfolge erzielst, es ist spannend und motiviert. Anders als die BWL-Vorlesung."

Martina ließ das Telefon noch ein paar Mal läuten, aber Peter ging einfach nicht ran. Vielleicht besser, wenn ich hinfahre, dachte sie. Vielleicht macht er ja die Tür auf.

Ist Martinas Sorge berechtigt? Verhält sie sich moralisch falsch, wenn sie Peter von seinem Vergnügen, das das Spiel offenbar für ihn bringt, abzuhalten versucht? Die Antwort ist nein. Das Ausmaß, in dem Peter das Online-Game spielt, steht in keinem vernünftigen Verhältnis zu den anderen Aufgaben und Pflichten, die er zu erledigen hat. Martina hat richtig erkannt, dass Peter die Prioritäten falsch setzt. Das Spiel wird wichtiger als alles andere in seinem Leben. Martina hat somit gute Gründe, Peter zu überzeugen, weniger am Computer zu sitzen und sich nicht hauptsächlich mit diesem Spiel zu beschäftigen. Es ist ja nicht nur so, dass er seinen Aufgaben als Student dadurch nicht mehr richtig nachkommen kann, auch die Beziehungen zu seinen Freunden leiden. Es ist nichts dagegen einzuwenden, wenn jemand Spaß an einem Online-Game hat. Menschen ziehen aus den unterschiedlichsten Aktivitäten Befriedigung und Freude. Jemandem das Spielen zu verbieten, wäre falsch und tatsächlich eine Verletzung unserer Regel. Entscheidend ist, das richtige Maß zu finden. Diese Frage hat schon Aristoteles beschäftigt, die Frage nach dem richtigen Maß auf dem Weg zu einem geglückten Leben. Für Kant galt, dass man auch Pflichten gegen sich selbst hat, nicht nur in Bezug auf andere. Diese Pflichten gegen sich selbst ergeben sich aus der Selbstachtung, die man sich entgegenbringen sollte. Zu diesen Pflichten gehört es zu lernen, seine Talente und Möglichkeiten zu entwickeln und nicht brachliegen zu lassen. Wer den ganzen Tag in Onlinewelten versunken ist, vernachlässigt seine Möglichkeiten in der wirklichen Welt und begeht damit, nach Kant, einen Frevel gegen sich selbst. Kant hielt diese Pflichten sogar für so grundlegend, dass er betonte, nur wer die Pflichten gegen sich selbst beachtet, ist auch fähig seine Pflichten gegenüber anderen Menschen zu erfüllen. Etwas anders ausgedrückt: Nur wer sich selbst respektiert und sich selbst mit Würde behandelt, wird auch in der Lage sein, anderen Menschen mit Respekt zu begegnen.

Ob man tatsächlich Pflichten in einem strengen Sinne gegen sich selbst hat, mag diskutierbar sein, unstrittig ist, dass die Vernachlässigung von Anforderungen und Aufgaben aus der wirklichen Welt negative Konsequenzen haben wird. Dessen muss sich Peter bewusst sein.

Was könnte Martina tun, wie könnte sie argumentieren, um Peter von seiner Sucht abzubringen? Das Problem dabei ist, dass Süchtige zuerst erkennen müssen, dass sie süchtig sind. Das wird Martina nicht leicht fallen. Sie könnte für den Anfang versuchen, mit Peter ein paar präzise Vereinbarungen zu treffen, die seine Prioritätensetzung und seine Tagesplanung betreffen. Sie kann ihm klarmachen, welche negativen Konsequenzen sich aus seinem Verhalten ergeben. Sie kann ihm verdeutlichen, was passieren wird, wenn er seinen anderen Pflichten nicht nachkommt. Sie kann ihm auch sagen, wie sehr sie es als seine Freundin belastet, dass er den Kontakt zur wirklichen Welt zu verlieren scheint. Das Gespräch wird wahrscheinlich schwierig und es ist schwer einzuschätzen, ob es von Erfolg gekrönt sein wird. Wenn Peter tatsächlich süchtig ist, kann eine Verhaltensänderung wahrscheinlich nur noch durch Inanspruchnahme professioneller Hilfe erreicht werden, das heißt, er sollte einen Therapeuten aufsuchen, um sich behandeln zu lassen. Wenn es sich nämlich tatsächlich um eine Sucht handelt, werden Appelle und rationale Argumente nicht unbedingt ziehen, und wenn doch, dann aller Wahrscheinlichkeit nach nur kurzfristig, aber nicht wirklich nachhaltig.

Was Verantwortung bedeutet

Joshua Knobe, einer der ersten Vertreter der experimentellen Philosophie, führte in einem Park in Manhattan mit 78 Probanden ein kleines Experiment durch. Er legte einer Gruppe folgendes Szenario vor:

> Der Vizepräsident eines Unternehmens führte ein Gespräch mit dem Vorstandsvorsitzenden und sagte: „Wir überlegen, ein neues Programm zu starten. Es wird uns dabei helfen, unsere Gewinne zu steigern, aber es wird auch die Umwelt dabei geschädigt."
>
> Der Vorstandsvorsitzende antwortete: „Mich kümmert überhaupt nicht, ob die Umwelt geschädigt wird. Ich will einfach nur so viel Profit wie möglich machen. Lassen sie uns das neue Programm starten."
>
> Das Programm wurde gestartet und die Umwelt dadurch tatsächlich geschädigt.

Die Probanden wurden gefragt, wie viel Tadel der Vorstandsvorsitzende auf einer Skala von 0 bis 6 (0 = kein Tadel, 6 = hoher Tadel) dafür verdient, und ob er absichtlich die Umwelt geschädigt hat.

Die zweite Gruppe von Probanden bekam folgendes Szenario vorgelegt:

> Der Vizepräsident eines Unternehmens führt ein Gespräch mit dem Vorstandsvorsitzenden und sagte: „Wir überlegen, ein neues Programm zu starten. Es wird uns dabei helfen, unsere Gewinne zu steigern, und es wird auch der Umwelt helfen."
>
> Der Vorstandsvorsitzende antwortete: „Mich kümmert überhaupt nicht, ob der Umwelt geholfen wird. Ich will einfach nur so viel Profit wie möglich machen. Lassen sie uns das neue Programm starten."
>
> Das Programm wurde gestartet und der Umwelt wurde dadurch tatsächlich geholfen.

Im zweiten Szenario wurde also im Wesentlichen der Ausdruck „schädigen" durch den Ausdruck „helfen" ersetzt. Auch beim zweiten Szenario wurden die Probanden befragt, wie viel Lob der Vorstandsvorsitzende für das verdient, was er tat, und ob er der Umwelt absichtlich geholfen hatte.

Das Ergebnis sah folgendermaßen aus:

Im Schadensszenario sagten 82 Prozent der Befragten, dass der Vorstandsvorsitzende die Nebenfolgen absichtlich herbeigeführt hat. Im Hilfeszenario sagten 77 Prozent, dass der Vorstandsvorsitzende nicht absichtlich der Umwelt geholfen hat.

Als Knobe die Ergebnisse des Lob- und Tadel-Ratings in Korrelation brachte, stellte sich heraus, dass laut der Befragten der Vorstandsvorsitzende im Schadenszenario mehr Tadel als er im Hilfeszenario Lob verdiente.

Es scheint also so zu sein, dass wir Menschen eher dazu tendieren, jemanden verantwortlich zu machen (Tadel und Unterstellung von Vorsatz), wenn seine Handlungen zu Schaden als Nebeneffekt führen, als wir ihn dafür loben, wenn seine Handlungen positive Nebeneffekte haben. Auch wenn wir einem einzelnen Experiment nicht vorschnell hohe wissenschaftliche Vertrauenswürdigkeit zuschreiben sollten, ist dieses Ergebnis doch interessant.

Aus dieser scheinbar stärkeren Verantwortung im Schadensfall ergibt sich eine neue Pflicht. Wer anderen Menschen Schaden zufügt oder dazu beiträgt, der trägt dafür die Verantwortung oder zumindest Mitverantwortung. Verantwortung ist ein Chamäleonbegriff, er tritt in unterschiedlichen Bedeutungsschattierungen auf.

Der Begriff der Verantwortung

Sehen wir uns den Begriff „verantwortlich sein“ deshalb etwas genauer an. Zunächst erkennt man, dass es ein sogenannter relationaler Begriff ist, schematisch ausgedrückt durch: X ist verantwortlich für Y.

1. In einer seiner Bedeutungen beschreibt der Begriff einen ursächlichen Zusammenhang, das heißt, ein Ereignis oder eine Handlung ist Ursache für ein anderes Ereignis. Der Taifun war verantwortlich für die Überschwemmungen. Der Ausfall der Energieversorgung war verantwortlich für den Stillstand der Maschine.

2. In einer zweiten Bedeutung beschreibt der Begriff funktionale Verantwortung, im Sinne einer Zuständigkeit für ein Aufgabengebiet. „Herr Meier ist normalerweise dafür verantwortlich, aber er ist diese Woche leider in Urlaub.“ Funktionale Verantwortung zu besit-

zen, bedeutet, das Pflichtenbündel zu erfüllen, das mit der Übernahme einer Tätigkeit oder eines Aufgabengebiets verbunden ist.

3. Verantwortlich sein in einem dritten Sinne heißt, rechenschaftspflichtig zu sein, Rechenschaft ablegen zu müssen in einem rechtlichen oder auch moralischen Sinn. Wenn man Rechenschaft ablegen muss, dann ist man Gegenstand von Lob oder Tadel. Rechtlich Verantwortung zu tragen, bedeutet, ein rechtliches Pflichtenbündel erfüllen zu müssen. Moralisch Verantwortung zu tragen, bedeutet das moralische Pflichtenbündel zu erfüllen und in diesem Sinne Gegenstand von Lob oder Tadel zu sein.
4. Verantwortlich sein oder Verantwortung zu haben in einem vierten Sinn kann heißen, die Folgen einer Handlung zu tragen. Hat man beispielsweise jemandem Schaden zugefügt, bedeutet dies, dass man die Konsequenzen, zum Beispiel in Form von Sanktionen, zu tragen hat. Verantwortlich zu sein in diesem Sinne heißt, für seine Handlungen und deren Folgen geradezustehen.

Die Bedeutungen, die uns hier in erster Linie interessieren, sind die Bedeutungen 3 und 4.

Die Konsequenzen tragen

Verantwortlich zu sein im moralischen oder rechtlichen Sinn impliziert eine wichtige weitere Hyperregel, die auch der schottische Ethiker William David Ross hervorhebt.

> Man soll verursachten Schaden wiedergutmachen.

Diese Hyperregel fällt etwas aus dem Rahmen unserer bisherigen moralischen Regeln. Denn alle vorangegangenen Regeln wurden dazu eingeführt, keinen Schaden zu verursachen. Die jetzige Regel fordert explizit dazu auf, verursachten Schaden wiedergutzumachen. (Zur Wiedergutmachung von Schaden gehört prinzipiell auch die Verhängung von Strafen oder Sanktionen. Ich möchte an dieser Stelle jedoch nicht näher darauf eingehen.)

Sehen wir uns zunächst eine typische Situation an.

Fallbeispiel: Der Kratzer

Es war nur ein kurzer Moment der Unachtsamkeit. Torsten war das neue Auto noch nicht so gewohnt und beim Rückwärtsstoßen in die Parklücke war es passiert. Torsten touchierte den weißen Pkw an der Seitentür. Er erschrak, stoppte, stieg aus und besah sich den Schaden. Ein klar sichtbarer Kratzer war am fremden Fahrzeug zu sehen.

„So ein Mist", seufzte Torsten.
„Fahr halt weiter, das hat niemand beobachtet. So groß ist der Kratzer auch nicht", sagte Robert, der mit im Auto gesessen hatte und auch ausgestiegen war.
„Nein, das kann ich nicht machen", sagte Torsten und er strich mit dem Finger über den Lack, um den Kratzer zu fühlen.
„Das Auto ist doch schon älter, schau mal, das hat überall Kratzer."
„Nein, das möchte ich nicht."
„Und was sollen wir machen?", fragte Robert.
„Wir können warten, bis der Fahrer zurückkommt, oder ich schreibe einen Zettel mit meiner Telefonnummer."
„Wie du meinst."

Torsten verhält sich natürlich absolut richtig, sowohl rechtlich als auch im moralischen Sinn. Er sieht es als seine Pflicht an, für seine Handlung einzustehen, die Konsequenzen zu tragen und den entstandenen Schaden wiedergutzumachen. Manchmal kann der Schaden nicht allein materiell wiedergutgemacht werden. Dann kann es sein, dass zusätzlich eine Strafe verhängt wird, die man als Konsequenz für seine Handlung zu tragen hat.

Auch im nächsten Beispiel entsteht ein Schaden, bei dem es nicht so eindeutig ist, wer dafür aufkommen sollte.

Fallbeispiel: Börsenpanik

Es war acht Uhr morgens, als der Anruf von Rudi kam. Karl saß gerade beim Frühstück und las die Zeitung. Die Kreditwürdigkeit der USA war Ende letzter Woche von einer großen Ratingagentur herabgestuft worden. Man vermutete für den heutigen Börsentag schwere Turbulenzen. Schon die letzten Tage waren die Kurse stark eingebrochen.

Rudi rief von einem Campingplatz in der Schweiz an. Er hatte den dringenden Wunsch, dass Karl für ihn Aktien und Fondsanteile verkaufte und zwar noch vor Börsenbeginn. Karl hatte alle Onlinezugangsnummern dabei, nur hatte er keinen Computer, deswegen brauchte er Karls Hilfe. Karl zögerte, immerhin ging es um eine wichtige persönliche Angelegenheit. Er wollte nichts falsch machen. Aber Rudi versicherte ihm, dass er ihn per Handy durch den ganzen Prozess leiten werde, da bestehe gar kein Risiko. Leider war der Empfang nicht besonders gut, aber Rudi war so aufgeregt und in Panik, dass Karl ihm natürlich helfen wollte. Also führten sie die

Transaktion durch. Da der Empfang aber immer wieder litt, musste Rudi oft nachfragen. Es dauerte mehr als eine halbe Stunde, bis alles abgeschlossen war.

Ein paar Wochen später stellte sich heraus, dass Karl beim Verkauf einen Fehler gemacht hatte. Er hatte Anteile eines falschen Fonds verkauft und ein anderer Anteil war weiter in Rudis Depot, von dem er sich eigentlich hatte trennen wollen. Dieser Fehler hatte zu erheblichen Verlusten geführt. Rudi machte Karl nun Vorwürfe, dass er nicht konzentriert und aufmerksam genug gearbeitet habe. Er verlangte von Karl, dass er für einen Teil der Schulden aufkommen sollte.

Was denken Sie? Ist Rudis Forderung berechtigt? Soll Karl Rudi dafür entschädigen?

Im Nachhinein könnte man sagen, dass Karl auf seine innere Stimme hätte hören sollen, als er Rudis ursprüngliche Bitte eigentlich ablehnen wollte. Durch Rudis Versicherung, dass kein Risiko bestehe, hat er sich überreden lassen, die Transaktion für Rudi durchzuführen. Spätestens als Karl jedoch bemerkte, dass durch den schlechten Handyempfang Missverständnisse entstehen könnten, hätte er die Aktion abbrechen müssen. Denn damit stieg das Risiko, einen Fehler zu begehen.

Prinzipiell ist durch die Handlung von Karl für Rudi ein Schaden entstanden. Er hat es natürlich weder absichtlich noch wissentlich getan. Deshalb scheint seine Handlung entschuldbar. Auf der anderen Seite hätte er, wie bereits betont, die Transaktion abbrechen sollen, als er bemerkte, dass der Empfang schlecht wurde. Insofern hätte er sich des größeren Risikos bewusst sein können.

Nun kann man auch fragen: Ist es von Rudi moralisch in Ordnung, dass er jetzt eine Entschädigung von Karl fordert? Rudi hat Karl erst in die Bredouille gebracht, nur dank seiner Überredungskunst ist Karl überhaupt darauf eingegangen, die Wertpapiere in Rudis Namen zu verkaufen. Er hat von Karl etwas verlangt, dem dieser zunächst nicht zustimmen wollte. Dass ein Fehler passiert ist, muss sich also auch Rudi selbst zuschreiben.

Wie könnte die Situation salomonisch gelöst werden? Eine Möglichkeit besteht darin, dass Karl Rudi tatsächlich anbietet, Rudi eine Entschädigung zu zahlen – als Anerkennung seines Fehlers – Rudi die Entschädigung aber ablehnt, als Anerkennung seines Fehlers, Karl überhaupt in die Situation gebracht zu haben.

Auch Unternehmen unterliegen der moralischen Pflicht, Schäden wiedergutzumachen, die sie zu verantworten haben.

Fallbeispiel: Katastrophe

Preston Wibb, ein mittelständischer Anlagenbauer, hatte ein großes Problem mit einer seiner neuen Anlagen in einem afrikanischen Land. Weil man glaubte, Umweltschutzrichtlinien nicht in dem Maße beachten zu müssen wie im Heimatland in Europa, kam es zu einer Umweltkatastrophe. Der angrenzende Fluss wurde mit Giften kontaminiert, was dazu führte, dass die Fische starben und Menschen, die darin badeten, krank wurden. Das Unternehmen reagierte jedoch sofort. Man entschuldigte sich öffentlich und bei den Behörden, ging zu den Menschen vor Ort und entschädigte sie großzügig. Man versprach, die modernsten Umwelttechnologien einzubauen, was auch tatsächlich umgesetzt wurde.

Das Unternehmen hat sich nach dem Unfall richtig verhalten. Es hätte sonst zu weitaus massiveren Konflikten kommen können. Das Unternehmen wurde hier seiner Verantwortung gerecht. Die Frage, die es sich gefallen lassen muss ist, ob der Unfall nicht hätte verhindert werden können. Hätte das Unternehmen nicht von vornherein nach denselben Standards arbeiten sollen, die auch in seinem Heimatland gelten? Wenn man sich zu Hause an die Gesetze hält, die – davon gehe ich aus – aus gutem Grund geschaffen wurden, warum sollte man sich dann in anderen Ländern nicht an dieselben Standards halten? Aus moralischen oder ethischen Gründen ist es geboten, auch in anderen Ländern die gleichen Schutzstandards anzulegen wie im Heimatland. Sollten Menschen in anderen Ländern unter schlechteren Arbeitsbedingungen arbeiten müssen als in den Heimatländern? Ein globales Unternehmen wird versuchen müssen, sich den besten Standard zu eigen zu machen. Langfristig werden die Unternehmen daran gemessen werden. Das mag nicht überall verwirklichbar sein, aber für einen Betrieb, der auch ethischen Ansprüchen genügen möchte, wäre es der richtige Weg.

Die Macht der Entschuldigung

Erinnern Sie sich an das Verhalten von Herrn Hofmann, der völlig unangemessen auf eine Verspätung seiner Mitarbeiterin reagiert hat? Hier ist kein materieller Schaden entstanden, dennoch steht die moralische Forderung nach einer Wiedergutmachung im Raum.

Fallbeispiel: Die Entschuldigung

Bea Steinhaus, die gerade von ihrem Chef Herrn Hofmann vor versammelter Mannschaft abgebürstet worden war, stand immer noch zitternd an der Kaffeemaschine. Sie konnte sich gar nicht richtig beruhigen. Und das alles nur, weil sie ein bisschen zu spät gekommen war. Sie konnte ihre Gedanken nicht unter Kontrolle bringen, so erregt war sie.
In diesem Moment trat Herr Hofmann auf sie zu.

„Frau Steinhaus, ich möchte gern mit Ihnen reden. Würden Sie bitte kurz mit mir in mein Büro kommen."
Was wollte er jetzt noch? Wollte er seine Wutrede jetzt auch noch unter vier Augen mit ihr fortsetzen? Im Büro bot Hofmann Bea Steinhaus einen Platz an. Er setzte sich ihr gegenüber.
„Frau Steinhaus", setzte er an, „ich möchte mich bei Ihnen entschuldigen für mein Verhalten vorhin. Ich bin weit über das Ziel hinaus geschossen. Ich hätte Sie nicht so vor allen anderen anreden dürfen. Das ist mir leider erst im Nachhinein klar geworden. Ich weiß, dass Sie erst seit kurzem wieder im Beruf sind", fuhr er fort, „dass vieles für Sie natürlich erst wieder erarbeitet werden muss. Es hat mich zwar geärgert, dass Sie zu spät kamen, aber ich hätte sie nicht in der Weise kritisieren dürfen. Das tut mir aufrichtig leid und ich hoffe, dass Sie meine Entschuldigung annehmen können. Ich weiß auch nicht, welche Laus mir über die Leber gelaufen ist."
„Ja, das hat mich schon sehr getroffen. Ich bemühe mich wirklich, meinen Job so gut wie möglich zu machen", sagte Bea Steinhaus und dabei brach sie in Tränen aus.
„Das glaube ich Ihnen. Wie gesagt, es tut mir sehr leid. Ich werde mich daher auch in aller Form bei ihnen noch bei unserem nächsten Meeting entschuldigen. Ich glaube, das bin ich Ihnen schuldig."
„Danke", sagte Frau Steinhaus und schneuzte in ihr Taschentuch.

Herr Hofmann macht einen wichtigen Schritt zur Wiedergutmachung seines Verhaltens. Er entschuldigt sich. Entschuldigungen spielen eine große Rolle bei der Wiederherstellung einer Beziehung, die dadurch gelitten hat, dass jemand eine moralische Hyperregel verletzte. Entschuldigungen entwickeln dabei eine ganz seltsame Kraft. Wenn die Entschuldigung nämlich ehrlich ist, dann kann sie zu Verzeihen oder Vergeben führen. Durch eine Entschuldigung begibt man sich gewissermaßen in die Hände des Geschädigten. Er kann jetzt verzeihen oder auch nicht. Die Entscheidung liegt bei ihm. Damit eine Entschuldigung aber wirklich funktioniert, muss sie gewissen Bedingungen genügen:

- Es muss echte Reue spürbar sein. Man muss das Gefühl haben können, dass die Reue über das eigene Fehlverhalten echt und aufrichtig ist. Man muss zum Beispiel fühlen können, dass sich der Entschuldigende tatsächlich schämt.

- Sie muss eine Anerkennung der eigenen Schuld bzw. Verantwortung beinhalten, dass jemand zu Unrecht etwas angetan wurde. Es muss anerkannt werden, dass tatsächlich eine Regel verletzt wurde. Es reicht nicht nur zu formulieren: „Es tut mir leid, wenn Sie das Gefühl haben, dass Ihnen Unrecht getan wurde." Denn diese Formulierung umschifft ausdrücklich die Tatsache, dass – objektiv gesehen – etwas Falsches getan wurde.
- Die Entschuldigung muss konkret sein und nicht nur allgemein. Also nicht: „Wenn ich irgendetwas falsch gemacht haben sollte, dann möchte ich mich dafür entschuldigen." Diese Formulierung tut so, als wüsste man nicht, wofür man sich entschuldigen soll.
- Wenn ich Fehler gemacht habe, muss ich diese konkret und offen benennen und zwar in ihrer ganzen Schärfe und Wucht. Die Fehler dürfen nicht scheibchenweise und abgeschwächt genannt werden. „Natürlich enthält meine Arbeit gewisse handwerkliche Fehler ..."
- Man muss dem anderen auch Zeit geben, einen zu kritisieren. Es braucht Zeit zur Aufarbeitung. Der Geschädigte muss die Chance haben, erläutern zu können, wie sehr ihn die Verhaltensweise getroffen hat.
- Man muss die Verantwortung übernehmen, auch für mögliche Sanktionen gegen sich selbst (zum Beispiel ein Rücktritt), und man kann versuchen zu erklären, warum es zu dem Verhalten gekommen ist. Eine Entschuldigung kann außerdem eine reale Kompensation für die vergangene Tat beinhalten und man kann in Aussicht stellen, wie man sich in Zukunft verhalten wird. Rituelle Entschuldigungen allein sind nämlich oft nicht ausreichend. Wenn Torsten sich unter Tränen dafür entschuldigt, dass er einen Kratzer in dem Fahrzeug verursacht hat und um Verzeihung bittet, ansonsten aber in sein eigenes Autos steigt und davonfährt, ist die Entschuldigung gegenstandslos und nicht ausreichend.

Herrn Hofmanns Entschuldigung erfüllt einige der Elemente einer Entschuldigung, die wir oben aufgeführt haben. Er zeigt sich reuig und spricht konkret an, was er falsch gemacht hat. Zudem bietet er als Kompensation an, sich noch einmal öffentlich zu entschuldigen. Das dient dazu, Frau Steinhaus' Gesicht wiederherzustellen.

Das Geheimnis und die Macht des Entschuldigens liegen darin, dass es zu tun versucht, was eigentlich unmöglich ist, nämlich ein Ereignis oder eine Handlung ungeschehen zu machen. Ich möchte im Folgenden eine kleine Liste von Fragen zusammenstellen, die Sie sich beantworten können, wenn Sie selbst in die missliche Lage kommen, sich entschuldigen zu müssen. Sie können Ihnen helfen, Ihre Entschuldigung vorzubereiten:

Checkliste: Vorbereitende Fragen zur Entschuldigung
• Welchen Fehler habe ich genau gemacht?
• Warum wurde der Fehler gemacht?
• Wenn ich nicht selbst den Fehler begangen habe, was habe ich dazu beigetragen?
• Wem habe ich dadurch einen Schaden zugefügt?
• Was hätte ich tun können, dass der Schaden vermieden wird?
• Habe ich die Handlung aus Furcht, Angst, Sorge etc. begangen?
• Ist es mir zum ersten Mal passiert oder bereits öfter?
• Tut mir mein Verhalten aufrichtig leid?
• Kann ich es irgendwie wiedergutmachen?

An dieser Stelle möchte ich Ihnen noch eine Geschichte erzählen, die neben einigen anderen interkulturellen Aspekten deswegen so interessant ist, weil sie die Rolle von Entschuldigungen noch einmal verdeutlicht.

Fallbeispiel: Ein Lachen zu viel

Haralds Marketing-Team mit Sitz in Japan hält gerade eine Sitzung ab. Das Thema: Kaizen im Büro. Jeder Mitarbeiter hatte den Auftrag, drei konkrete Vorschläge in die Besprechung mitzubringen, wie man die Kosten im Büro senken könne. Harald stellt wie alle anderen seine Ideen kurz vor. Auch sein Chef, Herr Sakamoto, unterbreitet seine Vorschläge. Er verwendet dabei einige englische Ausdrücke, die ins Japanische übernommen wurden. Harald erkennt diese Ausdrücke erst mit kurzer Verzögerung und muss dann kurz über die eigenwillige japanische Version dieser Ausdrücke lachen.

Die Reaktion des Teams: eisiges Schweigen und Starren auf die Tischplatte. Harald weiß, dass er ins Fettnäpfchen getreten ist. Herr Sakamoto bittet Harald um eine Erklärung für seine Reaktion. Harald denkt sich, dass ehrlich am längsten währt, und sagt spontan die Wahrheit. Es folgt eisiges Schweigen; wieder starren alle auf die Tischplatte. Eine Woche danach, spricht Herr Hashimoto, ein Kollege, Harald direkt an: Sein Verhalten bei der Besprechung sei ein „absolutes Unding" gewesen.

Wie erklären Sie sich diese für unser Verständnis sehr überraschende „Überreaktion“?

Gerade in Asien spielen Entschuldigungen eine ganz wesentliche Rolle in der Wiederherstellung von Beziehungen. Natürlich war es ein eklatanter Fauxpas von Harald, über die eigenwillige Aussprache der ins Japanische übernommenen englischen Ausdrücke zu lachen. Er erklärte, warum er darüber lachen musste, aber lieferte keine adäquate Entschuldigung für sein Verhalten. Für die Japaner besitzt Harald damit kein ausreichendes moralisches Gespür. Herr Hashimoto kommt wahrscheinlich nicht aus Eigeninitiative auf Harald zu: Er möchte Harald vermutlich die letzte Gelegenheit geben, durch eine Entschuldigung seinen Fehler gutzumachen. Aber wie alle Europäer ist Harald in seiner sozialen Kompetenz recht zurückgeblieben und merkt das nicht!

Kooperationsregeln

Die Kooperationsregeln, die ich in diesem Kapitel vorstellen werde, sind unerlässlich für eine fruchtbare Zusammenarbeit unter uns Menschen. Wer diese Regeln verletzt, unterminiert die Möglichkeit, mit anderen Menschen gemeinsame Projekte zu verfolgen. Ganz auf sich allein gestellt, kann man nicht wirklich etwas in seinem Leben erreichen. Wir brauchen unsere Mitmenschen dazu.

Wie bindend sind Versprechen?

In Goethes Theaterstück „Iphigenie auf Tauris" erinnert Iphigenie König Thoas an ein Versprechen, das er ihr gegeben hatte. Er hatte ihr nämlich zugesagt, die Insel Tauris, auf der sie gestrandet war, verlassen zu dürfen, falls sich eine günstige Gelegenheit dazu böte. Und als dies tatsächlich eintritt, kommt es zu folgendem kurzen Dialog:

> Iphigenie: Denk' an dein Wort, und laß durch diese Rede
> Aus einem g'raden treuen Munde dich
> Bewegen! Sieh' uns an! Du hast nicht oft
> Zu solcher edeln That Gelegenheit.
> Versagen kannst du's nicht; gewähr es bald.
>
> Thoas: So geht!

Thoas erfüllt also sein Versprechen, Iphigenie und ihren Bruder Orest zurück nach Griechenland gehen zu lassen. Sicherheitshalber hat ihn Iphigenie vorher noch einmal daran erinnert. Etwas widerwillig lässt Thoas sie gehen. Auch wenn es nicht seinem Wunsch entspricht, so fühlt er sich doch an das einmal gegebene Versprechen gebunden. Er erfüllt seine moralische Pflicht, das Versprechen, sein gegebenes Wort zu halten.

Versprechen treten in verschiedenen Varianten auf. Sie begegnen uns unter anderem als Eide, Schwüre, Verträge, Vereinbarungen. Sie haben eine stark bindende, normative Kraft. Hat man einmal ein Versprechen gegeben, übt es eine Art Zwang aus, es auch zu erfüllen. Seine Versprechen zu halten, gilt als ein wichtiges moralisches Prinzip. Dieses Prinzip können wir wieder in Form einer Prima-facie-Hyperregel formulieren:

! Man soll seine Versprechen halten.

Die Regel, seine Versprechen zu halten, ist unsere erste Regel aus der Gruppe der Kooperationsregeln. Sie ist in einem ganz speziellen Sinne fundamental, denn sie ermöglicht, dass menschliche Kooperation überhaupt zustande kommt. Sie ist gleichfalls die logische Basis des Vertrauensaufbaus. Das werden wir später noch etwas genauer unter die Lupe nehmen.

Der Akt des Versprechens führt zu einer speziellen Verpflichtung. Im Unterschied zu unseren vorangegangenen Regeln sind bei der Versprechensregel nur bestimmte Situationen und eine bestimmte Person oder Personengruppe betroffen. Der Ehemann verspricht seiner Frau, bald mit ihr in Urlaub zu fahren. Der Geschäftsmann verspricht seinem Kunden, die bestellte Ware bis Ende nächster Woche zu liefern. Der Sohn verspricht seiner Mutter, sich wieder mehr um die Schule zu kümmern. In all diesen Beispielen werden Versprechen gegenüber bestimmten Personen geäußert. Die Verpflichtung, die Einhaltung der Versprechensregel, gilt also nur ihnen gegenüber. Interessanterweise gehört sie außerdem zu den wenigen Regeln, die positiv ausgedrückt wird und nicht negativ. Sie sind als Gebot und nicht als Verbot formuliert.

Um etwas zu versprechen, muss man nicht unbedingt den Ausdruck „ich verspreche“ benutzen. Versprechen kann man auf verschiedene Art und Weise formulieren. Gewisse Bedingungen müssen aber erfüllt sein, damit ein Versprechen zustande kommt. Dazu gehören:

1. Bei einem Versprechen verpflichtet man sich zu einer bestimmten zukünftigen Handlung (Ich werde das bis nächste Woche überweisen) oder auch Nicht-Handlung (Ich verspreche, nichts davon zu erzählen). Ein Versprechen richtet sich auf die Zukunft.
2. Wenn ich etwas verspreche, dann verpflichte *ich mich* dazu, etwas zu tun. Ich kann meine Versprechen nicht von anderen ausführen lassen, höchstens in dem Sinne, dass ich mich darum kümmern werde, dass jemand etwas tut.
3. Versprechen zeichnen sich dadurch aus, dass ich etwas unternehmen werde, was im Interesse der Person liegt, der ich etwas verspreche. „Ich verspreche Ihnen, dass ich Ihnen die Hölle heiß mache” ist deshalb kein Versprechen, sondern eine Drohung. Etwas zu versprechen, was der andere nicht will, ist sinnlos. Als Versprechender muss ich darüber hinaus glauben, dass der Inhalt des Ver-

sprechens für die andere Person sinnvoll ist. Mein Versprechen greift also einen Wunsch oder ein Anliegen der Person auf, der ich etwas verspreche.

4. Ein Versprechen ist auch dann sinnlos, wenn ich den Inhalt des Versprechens ohnehin ausgeführt hätte und die Handlung im normalen Verlauf der Ereignisse liegt. Zum Beispiel Max. Er steht kurz vor dem Abschluss seiner Prüfung und eines Morgens sagt er zu seiner Mutter: „Was ich dir noch sagen wollte: Ich verspreche dir, die Prüfung zu machen." Eine solche Äußerung würde bei der Mutter wahrscheinlich plötzliche Zweifel wecken: Ist irgendetwas nicht in Ordnung? Warum sagt er so etwas? Das weiß ich doch, dass er die Prüfung machen wird. Oder hat er es vielleicht doch nicht vor? Ein anderes Beispiel: „Chef, ich verspreche Ihnen, morgen zur Arbeit zu kommen." Bei einer solchen Äußerung aus heiterem Himmel würden Sie wahrscheinlich ein Stirnrunzeln ernten. Die Äußerung impliziert nämlich, dass es Grund zur Annahme gab, Sie wollten am nächsten Tag nicht am Arbeitsplatz auftauchen.
5. Ich habe die Absicht, mich mit meinem Versprechen zu der Handlung zu verpflichten. Dieser Verpflichtungscharakter ist das Markenzeichen eines Versprechens. Auch wenn mir Nachteile daraus entstehen, wird das Versprechen für mich bindend sein.
6. Wenn ich ein Versprechen äußere, dann glaubt die Person, der ich etwas versprochen habe, dass ich die Handlung ausführe. Sie verlässt sich darauf.

Und wenn etwas dazwischenkommt?

Wenn wir mit unseren Versprechen in ein moralisches Dilemma geraten, dann meist deswegen, weil wir im Moment des Versprechens noch nicht wissen konnten, dass die Welt vielleicht ganz anders aussieht, wenn der Zeitpunkt gekommen ist, es auch einzuhalten. Wie steht es um unsere Verpflichtung, wenn etwas dazwischenkommt?

Fallbeispiel: Der Umzug

Erich hat Martin angeboten, ihm bei seinem anstehenden Umzug in zwei Wochen zu helfen. Martin nahm das Angebot gerne an. Zwei weitere Freunde wollten noch mit von der Partie sein. Einige Tage später erfährt Erich, dass er an dem besagten Umzugstag Karten für ein Fußballspiel seiner Lieblingsmannschaft bekommt. Zu gern würde Erich das Spiel sehen. Er weiß nicht, wann die nächste Gelegenheit kommen wird, ein Spiel seines Teams live mitzuerleben. Erich überlegt, dass immer noch die beiden anderen Freunde da sind, auch wenn er Martin beim Umzug nicht hilft. Zu dritt werden sie die Sache sicher stemmen. Mit einer Ausrede sagt er Martin einen Tag vor dem Umzug ab. Dabei erfährt er im Telefonat, dass auch die beiden anderen Freunde nicht kommen können. Einer ist krank geworden und dem anderen schien etwas dazwischengekommen zu sein. Erich drückt ein schlechtes Gewissen.

Erich drückt das schlechte Gewissen zu Recht. Er hatte Martin ein Versprechen gegeben, das er zum einen nicht gehalten hat und zum anderen hat er Martin nicht die Wahrheit gesagt, sondern eine Ausrede benutzt, um seinen Wunsch verwirklichen zu können. Erich hat also gegen zwei Regeln verstoßen. Das Beispiel zeigt, dass das, was unseren Zusagen oder Versprechen oft in die Quere kommt, unsere anderen, persönlichen Interessen sind, denen wir bisweilen Vorrang geben. Und so kommt es zu einem Bruch des Versprechens.

Wie hätte Erich vorgehen sollen? Er hätte in diesem Fall lieber offen und ehrlich mit Martin sprechen sollen und ihn bitten, ihn von seinem Versprechen zu entbinden. Martin hätte wahrscheinlich eingesehen, dass sich die Chance, live im Stadion ein Spiel der Lieblingsmannschaft zu sehen, nicht so oft bietet. Wenn eine Angelegenheit wichtig genug ist, dann wird einen die Person, der etwas versprochen wurde, bestimmt auch von dem Versprechen entbinden, wenn sie darum gebeten wird. Auf diese Weise hätte Erich kein Versprechen gebrochen und er hätte Martin auch nicht anlügen müssen. Außerdem wäre dadurch Martin die Möglichkeit gegeben worden, sich noch nach einem geeigneten Ersatzmann für Erich umzusehen. So wie die Dinge jetzt liegen, wurde Martin dreifach ein „Opfer“: Ein Versprechen wurde ihm gegenüber nicht gehalten, er wurde belogen und ihm fehlt Hilfe am Umzugstag. Dies weist auf einen weiteren wichtigen Aspekt hin.

Oft denken wir, dass es nicht so schlimm sei, eine Zusage nicht einzuhalten. Und wir begründen das, wie in Erichs Fall, damit, dass die Konsequenzen nicht sehr negativ ausfallen. „Immerhin kommen ja die beiden anderen Freunde noch, um Martin zu helfen. Das wird meinen Ausfall kompensieren.“ Dazu ist Folgendes zu sagen: Selbst wenn das Nichteinhalten meiner Zusage nur schwache negative Konsequenzen hat, rechtfertigt dies nicht, dass die Zusage nicht eingehalten wird. Denn immerhin hat es negative, wenn auch vielleicht nur schwache Konsequenzen. Und zweitens kann es passieren, dass mein Nichteinhalten des Versprechens eben doch starke Konsequenzen nach sich zieht, weil es keine anderen Personen gibt, die das Ganze kompensieren. Der Gedanke „Die kriegen das schon hin“ ist oft pure Bequemlichkeit und Schlamperei. Wir haben dann schnell Situationen, in der sich jeder auf den anderen mit unguten Folgen verlässt.

Was soll Erich jetzt tun? Die moralisch richtige Handlung scheint mir zu sein, nicht zum Fußballspiel zu gehen und seinem Freund doch noch bei seinem Umzug zu helfen.

Fallbeispiel: Das Buchprojekt

Kathrin und Claudia arbeiten gemeinsam an einem Buchprojekt zum Thema Leadership. Sie haben sich die Arbeit nach Interessenschwerpunkten aufgeteilt. Alle drei Wochen wollen sie sich treffen, um die Fortschritte zu überprüfen und die geschriebenen Texte gemeinsam zu redigieren. Bei ihrem ersten Treffen stellt sich heraus, dass Claudia nur ein paar Stichpunkte verfasst hat, während Kathrin bereits ein komplettes Kapitel vorlegen kann. Claudia begründet ihr mageres Material damit, dass sie im Job gerade so viel zu tun hatte. Sie verspricht aber, bis zu ihrem nächsten Treffen auch ihr erstes Kapitel dabei zu haben. Doch auch bei ihrem zweiten Meeting kann Kathrin noch nichts vorweisen.

„Ich habe mich in den letzten Wochen einfach nicht so gefühlt", klagte Kathrin.
„Was heißt, du hast dich nicht so gefühlt?", fragte Claudia.
„Mir ging es einfach nicht so gut. Hatte keine Energie und so, das wirst du bestimmt verstehen."
„Du hattest aber versprochen, dass ..."
„Ich sagte doch, dass ich mich nicht so gut gefühlt habe ...", fiel Kathrin Claudia ins Wort.
„Du weißt, dass wir einen Abgabetermin haben ..."
„Mit dem Verlag kann man immer reden, auf die eine oder andere Woche kommt es da nicht an."
„Das sehe ich nicht so."
„Also, ich weiß nicht, warum du so zwänglerisch bist. Um zu schreiben, muss man in der richtigen Stimmung sein. Du willst doch auch ein gutes Ergebnis."
„Ich muss mich auch zum Schreiben zwingen. Das geht auch für mich nicht von selbst", reagierte Claudia.
„Das merkt man deinem letzten Text auch an", konterte Kathrin schnippisch.

Bevor das Gespräch weiter eskaliert, verlassen wir die beiden lieber. Was ich an dieser Stelle fragen möchte: Hatte Claudia einen guten, rechtfertigenden Grund, sich nicht an ihr Versprechen zu halten? Wie Sie ja wissen, haben unsere Regeln Prima-facie-Charakter. Sie lassen Ausnahmen zu, wenn es dafür eine gute, nachvollziehbare Rechtfertigung gibt. Hat Kathrin eine solche Rechtfertigung? Sie führt an, dass sie sich nicht gut gefühlt hat. Ist das ein ausreichender Grund, ihr Versprechen nicht zu halten? Es klingt eher wie eine Ausflucht. Verständlich, dass Claudia diesen Grund nicht so einfach akzeptieren möchte. Sie betont ja auch selbst, dass sie manchmal auch etwas gegen ihre Neigungen tun muss, um sich an ihr Versprechen zu halten. Und warum macht Claudia das? Einfach deshalb, weil sie es als ihre Pflicht sieht.

Claudias Einstellung würde Immanuel Kant gefallen. Sie tut etwas, obwohl sie keinen Wunsch dazu verspürt, sie muss sich selbst überwinden. Echte moralische Handlungen zeichnen sich dadurch aus, dass man eine Norm einhalten möchte und nicht seinen aufkommenden Wünschen, Neigungen, Vorlieben und Stimmungen nachgibt. Claudia hat in dieser Hinsicht offenbar einen starken moralischen Charakter. Sie hat den Willen, ihre Zusagen einzuhalten.

Am Ende des Dialogs macht Kathrin noch eine sehr böse Bemerkung. Das ist wahrscheinlich damit zu erklären, dass sie genau weiß, dass sie sich falsch verhalten hat und nun versucht, einen Schwachpunkt bei Claudia aufzudecken. Personen, die sich moralisch vorbildlich verhalten, stoßen bei anderen Personen hin und wieder auf Widerstand. Sie beweisen ihre moralische Überlegenheit und führen dem anderen damit seine Schwäche vor Augen. Das ist nicht leicht zu ertragen. Der Ärger, den man eigentlich über sich selbst empfindet, wird auf den anderen übertragen. Das ist der Grund, weswegen man versucht, gegen Personen zu schießen, die sich nichts haben zuschulden kommen lassen.

In unserem nächsten Fall, der sich in einem Unternehmen ereignet, begegnen wir einem nicht ganz seltenen Phänomen: Manche Vorgesetzte neigen dazu, ihren Mitarbeitern Dinge zu versprechen, nur um die Sache schnell wieder vom Tisch zu haben. Wie lässt sich das vermeiden?

Fallbeispiel: Das Projekt

Max hatte um ein Gespräch bei seinem Chef gebeten. Seit drei Jahren war er im Unternehmen und hat immer wieder verschiedene Marketingprojekte begleitet. Jetzt war es sein Wunsch, einmal die Projektleitung bei einer Produkteinführung zu übernehmen.

„Ich denke, ich habe die letzten Jahre gute Arbeit geleistet. Das zeigen ja auch Ihre Bewertungen", sagte Max selbstbewusst. „Ich würde sehr gern demnächst auch die Projektleitung in einem Projekt übernehmen. Wie Sie ja wissen, habe ich genau vor diesem Hintergrund vor einem halben Jahr

auch noch eine spezielle Ausbildung gemacht. Diese Ausbildung sollte sich auch für das Unternehmen auszahlen."
„Max", sagte Norbert, „ich bin mit Ihrer Arbeit mehr als zufrieden. Ich kann Ihnen versichern, dass Sie bei einem unserer nächsten Projekte entsprechend berücksichtigt werden."
„Kann ich mich darauf verlassen? Das würde für mich einfach noch einmal neue Motivation bedeuten."
„Natürlich, Sie haben mein Wort."

Ein halbes Jahr später war es so weit. NanoClean, ein vielversprechendes neues Reinigungsmittel, sollte auf den Markt kommen. Max machte sich berechtigte Hoffnungen, als Produktmanager die Projektleitung zu übernehmen. Um 16 Uhr erhielt er einen Anruf. Es war Brian, sein Kollege aus den USA.

„Hallo Max, wie geht's?", fragte Brian munter.
„Gut, danke und dir?"
„Fantastisch. Ich habe eine gute Nachricht. Ich werde als Produktmanager NanoClean begleiten. Das habe ich gerade erfahren. Ich wollte dich fragen, ob du Lust hättest, Teil des Teams zu sein? Ich schätze deine Arbeit."
„Du hast die Projektleitung, Brian?"
„Ja, genau."
Eine Stunde später saß Max bei Norbert, seinem Chef.
„Ich habe gerade erfahren, dass Brian die Verantwortung für das neue Produkt haben wird und die Projektleitung übernimmt. Dabei hatten Sie mir versprochen, dass ich die Leitung übernehmen dürfte", echauffierte sich Max.
„Moment, Moment, nun mal nicht so schnell. Ich kann mich nicht erinnern, Ihnen versprochen zu haben NanoClean zu betreuen", wiegelte Norbert ab.
„Aber das ist es, was ich wollte. Auf so eine Chance habe ich gewartet."
„Das kann ich verstehen. Aber wir haben mehrere Mitarbeiter, die auf eine solche Chance warten. Jetzt war eben Brian dran. Sie werden die ihre schon noch bekommen."

Wie bewerten Sie die Geschichte?

a) Max konnte nicht damit rechnen, dass er die Projektleitung für die neue Produkteinführung erhalten wird. Es ist in Unternehmen immer so, dass die Tagespolitik entscheidet, was passiert. Insofern hat sein Chef auch kein Versprechen gebrochen. Max sollte sich einfach in Geduld üben, er wird seine Chance schon erhalten.

b) Norbert hat ein Versprechen gebrochen. Der Ärger von Max ist deshalb berechtigt. Max' Fehler bestand darin, dass er nicht darauf gedrungen hat, das Versprechen zu präzisieren.

Ich glaube, es ist tatsächlich eine wichtige Erkenntnis dieser Geschichte, dass man genau darauf achten sollte, was wirklich versprochen wurde. Eine präzise Formulierung ist entscheidend. Denn sonst können am Ende leicht Missverständnisse entstehen (So war das nicht gemeint.). Das heißt nun aber nicht, dass man sich jedes Versprechen schriftlich geben sollte, obwohl natürlich schriftlich fixierte Zusagen eine noch stärkere Verbindlichkeit aufweisen. Ein zweiter Aspekt ist: Max hat den Fehler gemacht, nicht früh genug an gemachte Versprechen erinnert zu haben. Man sollte nicht immer davon ausgehen, dass der andere schon daran denken wird, was er einem zugesagt hat. Immer wieder einmal nachzuhaken erhöht die Erfolgschancen.

Von der Warte des Versprechenden aus, also von Norberts Seite in unserer kleinen Geschichte, kann man Folgendes aus dem Fall lernen. Das Wichtigste ist die Erkenntnis, dass man tatsächlich nur Dinge versprechen sollte, die man auch wirklich halten kann. Um ein Versprechen halten zu können, muss man genügend Einflussmöglichkeiten besitzen und Kontrolle über die Situation haben. Natürlich haben bei der Besetzung der Projektleiterposition noch andere Personen im Unternehmen ein Wörtchen mitzureden. Es liegt nicht allein in Norberts Macht, hier eine Entscheidung zu treffen. Man sollte sich also ganz bewusst fragen: Habe ich die Autorität, das Versprechen zu halten? Wenn nicht, ist man besser vorsichtig damit, Dinge zu versprechen. Hätte Norbert diese Frage berücksichtigt, hätte er vielleicht nur zugesagt, sich für Max einzusetzen. Norbert ging wahrscheinlich von der Annahme aus, dass dieses erheblich schwächere Versprechen für Max nicht akzeptabel ist. Und so ließ er sich zu der wesentlich stärkeren Zusicherung hinreißen.

Manchmal verspricht man etwas, das man nicht halten kann, in der Hoffnung, dass der Lauf der Dinge es einem irgendwie ermöglicht, den Inhalt des Versprechens zu erfüllen. Im Grunde aber ist diese Vorgehensweise unredlich. Wenn man einmal ein Versprechen gegeben hat, dann ist es wichtig, dass man sich selbst auch an seine Versprechen erinnert. Es ist wichtig, gegebene Versprechen nicht zu übersehen oder gar zu vergessen. Gerade dann, wenn man ein Versprechen nicht zeitnah weiterverfolgt hat, passiert es schon, dass man aus den Augen verliert, was man zugesagt hat. Es geschieht aus Nachlässigkeit und Schlamperei, ist aber im Grunde auch ein Zeichen der Missachtung gegenüber der Person, der man etwas versprochen hat.

Diese Situation kennt gewiss jeder von Ihnen: Wir haben in privatem Kontext etwas versprochen, da kommt eine berufliche Verpflichtung dazwischen. Was tun? Ist es moralisch geboten, dem Beruf immer den Vorrang einzuräumen? Oder handeln wir umgekehrt nur dann moralisch integer, wenn wir auch private Versprechen ernst nehmen? Darauf gibt es sicher keine eindeutige Antwort. Je nach Situation wird man diesen Konflikt anders entscheiden. Wichtig und ganz gewiss die Mühe wert ist es jedoch, sich für diese Frage zu sensibilisieren und die jeweilige Entscheidung gut zu bedenken.

Fallbeispiel: Der freie Tag

„Und morgen schauen wir uns wirklich ein Training an?", fragte der kleine Fritz.
„Natürlich", sagte Bruno und strich seinem Sohn mit der Hand über den Kopf. „Das habe ich doch gesagt. Morgen gehen wir zu dem öffentlichen Training des FC Bayern."

Schon lange hatte der Kleine den Wunsch gehabt, einmal bei einem öffentlichen Training seiner Lieblingsmannschaft dabei zu sein. Auch Bruno freute sich darauf. Es war lange her, dass er zusammen mit Fritz etwas unternehmen konnte. Vor einem Monat hatte er dann Fritz versprochen, in dessen Ferien ein solches Training gemeinsam zu besuchen. Bruno hatte sich am nächsten Tag extra frei genommen, und es war auch die letzte Chance in diesen Ferien, denn am Montag begann die Schule wieder.

Als Bruno später vor seinem Computer im Büro saß, kam überraschend sein Chef herein.
„Hallo Bruno, wir haben ein Problem. Könnten Sie morgen an dem Meeting im Lenkungsteam teilnehmen? Ich weiß, dass Sie frei haben, aber vielleicht könnten Sie sich stattdessen ja nächste Woche frei nehmen. Es wäre ziemlich wichtig."
Bruno wollte schon spontan zusagen, da fiel ihm ein, dass er ja morgen mit seinem Sohn etwas vorhatte. Bruno zögerte.

„Es wäre wirklich wichtig", betonte der Chef noch einmal. „Wir müssen unbedingt jemanden dabei haben, der mit der Materie vertraut ist. Ich selbst habe eine wichtige Kundenpräsentation und Kundentermine haben immer Priorität. Maria ist leider heute krank geworden. Die wird morgen nicht kommen. Bleibt mir nur noch, Sie zu bitten."
Bruno hatte schon mehrmals als Vertreter des Teams an den Lenkungsmeetings teilgenommen. In den meisten Fällen wurde nur der Stand der Dinge besprochen, morgen allerdings sollte über eine Budgeterhöhung gesprochen werden und darüber, wie die neuen Ressourcen zugeteilt werden. Also eigentlich ein sehr wichtiges Meeting.

„Wir könnten ja auch Norbert schicken", schlug Bruno vor.
„Norbert war doch noch nie auf so einem Meeting. Der hat das auch nicht im Kreuz. Wir sollten schon darauf achten, dass unsere Teaminteressen gut vertreten werden. Wie gesagt, nehmen Sie sich nächste Woche dafür frei.

Von mir aus gern zwei Tage. Es wäre wirklich wichtig, dass Sie morgen hier sind."

In der Firma war immer alles wichtig und dringend. Es gab eigentlich keine Phasen mehr, die einmal von etwas Ruhe geprägt waren. Man war immer wie ein Gehetzter.
„Ich kann morgen leider nicht, Chef", sagte Bruno schließlich. „Ich habe morgen eine unaufschiebbare private Angelegenheit."
„Eine private Sache, ist jemand krank?"
„Nein, es ist niemand krank. Ich muss morgen nur unbedingt ein wichtiges Versprechen einlösen."
„Das könnten Sie doch auch bestimmt an einem anderen Tag. Sie wissen, es wird ganz oben genau beobachtet, wie dieses Projekt, an dem wir beteiligt sind, zum Erfolg gebracht wird. Wir sind damit höchst sichtbar im Unternehmen."
„Es geht leider nicht, Chef. Ich kann allerdings anbieten, dass ich Norbert für das morgige Meeting fit mache. Ich glaube, der wird das schon hinkriegen."
„Nun, wie Sie meinen. Aber es ist dann Ihre Verantwortung, wenn wir nicht mit dem richtigen Ergebnis herauskommen. Ich kann Sie nicht zwingen."

Bruno bleibt also dabei, sein Versprechen zu halten. Wie beurteilen Sie seine Entscheidung?

a) Es ist richtig, dass Bruno das Versprechen seinem Sohn gegenüber einhält. Das Meeting ist zwar wichtig, aber nicht so, dass dieses Versprechen gebrochen werden sollte. Später in seinem Leben wird Bruno sich vermutlich darüber ärgern, dass er nicht mehr Zeit mit seinem Kind verbracht hat. Es ist auch bedeutsam, um seinem Sohn zu zeigen, dass sein Vater sich an Versprechen hält. Bruno wirkt dadurch auch als positives Beispiel.

b) Das Unternehmen, für das Bruno arbeitet, ist sein Brötchengeber. Es kann Loyalität seitens der Mitarbeiter erwarten. In wichtigen Situationen sollten Mitarbeiter dann auch dazu bereit sein, private Interessen zurückzustellen. Insbesondere ist hier auch die Loyalität gegenüber dem Team gefragt, mit dem Bruno tagtäglich zusammenarbeitet. Mit Fritz kann er auch an einem anderen Tag etwas unternehmen. Vielleicht kann er dem Jungen ja die Wichtigkeit des Meetings erklären, um somit Verständnis bei seinem Sohn zu wecken.

Bruno hat natürlich eine Loyalität seinem Arbeitgeber gegenüber und er möchte auch gern sein Team unterstützen. Aber er fühlt sich durch sein Versprechen seinem Sohn gegenüber so gebunden, dass er die

Bitte seines Chefs ablehnt. Wahrscheinlich wären viele auf die Bitte eingegangen mit dem Preis, das Versprechen nicht zu erfüllen. Der Ärger, den man im Betrieb haben könnte, ist wahrscheinlich größer als der Ärger, den man mit seinem Sohn hat. Den könnte man schon irgendwie vertrösten. Es wäre vermutlich der bequemere Weg, das Versprechen nicht zu erfüllen.

Bruno versucht die Wichtigkeit des Anliegens seines Chefs einzuschätzen. Das Meeting ist zwar bedeutsam, aber die Arbeit im Unternehmen wird deshalb nicht stillstehen. Und wenn Bruno überlegt, was ihm wirklich wichtig ist in seinem Leben, wird er es später wahrscheinlich eher bedauern, dass er mit seinem Sohn keine gemeinsame Zeit verbracht und außerdem ein Versprechen gebrochen hat, um stattdessen an einem Meeting des Steering Committees teilzunehmen. Das Versprechen, das er seinem Sohn gegeben hat, besitzt für Bruno Priorität. Das verdient Anerkennung auch deswegen, weil er seinem Sohn damit ein gutes Beispiel gibt. Am meisten lernen Kinder wahrscheinlich von guten moralischen Vorbildern. Wenn sie erleben, wie jemand sich an seine Zusagen hält, wie er versucht fair und gerecht zu sein, können sie selbst für ihr Leben daraus etwas entnehmen.

Interessant wäre der Fall, wenn er in Japan spielen würde. Dort bestünde eine hohe Wahrscheinlichkeit, dass sich der Vater für die Bedürfnisse der Firma entscheidet. Die Bedürfnisse des Unternehmens, zu dem man sich loyal verbunden fühlt, hat meistens Priorität gegenüber den Bedürfnissen des Einzelnen oder seiner Familie. Das zeigt, dass zwar Werte gleich sein mögen, in verschiedenen Kulturen aber unterschiedliche Prioritäten gesetzt werden.

Was sind die Gründe dafür, dass Versprechen nicht gehalten werden? Hier eine kleine Liste möglicher Gründe:

- Man hat von Anfang an nicht die echte Absicht, das Versprechen zu halten. Man möchte vielleicht nur ein unliebsames Thema vom Tisch haben und betrachtet ein falsches Versprechen als bestes Mittel dazu.
- Nachlässigkeit und keine echte Sorge um die Erfüllung des Versprechens führen dazu, dass das Versprechen nicht ernst genommen wird und am Ende gar in Vergessenheit gerät.
- Man macht zu viele Versprechen und verzettelt sich. Da man zu viele Zusagen und Versprechen gegeben hat, reichen weder Zeit noch Energie, alle Versprechen zu halten. Beispiel: Unser Parkettle-

ger hat seit drei Monaten wöchentlich versprochen vorbeizukommen, um einen Fehler auszubessern. Passiert ist bis heute nichts. So viel ich nun erfahren habe, sind es einfach zu viele Zusagen, die er gemacht hat und wegen ihrer schieren Quantität nicht einhalten kann.

- Man hat nicht genügend Macht, das Ergebnis bzw. den Inhalt des Versprechens herbeizuführen. Möglicherweise hat man sich mit dem Versprechen einfach zu weit aus dem Fenster gelehnt und jetzt entdeckt man, dass man nicht alle Einflussfaktoren kontrollieren kann.
- Man hat ein Versprechen gegeben, aber ändert plötzlich seine Meinung. Nun hält man das Versprechen nicht mehr für so wichtig, vielleicht bereut man auch, überhaupt ein Versprechen gegeben zu haben.
- Ein anderes Thema, dem man sich stärker verpflichtet fühlt, wird wichtiger und gewinnt Priorität gegenüber dem Versprechen. Das Versprechen wird nur noch als nachrangig betrachtet.

Vor dem Hintergrund dieser Liste, kann man an sich selbst ein paar Fragen richten, bevor man jemandem ein Versprechen gibt. So verhindert man möglicherweise, dass man in eine Situation gerät, ein Versprechen brechen zu müssen.

- Bin ich wirklich gewillt, das Versprechen zu halten?
- Kann ich das Versprechen überhaupt erfüllen?
- Besitzt die Sache genügend Priorität für mich?
- Besteht die Gefahr, dass ich meine Meinung ändere?
- Weiß ich überhaupt, was ich verspreche? (Dies ist einer der entscheidenden Fehler in unserer Petersen-Geschichte zu Beginn des Buches. Petersen hat gewissermaßen ein Blankoversprechen gegeben, nämlich zu schweigen, ohne zu wissen worüber.)

Die Logik des Vertrauens

Die Regel, dass man seine Versprechen halten soll, spielt eine wichtige Rolle beim Aufbau von Vertrauen und Kooperation. Dies kann man sich klarmachen, wenn man eine Situation betrachtet, in der es kein persönliches Vertrauen aufgrund der Rahmenbedingungen gibt. Ich denke an Situationen, die man in der Literatur als Gefangenendilemma bezeichnet. Hierzu ein kleines Beispiel, das die Struktur eines Gefangenendilemmas aufzeigt:

Fallbeispiel: Reden oder schweigen?

Max und Moritz werden beschuldigt, Eier aus dem Hühnerstall gestohlen zu haben. Lehrer Hampel macht jedem Einzelnen von ihnen nun folgendes Angebot.
„Entweder du gestehst deine Tat oder du schweigst. Wenn du allerdings schweigst und der andere gesteht, dann tritt unsere spezielle Kronzeugenregelung in Kraft. Das heißt, der Geständige kriegt eine Stunde Hausarrest, während du für eine Woche in den Keller gesperrt wirst. Das Gleiche gilt natürlich auch, wenn du gestehst und der andere schweigt. Wenn jeder von euch gesteht, werdet ihr beide drei Tage im Keller landen. Wenn ihr beide aber schweigen solltet, dann bekommt ihr vier Stunden Hausarrest, weil ihr immer so frech seid."

Individuell betrachtet ist für jeden Einzelnen das beste Ergebnis, wenn er gesteht und der andere schweigt. Wenn er selbst schweigt, geht er das Risiko ein, dass der andere gesteht und er somit eine Woche in den Keller gesperrt wird. Für beide wäre die beste Variante, dass sie schweigen. Denn dann würden sie mit einem moderaten Hausarrest davonkommen. Moritz fragt sich jedoch: „Kann ich mich in der Hinsicht auf Max verlassen?" Und Max fragt sich: „Kann ich mich in der Hinsicht auf Moritz verlassen?"

Das Gefangenendilemma beschreibt Situationen, die von mangelndem Vertrauen oder Misstrauen geprägt sind. Da alle misstrauisch sind, wagt aus Angst, am Ende mit dem schlechtesten Ergebnis dazustehen, keiner die kooperative Variante zu wählen (hier: nicht gestehen und schweigen). Hierzu eine aus dem prallen Leben gegriffene Geschichte.

Fallbeispiel: Der cholerische Chef

Ein Team möchte gern seinem Chef sagen, dass sein Verhalten manchmal kontraproduktiv ist und seine cholerischen Anfälle bei einigen eher Furcht als Motivation verbreiten. David wird auserkoren, beim nächsten Meeting dazu Feedback zu geben. David besteht darauf, dass ihn alle anderen dabei unterstützen. Jeder stimmt zu. Auf dem Meeting selbst wird David aber hängen gelassen und der Chef schießt sich auf ihn ein.

Merkmale von Misstrauenssituationen aus unserem Alltag sind:

- Es gibt nur eine gestörte oder gar keine Kommunikation. Man hält sich bedeckt, weil man ja nicht weiß, wie der andere Informationen weiter verwendet.
- Man ist auf seinen eigenen Vorteil bedacht, die Interessen der anderen werden nicht berücksichtigt.

- Es kommt zu Gruppenbildungen und Polarisierungen (die bösen anderen).
- Es findet eher ein Gegeneinander als ein Miteinander statt.
- Man ist in ständiger Hab-Acht-Haltung, was hohe Aufmerksamkeit für die Verhaltensweisen der anderen erfordert.
- Es kommt zu häufigen Konflikten ohne Lösung.

Wie kommt man aus solchen Misstrauenssituationen heraus? Das ist die Frage, die uns interessiert. David Hume gibt dazu eine Antwort. Er schildert das Beispiel, dass zwei Bauern sich gegenseitig helfen wollen, ihre Ernte einzufahren. Einer der Bauern wird beginnen müssen, dem anderen zu helfen. Es besteht das Risiko, dass, nachdem Bauer 1 die Ernte mithilfe von Bauer 2 eingebracht hat, Bauer 2 nun seinerseits nicht hilft. In diesem Fall hat Bauer 1 Bauer 2 ausgenutzt. Damit dies nicht passiert, treffen beide eine Vereinbarung, ein gegenseitiges Versprechen. Wenn beide sich daran halten, wissen sie, dass die Zusammenarbeit mit dem anderen gut klappt. Das wird die Basis für zukünftige Kooperationen legen. Im Laufe der Zeit wissen sie, dass sie sich aufeinander verlassen können. Man vertraut sich. Grundlage für dieses Vertrauen ist eine Vereinbarung. Dies ist einer der ganz zentralen Gründe, warum Vereinbarungen bzw. Versprechen bei der Zusammenarbeit eine so wesentliche Rolle spielen.

Gerade für Teamleiter und Führungskräfte ist es wichtig, die Logik des Vertrauensaufbaus zu kennen und zu beherzigen. Zu verstehen, dass präzise Vereinbarungen die Basis für Kooperation darstellen, ist ein erster wichtiger Schritt für den Aufbau einer vertrauensvollen Atmosphäre in einem Team. Ein Teamleiter wird deshalb stets akribisch auf präzise Vereinbarungen mit seinen Teammitgliedern hinarbeiten. Der erste, der sich dabei an die Vereinbarung hält, indem er Vertrauensvorschuss gibt, ist die Führungskraft selbst. Sie geht mit gutem Beispiel voran und macht den ersten Schritt. Für die Führungskraft ist dies auch deswegen leichter, weil sie sich aufgrund ihrer Sanktionsmacht besser schützen kann, falls sie ausgenutzt würde. Wenn sich die Mitarbeiter auch an ihren Teil der Vereinbarung halten, dann ist die Welt in Ordnung. Man beginnt, sich aufeinander zu verlassen. Sollte der Mitarbeiter seinen Teil der Vereinbarung nicht einhalten, ist seitens der Führungskraft dosierter Machteinsatz gefragt. Sie wird mit einem Klärungsgespräch beginnen, dann mit Feedbackgesprächen und Konfliktgesprächen versuchen einzugreifen und schließlich Sanktionen aussprechen, falls Vereinbarungen partout nicht eingehalten werden.

Haben Lügen kurze Beine?

> Die Lüge ist in der Welt. Sie ist in uns und um uns. Man kann die Augen nicht vor ihr verschließen.

Diese Worte bilden den Anfang von Harald Weinrichs Buch „Linguistik der Lüge“, mit dem er 1965 die Preisfrage der deutschen Akademie für Sprache und Dichtung „Kann Sprache die Gedanken verbergen“ gewann. Wie richtig er mit diesen Aussagen liegt, macht eine psychologische Untersuchung aus den 1990er Jahren von Epstein, de Paulo et al. deutlich. In zwei Studien wurden mehr als 140 Testpersonen gebeten, eine Art Lügentagebuch zu führen. Die Probanden sollten darin notieren, wenn sie eine Lüge gebrauchten (und unter welchen Umständen). Das Ergebnis ist faszinierend: Zu lügen ist scheinbar ein ganz normaler Bestandteil des sozialen Austausches unter uns Menschen. Die Testpersonen der ersten Studie berichteten, dass sie in jeder dritten sozialen Interaktion logen, die Testpersonen der zweiten Studie, dass sie in jeder fünften Interaktion zu einer Lüge griffen. Die Teilnehmer schätzten sich als ziemlich erfolgreich im Lügen ein, das heißt, sie glaubten in den meisten Fällen unentdeckt davonzukommen. Außerdem waren die meisten davon überzeugt, dass sie weniger logen als andere Personen in ihrer Altersklasse. Im Durchschnitt wurden in Studie 1 zwei Lügen pro Tag gezählt, in Studie 2 eine Lüge. Interessant ist, dass in Situationen, in denen eine intime oder vertrauensvolle Atmosphäre herrschte und die weitgehend harmonisch war, scheinbar wenig oder gar nicht gelogen wurde.

Was waren die häufigsten Lügeninhalte? Laut Studie benutzte man Lügen besonders dann, wenn man von den eigenen Gefühlen, Handlungen, Plänen und Aufenthaltsorten sowie den eigenen Leistungen und dem eigenen Wissen berichtete. Die meisten Lügen waren also eine Art Selbstbildlügen, sie betrafen in erster Linie die eigene Person. Die Lügen dienten dazu, sich beim Gegenüber in ein positives Licht zu rücken. Die positive Eigenpräsentation war Hauptmotiv für die Lügen. Man wollte schlau, intelligent, sympathisch, zuverlässig usw. erscheinen. Neben dieser großen Gruppe von Selbstbildlügen gab es gewissermaßen altruistische Lügen („Doch, das Kleid steht dir wunderbar.“ „Du hast ein schönes Bild gemalt.“) Das heißt, diese Lügen werden gewissermaßen zum Wohle des Gesprächspartners eingesetzt: Man möchte keine Gefühle verletzen, keine Sorgen oder Schamgefühle hervorrufen.

In beiden Studien stuften die Testpersonen ihre Lügen als nicht gravierend ein. Sie waren mit keinen Gewissensbissen verbunden. Sie waren in der Regel auch nicht geplant. Die meisten fühlten kein Bedauern über ihre Lügen und 70 % gaben an, dass sie in derselben Situation wieder die gleiche Lüge äußern würden.

Die Lüge scheint also ein Alltagsphänomen zu sein. Vielleicht besitzt sie in manchen Situationen sogar eine gewisse soziale Notwendigkeit, fungiert als eine Art soziales Schmiermittel, das unseren Umgang miteinander überhaupt erst erträglich macht. Darüber hinaus verspüren viele offenbar keine Bedenken oder Gewissensbisse, wenn sie zu Selbstlügen oder altruistischen Lügen greifen. Diese Beobachtung beißt sich mit unserer moralischen Intuition, dass Lügen falsch sind. Für Kant etwa gilt radikal, dass jede Lüge verwerflich und verachtenswert ist (besonders dann, wenn wir erklären, dass wir die Wahrheit sagen wollen), sodass damit sogar gegen das Recht der Menschheit gehandelt wird. Zwei Seiten später in seinen Vorlesungen sagt er: *„Die Lüge ist an sich etwas Nichtswürdiges, sie mag gute oder böse Absichten haben, weil es der Form nach böse ist ..., denn durch Lüge kann immer etwas Böses entstehen."*

Obwohl mir Kants Position sehr drastisch erscheint, glaube ich, dass es moralisch falsch ist, andere Personen zu belügen. Auch dann, wenn die Sachlage nicht so eindeutig ist, wie in der folgenden Geschichte.

Fallbeispiel: Das Labor

In einem kleinen Labor in einem Unternehmen der chemischen Industrie sind zwei Laboranten beschäftigt: Herr Humbert und Frau Krone. Die Arbeit hat in den letzten drei Monaten so zugenommen, dass man entschied, zwei zusätzliche Kräfte einzustellen, eine weitere Laborantin und eine Hilfskraft, die bei der Dateneingabe unterstützen und halbtags tätig sein sollte. Im Februar stieß als erste Frau Bernhard als Hilfskraft zum Team. Sie stellte sich als echter Glücksfall heraus, denn sie war einerseits in der Erledigung ihrer Arbeit sehr zuverlässig und andererseits hatte sie sowohl zu Herrn Humbert als auch zu Frau Krone einen hervorragenden, positiven Kontakt. Sie verstand sich blendend mit beiden, was für das Team insgesamt gut war, da man vorher zwar zusammenarbeitete, aber sich ansonsten eher aus dem Weg ging. Denn Herr Humbert und Frau Krone waren sehr unterschiedliche Persönlichkeiten. Durch die Anwesenheit von Frau Bernhard entstand eine positivere Stimmung in der kleinen Gruppe. Im Mai sollte schließlich die dritte Vollzeitlaborantin dazukommen, Frau Hagedorn. Wie sich herausstellte, schien Frau Bernhard von Frau Hagedorn einiges zu wissen. Denn sie klärte Herrn Humbert und Frau Krone darüber auf, dass Frau Hagedorn in einem anderen Betrieb ihre Stelle verloren habe, weil sie aktiv Kolleginnen gemobbt habe. Das versprachen schwierige Zeiten zu werden.

„Oje, da müssen wir uns ja auf etwas einstellen", sagte Frau Krone besorgt. Tatsächlich verschlechterte sich die Atmosphäre im Team mit dem Tag als Frau Hagedorn ihre Stelle antrat. Ja, das gesamte Klima im Team war schlagartig von erheblichem Misstrauen geprägt. Auch gab es plötzlich immer wieder kleinere Reibereien zwischen den Teammitgliedern. Der Teamleiter, Herr Svenson, fand keine vernünftige Erklärung für diesen abrupten Stimmungsabfall. Er entschied, dass ein Teambuilding dem Team gut täte. Man engagierte eine Moderatorin, die einen Teamworkshop ohne Teilnahme von Herrn Svenson durchführen sollte. Die Überlegung war, dass durch die Anwesenheit des Chefs, die Teammitglieder vielleicht nicht mehr offen und ehrlich miteinander reden würden und das war ja genau das Ziel der Veranstaltung.

Erster Agendapunkt auf dem Workshop war, sich gegenseitig einmal ordentlich Feedback zu geben. Dazu wurde ein heißer Stuhl präpariert, auf dem jeder einmal Platz zu nehmen hatte, um sich von seinen Kollegen ein ehrliches ungeschminktes Feedback geben zu lassen. Nachdem keiner freiwillig den Anfang auf dem heißen Stuhl machen wollte, traf das Los Frau Krone. Die erste, die ihr nach einigem Zögern Feedback gab, war Frau Bernhard.

„Also, was ich dir schon mal gern sagen wollte: Du machst manchmal einen unheimlichen Druck, nichts kann dir schnell genug gehen. Und da ich ja auch Reinigungstätigkeiten bei uns im Team verrichte, wollte ich dazu sagen, dass ich das Gefühl habe, dass du mit Absicht oft Flüssigkeiten verschüttest, damit ich so richtig Probleme bekomme, alles sauber zu kriegen. Und dann behandelst du mich oft wie deine persönliche Putze."
In diesem Moment fiel Herr Humbert mit ein: „Und ich möchte sagen, dass du der Liebling des Chefs bist, immer bekommst du die interessanten Laboraufträge, während wir die langweiligen Routinearbeiten abzuwickeln haben."
Herr Humbert hatte kaum geendet, da brach Frau Krone in Tränen aus und lief schluchzend aus dem Raum. Alle Versuche der Moderatorin, sie zur Rückkehr zu bewegen, halfen nichts, der Workshop musste abgebrochen werden.

Von diesem Zeitpunkt an war die Stimmung im Team noch schlechter. Man sprach fast nicht mehr miteinander. Gleichzeitig verbreiteten sich im Betrieb verschiedene Gerüchte, zum Beispiel, dass Herr Humbert zwar oft krank sei, in Wirklichkeit aber mit seinem Cabrio herumfahre. Frau Hagedorn solle ein Verhältnis mit dem Chef haben. Auch im Rest des Betriebes fing man an, das Team argwöhnisch zu beäugen. Zumindest hatten die Labormitarbeiter diesen Eindruck. Denn es kam schon einmal vor, dass sie von anderen Kolleginnen im Betrieb gefragt wurden: „Sagt mal, was macht ihr eigentlich so im Labor?"

Fast ein Jahr nachdem Frau Bernhard neu ins Team gekommen war, kam es zu folgendem Gespräch zwischen Frau Hagedorn und Frau Krone.
„Sag mal, was ich dich fragen wollte, stimmt das, dass du Frau Bernhard den Auftrag gegeben hast, sie solle heimlich nachprüfen, was Herr Humbert eigentlich so mache?", fragte Frau Hagedorn.
„Um Gottes Willen, wie kommst du denn da drauf", antwortete Frau Krone aus allen Wolken fallend.
„Ja, Frau Bernhard hat mir das erzählt."
„Die? Wie kann die so was sagen. Aber was ich dich fragen wollte", fuhr Frau Krone fort, „wer war eigentlich der Mann, der auf der Weihnachtsfeier mit dabei war?"
„Das war mein Ehemann."
„Nein. Das war doch nicht dein Ehemann", sagte Frau Krone ungläubig.
„Doch natürlich, das werde ich doch wohl selbst am besten wissen."
„Dein Ehemann muss doch schon über 70 sein."
„Wie kommst du denn da drauf?"
„Frau Bernhard hat das mal mittags in der Kantine erzählt ..."

Durch diese kleine Konversation zwischen Frau Krone und Frau Hagedorn wurde nach und nach Folgendes zutage gefördert: Frau Bernhard hatte offensichtlich Lügengeschichten über alle anderen Personen erzählt. Über Herrn Humbert wurde erzählt, dass er ständig rassistische Bemerkungen mache, im Grunde nur arbeite, wenn die anderen auch anwesend waren. Frau Hagedorn war keinesfalls wegen einer Mobbinggeschichte entlassen worden. Über sie wurde erzählt, dass sie ein Verhältnis mit dem Chef habe usw. Ich brauche gar nicht alle Punkte aufzuzählen. In einem Teamgespräch ohne Frau Bernhard kam jedenfalls auf, dass viele Lügen über die einzelnen Personen im Umlauf waren. Urheberin dieser Lügen war Frau Bernhard. Dabei war es ihr gelungen, von Anfang an eine gute Beziehung zu jedem einzelnen Teammitglied aufzubauen. Nachdem entdeckt worden war, dass Frau Bernhard eine notorische Lügnerin war – mit krankhaften Zügen – bekam sie eine Abmahnung wegen Störung des Betriebsfriedens. Frau Bernhard selbst stand auf dem Standpunkt, dass sie vielleicht manchmal zu Übertreibungen neige, aber auf keinen Fall bewusst Lügen über andere Menschen verbreite. Außerdem war sie felsenfest überzeugt, dass sie von den anderen systematisch gemobbt wurde.

Welche Lösung gibt es für dieses Team? Das Vertrauen ist in diesem Fall so zerrüttet, dass nur die Möglichkeit existiert, sich von Frau Bernhard zu trennen. Der Vertrauensverlust und der Schaden, der durch das Verhalten von Frau Bernhard angerichtet worden war, sind durch keine Teambuildingmaßnahme zu korrigieren. Interessanterweise hätte sich Frau Bernhard, so äußerte sie sich im persönlichen Gespräch, durchaus vorstellen können, sich noch einmal mit dem Team zusammenzuraufen. Allerdings schlug sie dabei vor, das jeweils in Einzelgesprächen zu bewerkstelligen. Natürlich, nur so konnte sie sicher sein, dass nicht neue Lügengeschichten aufkamen, die bisher vielleicht unentdeckt waren, und nur so konnte sie selbst versuchen, die einzelnen Teammitglieder weiter zu manipulieren. Wie ging es in der Geschichte weiter? Es dauerte fast zwei weitere Jahre, bis man sich schließlich von Frau Bernhard trennte.

Diese Geschichte zeigt, dass wir nicht alle Arten von Lügen für bloße Kavaliersdelikte halten. Im Gegenteil, durch die Lügen, die Frau Bernhard verbreitete, nahmen alle Personen letztendlich Schaden. Ihr Verhalten war deshalb moralisch zu verurteilen, ja vielleicht kann man in ihrem Fall sogar sagen, ihr Verhalten war grundsätzlich böse, da sie mit voller Absicht und systematisch gelogen hat. Sie hat eindeutig gegen die moralische Hyperregel verstoßen:

> Man soll niemanden belügen.

An dieser Stelle könnte die Frage aufkommen, was denn an Lügen überhaupt moralisch bedenklich sei? Abgesehen davon, dass Lügen zu direktem Schaden führen können, wie in unserer letzten Geschichte, kommt verschärfend hinzu, dass Lügen prinzipiell dazu geeignet sind, die Zusammenarbeit zu unterminieren und unmöglich zu machen. Wenn wir an unseren Plänen, Zielen und Projekten arbeiten und dabei auf die Unterstützung anderer Menschen angewiesen sind, dann handeln wir im guten Glauben, dass das, was unsere Mitmenschen uns mitteilen, weitgehend der Wahrheit entspricht und vertrauenswürdig ist. Lügen können dazu führen, dass ich Situationen und Fakten falsch einschätze, was meine Handlungen oder Entscheidungen letzten Endes durchkreuzen kann. Nicht zu lügen, ist daher eine wesentliche Kooperationsregel. Kooperation setzt voraus, dass man anderen vertrauen kann. Eine Lüge zerstört Vertrauen, weil ich mich nicht mehr auf das verlassen kann, was mein Gegenüber sagt. Und wenn es zur allgemeinen Gewohnheit in einer Gesellschaft würde, die anderen Menschen zu belügen, könnte Zusammenarbeit überhaupt nicht in Gang gesetzt werden. Eine solche Gesellschaft wäre vermutlich nicht überlebensfähig. Sich auf die Wahrheit der Aussagen verlassen zu können, ist daher grundsätzliche Basis für ein kooperatives Miteinander.

Es sind jedoch Situationen denkbar, in denen dieses Miteinander durch eine Lüge gefördert werden kann. Dazu folgende kleine Geschichte.

Fallbeispiel: Das Wiedersehen

Manche Zufälle waren so unglaublich, dass man doch eine unsichtbare Hand vermuten musste, die die Geschicke der Menschen lenkte. Dass Felix seine Schwester in einem Supermarkt wiedersah, nachdem sie vor zehn Jahren beim Tod ihres Vaters im Streit auseinander gegangen waren, war ein solch unerhörter Zufall. Die ersten Worte, die man nach so langer Zeit wieder miteinander sprach, waren gequält und umständlich. Aber beiden war anzumerken, dass sie sich im Grunde freuten, sich wiedergefunden zu haben. Laura lud daher ihren Bruder spontan zum Abendessen ein. Als sie am Tisch zusammensaßen, fanden sich schneller Themen, über die man sprechen konnte, als beide befürchtet hatten. Laura hatte etwas zu essen zubereitet. Aber ihre Kochkünste hatten sich in den letzten zehn Jahren leider nicht verbessert.

„Schmeckt es dir?", fragte sie. „Ich habe das Fleisch extra noch bei unserem Biometzger gekauft."

Nein, es schmeckte nicht. Das Fleisch war zäh und faserig, es war viel zu lang gebraten, sodass man eine Säge gebraucht hätte, um es zu zerteilen. Und gewürzt war es offensichtlich auch nicht. Felix schob einen Bissen in seinen Mund und sagte: „Es schmeckt seht gut, danke. Wunderbares Fleisch."

„Ah, das ist schön. Ich koche nämlich nicht oft, musst du wissen, da bin ich mir immer unsicher ... Schmeckt's dir wirklich?"

„Ja, es schmeckt mir wirklich."

Was Felix sagte, war gelogen. Er hat damit gegen unsere Regel verstoßen. War sein Verhalten somit moralisch falsch? Hätte er seine wahre Meinung sagen sollen? Die meisten werden es für eine verzeihliche Lüge halten, die Felix benutzt hat. Laura hatte sich viel Mühe gegeben, um etwas zuzubereiten. Sie wusste, dass sie keine gute Köchin war, aber es war ihr offenbar ein Anliegen, das Wiedersehen zwischen ihr und ihrem Bruder zu feiern. Es war ein vorsichtiger erster Kontakt, den beide nach vielen Jahren wieder unternommen haben. In dieser Situation zu sagen, dass das Essen nicht schmeckt, kann verletzend sein und vielleicht sogar alte Wunden wieder aufreißen. Felix hatte also gute Gründe, seine wahre Meinung nicht zu äußern. Und sehr wahrscheinlich könnten es in dieser Situation die meisten Menschen zulassen, dass man zu einer Lüge greift.

In vielen sozialen Interaktionen gibt es Höflichkeitsnormen, die den Umgang miteinander erleichtern sollen. Die Kosten, die durch die Verletzung einer Höflichkeitsnorm entstehen, können manchmal höher sein als die moralischen Kosten einer Lüge. Es kann kalt, brutal und vielleicht sogar grausam sein, wenn man die Wahrheit sagt anstelle einer sozialen Lüge. Es gilt allerdings immer zu überlegen, wann die moralische Norm, nicht zu lügen, gegenüber Höflichkeitsnormen überwiegt. Ein Entscheidungskriterium wird mit Sicherheit die Wichtigkeit des Themas sein, das Gegenstand des Gesprächs ist. Außerdem sollte man unterscheiden zwischen Ehrlichkeit und Offenheit. Ehrlichkeit bedeutet, nicht zu lügen, Offenheit bedeutet, zu sagen und zu offenbaren, was man denkt. Man kann ehrlich sein, ohne dass man zu offen sein muss. Nicht alle Gedanken sind für die Öffentlichkeit bestimmt. Oder möchten Sie haargenau wissen, was die anderen Menschen über Sie denken?

Fallbeispiel: Babysitting

„Karin, das ist für dich", sagte Martha und reichte ihrer Tochter den Hörer.

„Ja, hallo, ach Regina, du bist's", hörte Martha Karin sagen. Es schien irgendetwas Wichtiges zu sein, jedenfalls sah Martha wie ihre Tochter die Stirn runzelte und den Kopf schüttelte. Nach einer Weile sagte Karin: „Tut mir leid, Regina, ich kann leider morgen nicht zum Babysitting kommen. Ich habe mit zwei Studienkolleginnen ausgemacht, dass wir uns morgen zusammen auf die Prüfung im nächsten Monat vorbereiten. Okay, du wirst schon jemanden finden."

Karin legte den Hörer auf.

„Ich dachte, ihr trefft euch erst übermorgen für die Prüfungsvorbereitung", sagte Martha.

„Ja, das ist auch richtig. Ich hab' einfach keinen Bock auf's Babysitting und die zwei Kids sind echte Nervensägen."

„Vielleicht solltest du Regina einfach sagen, dass du keine Lust hast. Das wäre jedenfalls ehrlicher als diese Ausrede zu benutzen. Regina war immer eine gute Freundin von dir."

„Ja, aber ich kann ihr doch nicht sagen, dass sie zwei Monster hat. Die ist so stolz auf ihre Kinder."

„Okay, so muss man es auch nicht sagen."

Auch in dieser Geschichte sagt Karin nicht die Wahrheit. Sie lügt ihre gute Freundin an. Zur Begründung führt sie ein durchaus ehrenwertes Motiv an, nämlich Regina nicht verletzen zu wollen. Sie erkauft dies allerdings mit einer Lüge und darauf macht ihre Mutter aufmerksam. Martha spricht darüber hinaus einen sehr wichtigen Punkt an: In manchen Situationen wäre es wahrscheinlich besser, seine ehrliche Meinung zu sagen, anstatt zu lügen. Das Problem ist nämlich, dass man immer wieder in die Situation kommen wird, eine Lüge oder Ausrede zu benutzen. Beim nächsten Anruf von Regina wird sie wahrscheinlich wieder eine Ausrede finden. Es gibt Situationen, wo es zu überlegen gilt, ob die Wahrheit nicht angebrachter wäre, sich selbst gegenüber, aber auch den Personen gegenüber, die man belügt.

Obwohl viele Menschen das durchaus einsehen, macht es ihnen Probleme, ihre ehrliche Meinung zu formulieren. Und das ist oft der entscheidende Knackpunkt. Es ist gar nicht die ehrliche Meinung, die belastend oder verletzend wirkt, vielmehr ist es die Formulierung, die eine Meinung verletzend machen kann. Wenn man ehrlich seine Gefühle oder Schwierigkeiten beschreibt, wird das Gegenüber die eigene Lage durchaus verstehen können. Ein Konflikt ist vorprogrammiert, wenn Karin von den beiden Kindern als „Monster" und „Nervensägen" spricht. Natürlich wird dies Regina verletzen. Wenn Karin aber erklärt, dass sie Schwierigkeiten im Umgang mit den beiden hat und sich beim Babysitting nicht wohl fühlt, sollte das ihre Freundin verstehen. Man sollte auch keine Scheu davor haben, manchmal direkt zu äußern, dass man keine Lust hat. Gute Freunde werden auch das vermutlich akzeptieren.

Es ist also wichtig, sich zu fragen: Habe ich einen wirklich guten Grund für eine Lüge oder sollte ich eher die Wahrheit sagen. Bin ich es der anderen Person vielleicht sogar schuldig, ihr meine ehrliche Meinung zu sagen? Und wenn ich mich entschließe die Wahrheit zu äußern, wie formuliere ich sie am besten, dass sie den anderen nicht verletzt?

Wer möchte, kann ja einmal einen Selbsttest durchführen und über eine Woche schriftlich notieren, unter welchen Umständen er gelogen hat und warum. Vielleicht lernt man etwas Interessantes über sich selbst. Hier ein paar Fragen, die man sich zum Thema Lügen selbst stellen kann:

- Wann habe ich heute gelogen oder nicht die Wahrheit gesagt?
- Warum habe ich gelogen?
- Wollte ich, dass mein Gegenüber ein besseres Bild von mir hat? Oder wollte ich, dass sein Bild von mir nicht zerstört wird?
- Wollte ich die andere Person oder andere beteiligte Personen schützen?
- Habe ich mit gutem Grund gelogen?
- Was wäre passiert, wenn ich meine wahre Meinung geäußert hätte?
- War meine Lüge verzeihbar?
- Würde ich wieder lügen, wenn ich in derselben Situation wäre?
- Hätte ich statt einer Lüge etwas anderes sagen können? Und wenn ja, was?

Wahrheit und Lügen haben auch eine kulturell interessante Dimension. Was in der einen Kultur als Lüge gelten würde, kann in der anderen Kultur als moralisch richtig eingestuft werden. Ein besonders eklatantes Beispiel findet sich in folgender Geschichte.

Fallbeispiel: Die Konferenz

Bei der japanischen Versicherung Saiko stand eine Europakonferenz an. Alle europäischen Niederlassungsleiter sollten zu einem Meeting in London zusammenkommen, um zu besprechen, welches weitere Geschäftsmodell speziell in Europa in das Produktportfolio aufgenommen werden sollte. Zwei Modelle A und B standen zur Debatte. Am Vorabend des Meetings trafen sich Herr Bauer, der deutsche Niederlassungsleiter, und Herr Sato, Niederlassungsleiter in Frankreich, in der Hotelbar des Tagungshotels. Sie sprachen über die Konferenz am nächsten Tag und die beiden Geschäftsmodelle, die zentrales Thema sein würden. Sowohl Herr Bauer als auch Herr Sato waren sich schnell einig, dass Vorschlag B die besten Marktchancen hatte. Daher sollte auch B umgesetzt werden.

Im Meeting am anderen Tag stellte sich heraus, dass einige Teilnehmer A und nicht B favorisierten. Auch der Vizepräsident, Herr Nakamura, der eigens zu der Sitzung aus Tokio angereist war, plädierte für A. In dieser Situation wurde Herr Sato von Herrn Nakamura direkt gefragt, was seine Meinung wäre. Herr Sato sagte folgendes: „Ich denke, dass einiges für A spricht."

Daraufhin warf Herr Bauer Herrn Sato einen giftigen Blick zu und sagte: „Sie meinen Vorschlag B."

Daraufhin Herr Sato: „Ich wollte sagen, dass einiges für A spricht."

Herr Bauer verstand die Welt nicht mehr. Gestern Abend noch hatte Herr Sato im persönlichen Gespräch klar gesagt, dass er B favorisiere und jetzt war er für A. Warum hat Sato ihn am Vorabend angelogen? Wollte er ihn in eine Falle locken?

Wie ist diese Situation zu verstehen? Ich habe diesen Fall einer Gruppe von japanischen Managern vorgelegt und sie gefragt, ob sie den Ärger von Herrn Bauer verstehen könnten. Meine Frage wurde einhellig verneint. Auf meine Feststellung, Herr Bauer wurde aber von Herrn Sato doch angelogen und damit sei sein Verhalten moralisch zu verurteilen, erhielt ich zur Antwort, so dürfe man die Situation keineswegs betrachten. Im Gegenteil: Herr Sato habe sich moralisch einwandfrei, ja sogar vorbildlich verhalten.

Diese Antwort wird vermutlich die meisten Leser überraschen. Worin liegt die unterschiedliche Wahrnehmung der Situation begründet? Es gibt zwei Begriffe, die man kennen muss, um zu verstehen, was genau vor sich geht: den Begriff *Honne* und den Begriff *Tatemae*. *Honne* bezeichnet im Japanischen die wahre, ehrliche Meinung. *Tatemae* bezeichnet die Oberflächen-Meinung. *Tatemae* wird benutzt, wenn man eine gute Atmosphäre, ein gutes Arbeitsklima, allgemein gesprochen, Harmonie aufrecht erhalten möchte. Es gilt, Konflikte zu vermeiden, wenn es mir um eine fruchtbare Zusammenarbeit und Beziehungspflege zu meinen Businesspartnern geht. Zu direkter und starker Widerspruch, zu konfrontative Äußerungen können die Harmonie in der Gruppe beeinträchtigen und damit zu einer Beziehungsstörung führen. Oberstes Gebot ist es, dies auf jeden Fall zu vermeiden. Herr Sato log am Vorabend in der Hotelbar Herrn Bauer keineswegs an, im Gegenteil, Herr Sato äußerte Herrn Bauer gegenüber seine *Honne*-Meinung. Am nächsten Tag aber, als das Meeting in eine unerwartete Richtung lief und Herr Sato zudem direkt vom Vizepräsidenten, der sich ja für A ausgesprochen hatte, nach seiner Meinung gefragt wurde, bezog er keine klare Position für Vorschlag B. Im Gegenteil, für Herrn Bauer sah es danach aus, dass Herr Sato für Vorschlag A eintrat. Doch Vorsicht. Den japanischen Managern, denen ich die Geschichte vorlegte, war sofort die vorsichtige Formulierung von Herrn Sato aufgefallen. „Ich denke, dass einiges für A spricht." Bedeutet dies, dass Herr Sato für Vorschlag A ist? Keineswegs. Die Äußerung ist mit Bedacht gewählt und sie hört sich für geschulte Ohren eher danach an, dass Herr Sato erhebliche Bedenken gegen Vorschlag A hat. In einer Kultur, in der die wahre Meinung manchmal verschleiert wird, um keine Konflikte heraufzubeschwören und harmonische Beziehungen aufrechtzuerhalten, wird oft zu indirekten Kommunikationsmitteln gegriffen. Es bleibt dann dem aufmerksamen Hörer überlassen, die Äußerung richtig zu verstehen.

Zeigt diese Geschichte nun nicht doch, dass moralische Prinzipien oder Regeln kulturrelativ sind? Das zeigt es nicht. Eine Lüge ist auch in Japan eine Lüge. Aber es gibt Kontexte, in denen andere Werte oder Regeln gegenüber der Regel nicht zu lügen Priorität genießen. Das heißt, die Prinzipienrangfolge ist in manchen Kontexten im Vergleich zu westlichen Kulturen verschoben. Es ist entscheidend, Konflikte zu vermeiden, um ein harmonisches Miteinander nicht zu gefährden. Konfliktvermeidung hat deswegen in manchen Situationen Priorität gegenüber dem direkten Nennen der wahren Meinung. Es herrscht also prinzipiell keine andere Moral in Japan, aber es gibt eine andere Sichtweise dazu, was als ein guter Grund gilt, seine wahre Meinung nicht zu äußern.

Hinters Licht geführt

Während es sich im letzten Beispiel letztlich um ein Interpretationsproblem gehandelt hat, wollen wir uns in der folgenden Geschichte näher ansehen, wie es um die moralische Qualität von Täuschungen oder dem Zurückhalten von Informationen steht.

Fallbeispiel: Die neue Wohnung

Alex und Sabine Meier wollen sich eine Wohnung kaufen. Hauptkriterium ist für sie, dass die Wohnung im Stadtzentrum liegt. Alex und Sabine werden tatsächlich fündig. Eine schöne Neubauwohnung, noch im Rohbau, mit Lage zu zwei Innenhöfen. Der Verkäufer erklärt, dass im Haus im Erdgeschoss auch eine Kinderkrippe untergebracht sein wird. Alex und Sabine glauben nicht, dass sie durch eine Krippe sonderlich gestört werden. Sie erkundigen sich noch danach, wie der Innenhof gestaltet wird. Der Verkäufer erläutert, dass er zu einer Grünfläche wird. Alex und Sabine können sich gut vorstellen, dass einige Bäumchen und Sträucher vor ihrem Fenster sich bestimmt gut machen werden.

Also kaufen die beiden die Wohnung. Nachdem sie eingezogen sind, beobachten sie aufmerksam, wie auch der Innenhof langsam immer mehr Gestalt annimmt. Sie wundern sich jedoch, dass die Hälfte des Innenhofs durch eine Sandfläche belegt ist. Als sie den Bauleiter nach der konkreten Gestaltung des Innenhofs fragen, erfahren sie, dass die gesamte Fläche der Kinderkrippe als Spielplatz zur Verfügung steht. Ein Teil wird Rasenfläche, der andere Teil ist ein Sandkasten. Sie sind geschockt. Sie fühlen sich von dem Verkäufer getäuscht.

Was würden Sie sagen: Sind Alex und Sabine tatsächlich getäuscht worden? Oder war es nur ein pures Missverständnis? Hat sich der Verkäufer moralisch falsch verhalten oder war sein Verhalten zulässig und in Ordnung?

Um diese Fragen zu beantworten, muss man zuerst überlegen, was eigentlich eine Täuschung ist. Ich möchte es mit folgender Definition versuchen: Eine Täuschung liegt dann vor, wenn eine Person X einer anderen Person Y Anlass zu einer Überzeugung oder einem Glauben P gibt, und X weiß, dass P falsch ist. Ist nach dieser Definition das Verhalten des Immobilienverkäufers unmoralisch? Er könnte erwidern: „Nein. Es ist nicht falsch, was Y glaubt. Es handelt sich dabei doch um eine Grünfläche, nicht wahr? Ich habe die Käufer daher nicht getäuscht."

Es steht allerdings zu vermuten, dass der vage Ausdruck „Grünfläche" ganz bewusst von dem Verkäufer gewählt wurde. Denn unter einer Grünfläche stellt man sich gewöhnlich keinen Kinderspielplatz vor.

Der Verkäufer wusste aus den Ausführungen der potenziellen Kunden, dass sie eine Wohnung im Stadtzentrum wünschten, die trotzdem versprach einigermaßen ruhig zu sein. Hätte der Verkäufer ehrlich und offen gesagt, dass es sich bei der besagten Grünfläche um einen Spielplatz handelt, hätte er vielleicht eine Ablehnung riskiert. Ich würde in diesem Fall durchaus von einer Täuschung sprechen. Es handelt sich wahrscheinlich nicht um eine arglistige Täuschung, aber die volle Wahrheit wurde bewusst nicht ausgesprochen. Moralisch war das Verhalten des Verkäufers also nicht in Ordnung. Wie sieht es für den Fall aus, dass der Verkäufer selbst nicht genau wusste, wie der Innenhof gestaltet wird? In diesem Fall hätte er ohne Absicht getäuscht. Er hätte sich jedoch ohne großen Aufwand auf einen Informationsstand bringen können, mit dem er Alex und Sabine über den wahren Sachverhalt aufklären kann. Seine Täuschung wäre zwar nicht absichtlich geschehen, aber durch Nachlässigkeit. Mir scheint, dass auch dies Fälle von Täuschung, wenn auch schwache, darstellen. Wir müssten dazu jedoch unsere Definition von Täuschung etwas anpassen und zwar in folgender Form:

> Eine Täuschung liegt dann vor, wenn eine Person X einer anderen Person Y Anlass zu einer Überzeugung oder einem Glauben P gibt, und X weiß oder mit entsprechender Sorgfalt hätte wissen können, dass P falsch ist.

Diese Definition klingt ein bisschen umständlich, erfasst aber die wichtigsten Fälle. Wir sollten dabei zwischen einer Täuschung und dem Zurückhalten von Informationen unterscheiden. Das Zurückhalten von Informationen ist nicht per se unmoralisch. Es könnte jedoch zu unmoralischem Verhalten führen, wenn das Gegenüber dadurch eine Erwartung oder Überzeugung aufbaut, die nicht der Realität entspricht, und dem Sprecher andererseits klar sein muss, dass das Gegenüber diese Erwartungen haben wird. Diese Erwartungsillusion kann ganz bewusst durch mehrdeutige und vage Begriffe erzeugt werden. Der beste Schutz vor solchen Täuschungsmanövern ist: fragen, fragen, fragen und sich die Dinge haarklein erläutern lassen.

Ich möchte die oben genannte Man-soll-nicht-lügen-Regel erweitern, um Fälle zu erfassen, wie gerade in der obigen Geschichte vorgestellt, die keine Lügen im engeren Sinne darstellen, in denen Personen aber hinters Licht geführt wurden. Zu lügen scheint mir ein Spezialfall des Täuschens zu sein. Unsere moralische Hyperregel können wir jetzt also formulieren als:

Man soll niemanden täuschen oder belügen.

Diese Regel ist wieder als Prima-facie-Regel zu verstehen. Sie gilt so lange, wie es keine guten Gründe gibt, die einen Regelverstoß erlauben. Vernünftige Menschen können dabei durchaus zu unterschiedlichen Meinungen darüber kommen, ob ein spezieller Fall eine begründete Ausnahme darstellt und ein Regelverstoß mithin gerechtfertigt ist. Wie schon erwähnt, gibt es bei ethischen Fragen keine eindeutigen Antworten, die durch eine quasi-mathematische Rechenvorschrift gelöst werden könnten. Wie beurteilen Sie etwa die folgende Situation?

Fallbeispiel: Zorn

Lothar bebte vor Zorn. Warum hatte ihm Maria das angetan? Wutentbrannt lief er zu Marias WG. Dort öffnete ihm Rudi die Tür. Lothar, wild dreinblickend, sprach wüste Verwünschungen aus. Lothar fragte: „Ist Maria da, der wird' ich es zeigen." Obwohl Maria zu Hause war, log Rudi. Er wollte nicht, dass Maria und letztendlich auch Lothar selbst durch eine unbedachte Handlung Schaden nahmen.

Die kleine erfundene, aber durchaus realitätsnahe Geschichte zeigt, dass es natürlich Situationen geben kann, in denen man sogar selbst rational zustimmen kann, angelogen zu werden. Dann nämlich, wenn der potenzielle Schaden durch eine Handlung den moralischen Schaden durch eine Lüge übersteigt. In einer ruhigen Minute hätte Lothar durchaus Grund es gutzuheißen, dass Rudi ihn anlog.

Liegt Ihrer Meinung nach in folgendem Beispiel auch eine begründete Ausnahme vor?

Fallbeispiel: Die Software

Die neue Softwareentwicklung kam nicht richtig voran. Peters Team hatte mit einigen Schwierigkeiten zu kämpfen. Die Integration der verschiedenen, heterogenen Datentypen verursachte mehr Probleme als gedacht. Zu allem Überfluss sollte Ende der Woche eine Statuspräsentation vor dem Management stattfinden. Peter wollte auf keinen Fall, dass herauskam, dass es noch keine vorzeigbaren Ergebnisse gab und er und sein Team somit in die Schusslinie gerieten. Schon beim letzten Projekt hatten sie das Zeitbudget so stark überzogen, dass angedroht wurde, die Projektarbeit das nächste Mal extern zu vergeben. Man durfte sich keine Blöße geben.

„Aber was sollen wir präsentieren?", fragte Robert, der stellvertretende Projektleiter. „Wir haben nicht wirklich etwas vorzuweisen."
„Da müssen wir uns etwas einfallen lassen. Es kommt ja nur auf die Darstellung der Dinge an. Wir müssen ja noch nichts vorführen", sagte Peter.
„Ich weiß nicht", gab Robert zu bedenken, „wenn wir ehrlich sagen, wie die Dinge stehen, werden uns vielleicht noch ein paar zusätzliche Ressour-

cen zur Verfügung gestellt. Das würde uns echt helfen. Mit ein bisschen mehr Manpower könnten wir an einigen Stellen zügiger vorankommen."
„Das würde uns nur negativ ausgelegt werden", wandte Peter ein. „Wir sollten einfach darstellen, dass wir die wichtigsten Meilensteine getroffen haben. Bei den noch zu erledigenden Dingen handelt es sich um Nebenprobleme, die wir schnell in den Griff bekommen werden."
„Ich halte das für ziemlich riskant, es entspricht ja überhaupt nicht der Wahrheit", sagte Robert.
„Wir müssen halt danach ein paar Wochenenden investieren. Das wird schon gehen."
„Dann mach' das mal unseren Leuten klar. Die sind ohnehin schon am Anschlag", sagte Robert.
„Lass das mal meine Sorge sein. Mach mir bitte ein paar passende Folien bis zum Mittwoch", wiegelte Peter ab.

Robert liegt mit seiner Einschätzung, dass die vorgeschlagene Vorgehensweise von Peter ein erhebliches Risiko birgt, richtig. Die Gefahr besteht, dass die Verschleierungstaktik durchschaut und schließlich zum Bumerang für das ganze Team wird. Mit der geplanten Präsentation täuschen die beiden das Management. Das ist neben einem unklugen Verhalten auch ein moralisch falsches Verhalten. Sicher: Peters Motiv ist nachvollziehbar. Er befürchtet unangenehme Sanktionen, wenn die Wahrheit ans Licht kommt und selbstverständlich muss er als verantwortlicher Projektleiter auch seinen Kopf hinhalten. Fehler zu vertuschen, Situationen zu beschönigen sind gern genutzte Taktiken in allen Organisationen. Manchmal stehen dahinter konkrete Ängste, manchmal ein Wunschdenken (Das kriegen wir schon noch hin). Und wer gibt schon gern zu, dass man einen Fehler gemacht hat oder die Lage falsch eingeschätzt hat. Dann lieber ein bisschen gelogen und gehofft, dass sich noch rechtzeitig eine Lösung finden wird. In der Zwischenzeit wird fleißig an Absicherungsstrategien gearbeitet, um im schlimmsten Fall nicht als der alleinige Schuldige dazustehen. (Wenn wir von Abteilung X ein bisschen früher ... bekommen hätten, dann wäre das nicht passiert.) Objektiv betrachtet, wäre der bessere Weg, offen und gut begründet die wahre Lage darzustellen. Das bietet erstens die Chance, die nötige Unterstützung zu bekommen, und würde zweitens auch zu keinem moralisch falschen Verhalten führen.

Moralisches Klima im Unternehmen

Man muss den Protagonisten in unserer Geschichte möglicherweise zugutehalten, dass das Management häufig für das moralische Klima im Unternehmen mit verantwortlich ist. Der Umgang mit Fehlern, die Sanktionierung von moralisch falschem Verhalten, der Mangel an

Vertrauen führen nicht selten zu einem Klima, in dem sicherheitshalber lieber etwas verschwiegen als offen geäußert wird, in dem man eher zu einer Lüge greift als die Wahrheit zu sagen – allein schon aus Selbstschutz.

Das führt uns zu einer wichtigen Erkenntnis. Wie Menschen sich verhalten, hängt auch von den situativen Rahmenbedingungen ab, in denen sie sich wiederfinden. Lebt man in einem Klima von Gewalt und Lüge, bedürfte man übermenschlicher Fähigkeiten und Kräfte, wollte man sich nur moralisch korrekt verhalten. In einem Klima, in dem Fehler sofort schwer sanktioniert werden, wird man nach Möglichkeit versuchen, sie zu vertuschen. In einem Klima, das von Misstrauen geprägt ist, wird es schwer sein, Offenheit und Ehrlichkeit einzufordern.

Welches moralische Klima in einem Unternehmen herrscht, ist von mehreren Faktoren abhängig: einmal von dem Beispiel, welches das Management gibt, und von den Werten, die im Unternehmen gelebt oder auch nicht gelebt werden. Ich möchte diese zwei Faktoren ein bisschen genauer beleuchten. Beginnen wir mit dem Werteverständnis, das in einem Unternehmen herrscht. Klassisches Mittel, um zu einem gemeinsamen Werteverständnis zu kommen, ist die Entwicklung und Umsetzung einer Unternehmensphilosophie oder eines Leitbildes. Eine gut ausgearbeitete Unternehmensphilosophie, bei deren Entwicklung auf eine möglichst hohe Mitarbeiterbeteiligung geachtet werden sollte, gibt Auskunft über die wichtigsten Werte und Prinzipien, für die das Unternehmen steht. Der wichtigste Erfolgsfaktor einer wirksamen Unternehmensphilosophie ist nicht die Formulierung, sondern die Frage, wie sie umgesetzt und mit Leben gefüllt wird. Der größte Fehler besteht darin zu glauben, mit dem Hochglanzprospekt, auf dem die Unternehmensphilosophie verewigt wird, komme automatisch der Geist der Offenbarung über alle Mitarbeiter des Unternehmens und die in der Unternehmensphilosophie beschriebenen Werte würden mit einem Schlag das gesamte Unternehmen durchdringen. Die Erfahrung zeigt, dass die eigentliche Arbeit erst mit der Umsetzung eines Leitbildes beginnt. Entscheidend ist, dass die Unternehmenswerte auf allen Ebenen diskutiert werden und dass auf Teamebene oder Abteilungsebene klar gemacht wird, was die Umsetzung der Werte im Arbeitsalltag bedeutet und verlangt. Dabei muss das Leitbild regelmäßig auf die Tagesordnung gesetzt werden. Die Einhaltung und Umsetzung der Werte sollte außerdem fester Bestandteil in den Leistungsreviews der Führungskräfte sein. Nur so bekommt das Projekt Unternehmensphilosophie die nötige Ernsthaftigkeit.

Eine Unternehmensphilosophie kann durch die Ausarbeitung eines Ethik-Codes ergänzt werden. Ein Ethik-Code spezifiziert die allgemeinen Hyperregeln und erfasst Prinzipien, welche die charakteristischen Situationen des Unternehmens und seiner Mitarbeiter abbilden. Für Bankberater mögen dabei zum Beispiel Fragen danach eine Rolle spielen, was zu einer moralischen Beratung der Kunden gehört. Eine Social-Media-Company wird sich mit der Frage beschäftigen, was zu einem ethischen Umgang mit den Daten der Nutzer gehört. Ein pharmazeutisches Unternehmen wird sich fragen können, wie mit Tierversuchen umgegangen werden soll. Es werden dabei die moralisch relevanten Themen, Spannungsfelder und Situationen identifiziert und dann Prinzipien formuliert, denen man sich im Unternehmen verpflichtet sieht.

Ein zweiter wichtiger Aspekt, der das moralische Klima in einem Unternehmen prägt, besteht in dem Verhalten der Führungskräfte. Welches Beispiel das Topmanagement gibt, hat einen enormen Einfluss auf alle anderen Mitarbeiter. „Warum soll ich mit allen Infos rausrücken, wenn mein Chef es auch nicht tut. Bei mir werden auch keine Fehler verziehen."

Ein hilfreiches Instrument für Führungskräfte kann die Entwicklung eines persönlichen Führungsverständnisses sein. Das persönliche Führungsverständnis gibt Antwort auf zwei Fragen: Was ist mein Fokus? Worauf konzentriere ich mich als Führungskraft, um mein Team zum Erfolg zu führen? Die Antwort auf diese Frage gibt die sachliche Orientierung für eine Führungskraft vor und ist abhängig von der konkreten Situation, in der man sich selbst und in der sich das Team oder die Abteilung befindet. Die zweite Frage betrifft den Wertestandpunkt einer Führungskraft: Was sind die wichtigsten – und möglicherweise noch nicht selbstverständlichen – Werte, von denen ausgehend ich mein Leitungshandeln aufziehen möchte? Wofür will ich stehen?

Präzise Antworten auf die Fokus- und Wertefrage können dabei helfen, in seinem Team eine Atmosphäre von Glaubwürdigkeit und Vertrauen aufzubauen. Aber natürlich gilt auch hier: Von selbst geschieht nichts. Es erfordert schon konsequente und harte Arbeit an sich selbst, um die Führungskraft zu werden, die man gern sein möchte. Ein berühmtes historisches Beispiel für eine sehr erfolgreiche Person, die konsequent und systematisch am eigenen persönlichen Führungsverständnis gearbeitet hat, ist Benjamin Franklin. Seine Geschichte ist gut nachzulesen in seiner Autobiographie.

Gängiges Geschäftsgebaren

Zum Abschluss dieses Kapitels möchte ich noch einen interessanten Bereich ansprechen, in dem Lügen an der Tagesordnung zu sein scheinen, nämlich in Verhandlungssituationen und wenn es darum geht, Aufträge an Land zu ziehen. Lügen und Bluffs scheinen ein probates Mittel zu sein, die eigenen Verhandlungsziele zu erreichen oder eine Profitsteigerung zu erzielen. Solche Situationen sind geradezu prädestiniert für Bluffs, Taktiken, kleine Schummeleien und handfeste Lügen. Denn ist es nicht gerade das Ziel einer Verhandlung, sich mit seiner Position durchzusetzen? Und ist dazu nicht jedes Mittel recht? Betrachten wir die folgenden Fälle.

Fallbeispiel: Der Auftrag

Georg war im Gespräch mit Angela Meier von der Firma autopart. Es ging um einen Rückblick auf die Kommunikationsseminare, die Georg zusammen mit seinem Kollegen im letzten Jahr für autopart durchgeführt hatte.

„Wir waren sehr zufrieden. Das zeigen auch die Feedbacks der Teilnehmer ganz deutlich. Wir wollen die Zusammenarbeit daher sehr gern mit Ihnen fortsetzen", sagte Frau Meier.
„Das höre ich gern", antwortete Georg. „Wir hatten auch das Gefühl, dass die Seminare gut gelaufen sind. Und besonders schön war es, wenn der eine oder andere Teilnehmer noch mal angerufen und berichtet hat, wie seine Erfahrungen waren, nachdem er die Instrumente, die wir erarbeitet haben, angewendet hatte. Das war alles sehr ermutigend."
„Ja, das ist es", sagte Frau Meier. „Was mich zu der Frage bringt, bieten sie auch Seminare zum Thema Moderation von Besprechungen an? Ich würde dazu gern eine kleine Reihe für Projektleiter starten."
„Ja, das machen wir auch. Wir haben zu dem Thema schon die eine oder andere Veranstaltung durchgeführt", betonte Georg selbstbewusst.
„Dann wäre es doch schön, wenn sie mir ein kleines Konzept mit den Inhalten schicken könnten."
„Kein Problem, Sie kriegen alles in der nächsten Woche", sagte Georg mit einem Lächeln.
„Dann können wir auch gleich Termine machen. Ich denke an vier mal zwei Tage."
„Sehr gern", erwiderte Georg.

Als Georg sagte, sie würden auch Moderationsseminare anbieten und hätten diese bereits durchgeführt, hat er gelogen. Georg witterte einen möglichen Auftrag und sagte deshalb, dass sie auch auf diesem Gebiet Erfahrung hätten. Ist diese Lüge zu vertreten oder war es moralisch falsch, was Georg tat? Georg hat Frau Meier getäuscht. Er hat sie belogen und damit gegen unsere Regel verstoßen. Der Einwand könnte lauten: „Aber das ist doch nur eine kleine lässliche Lüge. Wichtig ist doch, dass Georg mit einem neuen Auftrag nach Hause kommt. Moral ernährt ihn nicht, der neue Auftrag aber schon. Und darüber hinaus wird sich Georg bestimmt mächtig ins Zeug legen und ein gutes Seminar ausarbeiten." So also könnte der Einwand aussehen, versehen mit der Spitze: „Wer hier nach Moral schreit, ist lebensfremd und naiv."

Selbstverständlich ist es in Georgs Interesse, den neuen Auftrag zu erhalten. Daran ist nichts Ehrenrühriges oder moralisch Zweifelhaftes. Trotzdem bleibt bestehen, dass er sich den Auftrag durch eine Lüge erkauft hat. Ist der persönliche Nutzen, der durch den Auftrag entsteht, ein hinreichender Grund zu täuschen? Ich bezweifle das. Ich glaube, wir könnten nicht rational zustimmen, dass dieses Verhalten allgemein erlaubt würde. Das würde nämlich heißen, dass ich in der nächsten Situation, in der ich auf ähnliche Weise belogen würde, dies akzeptieren sollte, weil es im persönlichen Interesse meines Gegenübers liegt. Die Wenigsten werden dazu bereit sein. Die alles entscheidende Frage ist: Wie viel ist mir die Moral wert? Abgesehen davon, dass ich glaube, moralisch korrektes Verhalten zahlt sich langfristig aus, scheint mir ein wichtiger Punkt dabei zu sein, was dieses Verhalten aus mir als Person macht. Es besteht die Gefahr, dass Lügen zur Gewohnheit wird, ja dass wir unsere Lügen mit der gleichen Nonchalance und Selbstverständlichkeit äußern wie die täglichen Begrüßungsworte. In Georgs Fall wird die Lüge dadurch gerechtfertigt, dass die eigenen Interessen Priorität haben. Nun kann man natürlich so entscheiden und seinen eigenen Interessen den Vorrang einräumen, aber Lüge oder Täuschung können dadurch nicht legitimiert werden.

Ein weiterer Einwand, der an dieser Stelle auftreten könnte, und der deshalb kurz skizziert werden sollte, lautet so: Alle wissen doch, wie das Spiel gespielt wird. Die Konkurrenten sind auch nicht moralischer als ich, aber die haben dann den Auftrag und wir nicht. Die Grundstruktur dieses Arguments hat folgende Gestalt: Andere würden genau so handeln wie ich. Deshalb ist mein Verhalten in Ordnung und ich habe mir nichts vorzuwerfen.

Dass andere genauso handeln würden, ist keine ausreichende Rechtfertigung für moralisch falsches Verhalten. Der Verweis auf andere Personen, selbst wenn es sich dabei um eine Mehrheit handeln würde, ist kein moralisch wirkungsvoller Rechtfertigungsgrund. Eine Handlung wird nicht deshalb moralisch, weil es noch andere Personen gibt, die das gleiche Verhalten zeigen. Hitler hätte dann seine Handlungen mit Verweis auf Mussolini oder Stalin rechtfertigen können. Das ist absurd.

Georg hätte durchaus ehrlicherweise Folgendes sagen können: „Moderationsseminare haben wir bisher noch nicht in unserem Repertoire. Ich könnte aber unser Netzwerk anzapfen und Ihnen bis zur nächsten Woche ein Grobkonzept unterbreiten. Wenn Sie wollen, könnten wir dazu dann einen Piloten durchführen, um zu sehen, wie das Ganze läuft.“

Fallbeispiel: Insolvenz?

Solartime steht am Rande des Abgrunds. Man hat in den letzten zwei Jahren viel in neue Produktionstechnologien investiert, aber die Umsätze und vor allem die Gewinne stiegen nicht in dem Maße wie erhofft. Seit einem Monat ist der Geschäftsleitung bekannt, dass ein erhebliches Liquiditätsproblem besteht. In drei Monaten, wenn nicht irgendwo Geld aufgetrieben wird, muss man Insolvenz anmelden. Die Investoren und Banken sind zurückhaltend, sie wollen entweder kein neues Geld zuschießen oder die Kreditlinie nicht erweitern. In dieser Situation entscheidet sich der Vorstand für einen gewagten Schritt. Man beruft eine Pressekonferenz ein, auf der verkündet wird, dass ein Großauftrag aus den arabischen Staaten ins Haus steht. Man untermauert die frohe Botschaft mit möglichen Umsätzen, die dadurch in den nächsten drei Jahren zu erwarten sind. Die Nachricht soll die Investoren und Banken dazu bewegen, frisches Geld in die klamme Firma zu pumpen. Das Problem ist nur, die Nachricht ist nicht korrekt. Man ist zwar in Vorgesprächen mit potenziellen Kunden aus dem Mittleren Osten, aber ob letztendlich ein Auftrag dabei herausspringen wird, steht keineswegs fest. Durch die Pressenachricht wird die Öffentlichkeit also getäuscht. In der Geschäftsleitung wurde zwar gesehen, dass dieses Vorgehen problematisch ist, aber man war schließlich der Meinung, dass eine Notsituation dieses Vorgehen rechtfertige. Man würde sozusagen mit bester Absicht täuschen, nämlich um das Unternehmen und damit alle Arbeitsplätze zu erhalten.

Rechtfertigt der kritische Zustand des Unternehmens tatsächlich diese Täuschung? Um diese Frage zu beantworten, braucht man nur einen Blick auf die entsprechende Verallgemeinerung werfen. Könnte man allgemein zulassen, dass Unternehmen, wenn sie am Rande der Pleite stehen, zu Täuschungsmanövern greifen dürfen? Man erkennt sofort, dass die Antwort negativ ausfallen muss. Erstens handelt es sich bei einem solchen Manöver um eine klare Verletzung unserer Regel nicht zu täuschen und zweitens wären die negativen Konsequenzen für das allgemeine wirtschaftliche Handeln verheerend, wenn allgemein erlaubt würde zu täuschen, sobald das Überleben eines Unternehmens auf dem Spiel steht. Das Vertrauen in die Leistungsfähigkeit unseres

Wirtschaftssystems würde untergraben, weil viele dieser Täuschungen zu schweren negativen Konsequenzen führen würden. Die Täuschung ist also moralisch und natürlich auch rechtlich falsch. Solartime bleibt also nur, tatsächlich Insolvenz anzumelden, oder doch noch einen optimistischen Investor aus dem Hut zu zaubern.

Sehen wir uns nun noch eine klassische Verhandlungssituation an. Hier gehört es doch nun wirklich dazu, es mit der Wahrheit nicht so ganz genau zu nehmen. Oder etwa doch?

Fallbeispiel: Letztes Angebot

Jonas ist in Verhandlungen mit der Firma Kontor. Kontor möchte einige elektronische Bauteile von Jonas Firma Megastaxx kaufen. Die Verhandlungen ziehen sich schon längere Zeit hin. Man kann sich nicht so recht auf den Stückpreis einigen. Jonas verliert langsam die Geduld. Also sagt er schließlich:

„Ich kann Ihnen eines sagen und das ist mein absolut letztes Angebot. Danach werde ich nicht mehr weiter verhandeln, wenn Sie es nicht akzeptieren. Sie können X351 zu einem Stückpreis von 120 Euro beziehen. Darunter geht nichts mehr. Das ist mein letztes Wort."

Wenn Jonas Verhandlungspartner in ihn hineinschauen könnte, würde er bemerken, dass dies ein bloßer Bluff war. Jonas wäre prinzipiell bereit, bis 115 Euro herunterzugehen. Ist nun Jonas Verhalten moralisch zu verurteilen, weil er seinen Verhandlungspartner angelogen hat? Denn es entspricht ja nicht der Wahrheit, dass dies die absolute Preisuntergrenze für ihn darstellt. Auf der anderen Seite könnte man behaupten: So ist es nun einmal, wie Verhandlungen gespielt werden. Da ist der ein oder andere Bluff durchaus drin und legitim. Verhandeln ist wie ein Wettbewerb. Es muss doch in Ordnung sein, so viel wie möglich für sich herauszuschlagen.

Dagegen ist tatsächlich nichts einzuwenden. Natürlich darf jeder versuchen, das beste Ergebnis für sich zu erzielen. Es wäre absurd von Jonas zu verlangen, dass er sofort den Preis nennt, zu dem er auch bereit wäre, eine Verhandlungslösung zu akzeptieren. Das heißt aber andererseits nicht, dass es in Ordnung ist, zu Bluffs, Taktiken und Lügen zu greifen. Solche Taktiken führen nämlich meistens zu Gegentaktiken und zu kleinen Eskalationen, was wenig förderlich dafür ist, eine gute Lösung zu finden.

Das Ziel einer Verhandlung ist ohnehin nicht, seine Position durchzusetzen, sondern seine legitimen Anliegen zu treffen. Und hier könnte Jonas ohne Probleme einfach seinen Wunsch äußern, ohne zu einer

Taktik Zuflucht zu nehmen. Er könnte einfach sagen: „Ich möchte mit dem Verkaufspreis nicht unter 125 Euro gehen." Und dabei müsste Jonas nicht lügen. Er sagt einfach, was er will oder was seine Interessen sind. Verhandlungspartner haben es also nicht nötig zu Lügen oder Taktiken zu greifen. Und sollten meine Verhandlungspartner es doch tun, so werde ich mich zu schützen wissen. Hauptziel bleibt für mich jedoch stets, meine Kernanliegen erfüllt zu sehen. Ich bin mit jeder Verhandlungslösung einverstanden, die meinen Kernanliegen Rechnung trägt.

„Die Lüge ist in der Welt, sie ist in und um uns." Dennoch sollten wir ihr so wenig Chancen wie möglich geben, Besitz von uns zu ergreifen.

Hauptsache fair

Wie würden Sie sich in folgendem Fall entscheiden?

Sie sitzen in einem Flugzeug auf einem Flug in die USA und Sie haben einen Gangplatz. In der Mitte neben Ihnen hat eine etwas exzentrisch gekleidete Dame Platz genommen und am Fenster sitzt ein Geschäftsmann im grauen Anzug. Nach gut einer halben Stunde sagte die Dame zu Ihnen beiden plötzlich: „Ich weiß nicht, wie es Ihnen geht. Aber auf so langen Flugstrecken langweile ich mich immer fürchterlich. Ich möchte Sie deshalb zu einem kleinen Spiel einladen. Das wird uns die Zeit verkürzen. Ich habe hier 1000 Euro, die gehören Ihnen, wenn Sie sich darauf einigen, wie das Geld aufgeteilt wird. Dabei gilt folgende Spielregel. Sie, lieber Herr Geschäftsmann, werden festlegen, wie der Betrag geteilt werden soll. Dann werden Sie – die Dame wendet sich Ihnen zu – entscheiden, ob Sie den Vorschlag annehmen oder nicht. Wenn Sie ihn annehmen, wird genau so geteilt wie vorgeschlagen. Wenn Sie ihn jedoch nicht annehmen, bekommt keiner von Ihnen etwas." Sie willigen beide ein mitzuspielen. Nach einigem Überlegen macht der Geschäftsmann (vielleicht ein Banker, dem der Bonus gestrichen wurde) folgenden Vorschlag: „Wir teilen so: 950 Euro für mich, 50 Euro für Sie." Nun die Frage: Nehmen Sie das Angebot an?

Ich habe dieses kleine Gedankenexperiment bereits oft in Vorträgen oder Seminaren durchgeführt. Und obwohl ich keine statistische Auswertung vorgenommen habe, kann ich sagen, dass stets die Mehrzahl der Menschen das Angebot ablehnt. Und warum? Weil Sie es für unfair halten. Fairnessüberlegungen spielen eine ganz entscheidende

Rolle, wenn wir Verhalten und Entscheidungen beurteilen. Wir halten es in der Regel für moralisch falsch, wenn Menschen unfair behandelt werden. Wenn wir etwas für unfair halten, verzichten wir sogar auf einen persönlichen Nutzen. Denn von einer bloßen Kosten-Nutzen-Perspektive aus, wäre es vernünftig, das Geld zu nehmen und den Vorschlag des Geschäftsmannes zu akzeptieren. (Es wäre übrigens interessant zu überlegen, ab welchem Betrag das Kosten-Nutzen-Denken wieder die Oberhand gewinnt.)

Fair bzw. unfair sind wichtige Kategorien, wenn wir die moralische Qualität von Handlungen bewerten. Sich unfair zu verhalten, wird als moralisch falsch angesehen. Wir können daraus ganz leicht eine Regel ableiten, nämlich:

Man soll sich nicht unfair verhalten.

Doch was bedeutet eigentlich fair oder unfair? Der Begriff der Fairness ist ein schillernder Begriff und er wird umgangssprachlich verschieden genutzt. In einer eher marginalen Bedeutung heißt „fair" einfach, dass jemand sich sehr anständig verhält. Das heißt, dass er etwas tut, was er nicht hätte tun müssen, das seinem Gegenüber aber eine Situation erleichtert. Beispiel: Karin informiert ihren Arbeitgeber bereits fünf Monate vorher, dass sie zum Ende des Jahres das Unternehmen verlassen wird. In der Personalabteilung ist man sich einig, dass das sehr fair von Karin war.

Sich an die Regeln halten

Eine wichtigere Bedeutung von fair oder unfair kann man jedoch aus dem Begriff des Fairplay ableiten. Danach bedeutet „fair", dass man sich an die expliziten Spielregeln in einem Spiel hält. Fairness setzt in diesem Fall die Existenz von Spielregeln voraus. Wer sich nicht an die Spielregeln hält, der handelt unfair und im schlimmsten Fall sogar betrügerisch. Wenn man Texte plagiiert oder bei Prüfungen vom Nachbarn abschreibt, dann bricht man Copyright-Regeln oder Prüfungsregeln, das heißt, man betrügt und das ist eine Form unfairen Verhaltens. Man wird dabei darauf achten, dies zu verstecken, schließlich möchte man ja nicht als Betrüger entlarvt werden. Es gibt aber sogar Fälle offenen Betrugs, dann nämlich, wenn der Betrüger weiß, dass niemand etwas gegen seine Betrügereien unternehmen wird. Man betrachte folgendes Beispiel: Paul und Egon spielen mit ihrem Chef Golf. Der legt sich im Spiel manchmal den Ball ein bisschen besser zurecht, wenn dieser unglücklich liegt. Dabei macht er das nicht einmal versteckt, sondern ganz offen, weil er weiß, dass die beiden gegen ihn als Chef nichts sagen werden. Der Chef verhält sich eindeutig unfair, da er die Golfregeln bricht. Bezogen auf ein System von akzeptierten Regeln bedeutet betrügerisches, unfaires Verhalten daher, die Regeln zu brechen.

Manchmal existieren implizite, ungeschriebene Regeln als Form einer allseits bekannten Praxis. Auch wer sich nicht an diese impliziten Regeln hält, verhält sich unfair. Beispiel: Ein Spieler der eigenen Mannschaft liegt verletzt am Boden, aber die gegnerische Mannschaft spielt den Ball nicht ins Aus. Es ist ein ungeschriebenes Gesetz, in diesem Fall den Ball ins Aus zu spielen, damit der verletzte Spieler behandelt werden kann. Wenn eine Mannschaft sich nicht an diese Regel hält, handelt sie unfair und wird in der Folge vom Publikum meistens gnadenlos ausgepfiffen. Ein anderes Beispiel: Im Kritikgespräch lässt Monika ihre Kollegin Clara nicht zu Wort kommen. Auch das ist unfair. In Gesprächen gelten die ungeschriebenen Höflichkeitsregeln, dass jeder seine Meinung äußern darf. Wer dagegen verstößt, behandelt die andere Person nicht fair.

Den Vorwurf der Unfairness kann man jedoch nicht den Personen machen, die die impliziten Regeln nicht kennen können, beziehungsweise die Praxis nicht kennen können. Diese kann man höchstens aufklären, dass man bestimmte Dinge nicht tut. Das bedeutet, dass wir ständig in einem Raum von impliziten Normen und Regeln leben und unser Verhalten danach ausrichten und fremdes Verhalten danach bewerten. Ich möchte gern die anfängliche moralische Hyperregel zum Thema „Fairness“ etwas präzisieren:

> Man soll nicht betrügen oder sich unfair verhalten.

Bemerkenswert ist übrigens, dass, wer sich nicht an unsere moralischen Hyperregeln hält, auch unfair handelt. In jedem Fall ist es unfair, wenn jemand erwartet, dass alle anderen sich an die moralischen Hyperregeln halten, er jedoch selbst für sich in Anspruch nimmt, diese Regeln würden für ihn nicht gelten, und daher gegen sie verstößt. Dass also auch der Verstoß gegen unsere Hyperregeln eine Form unfairen Verhaltens darstellt, ist möglicherweise der tiefere Grund dafür, warum der Begriff der Fairness in der Ethik als so fundamental angesehen werden kann.

Hier eine Geschichte aus dem Arbeitsalltag, in dem Fairness eine wichtige Rolle spielt.

Fallbeispiel: Mitarbeiterabbau

Klaus ist Laborleiter bei emolab, einem kleinen, mittelständischen Pharmaunternehmen. Die Geschäfte laufen schlecht. Ein Medikament, das als Hoffnungsträger galt, hat sich in einer klinischen Studie als Fehlschlag erwiesen. Die Geschäftsleitung eröffnete Klaus, dass Mitarbeiter entlassen werden müssen. Deshalb solle er dafür sorgen, dass er sich von einem seiner vier Teammitglieder trennt. Klaus' Versuche, die Geschäftsführung davon zu überzeugen, dass gerade sein Team in der Patentabteilung keinen einzigen Weggang verkraften könne, waren nicht von Erfolg gekrönt. Vielmehr gab man ihm zwei Wochen Zeit, eine Entscheidung zu treffen und dann die Entlassung in Zusammenarbeit mit der Personalabteilung durchzuführen.
Von den vier Teammitgliedern kommen für eine Entlassung als Kandidaten nur Max oder Martin in Betracht. Beide sind erst seit einem Jahr im Betrieb. Die beiden anderen Teammitglieder, Lydia und Petra, sind schon mehr als zehn Jahre im Unternehmen und absolute Expertinnen in ihrem Metier. Auf sie kann Klaus nicht verzichten. Bei den beiden möglichen Entlassungskandidaten verhält es sich so: Max hat sich als richtiger Glücksgriff herausgestellt, er leistet hervorragende Arbeit und ist eine echte Bereicherung für das Team. Schon mehrfach hat er bei schwierigen Patentfragen gute Lösungen erarbeitet. Martin dagegen ist eher ein schwieriger Typ, schon öfter gab es Konflikte zwischen ihm und den zwei anderen Kolleginnen. Fachlich kann man an ihm nichts aussetzen, aber in Projekten liefert er nicht dieselben brillanten Ergebnisse wie Max. Aus fachlicher Perspektive spricht alles dafür, sich von Martin zu trennen – wenn schon eine Entscheidung getroffen werden muss.
Was Klaus jedoch auf der Seele liegt, ist Folgendes: Vor einem halben Jahr war Max bei ihm in einem Gespräch, in dem er um eine Gehaltserhöhung bat. Max hatte Klaus dabei eröffnet, dass er hoch verschuldet sei, weil er nach seiner Scheidung als Alleinverdiener ein Haus abzubezahlen habe und sich außerdem um seine krebskranke Mutter kümmern müsse. Klaus hatte sich damals alles angehört, konnte aber Max' Wunsch nach einer Gehaltserhöhung nicht erfüllen. Eine Entlassung würde für Max somit einen herben finanziellen Schlag bedeuten und ihn möglicherweise in noch größere Probleme stürzen. Wie soll Klaus sich angesichts dieser Situation entscheiden?

Vorschläge:

a) Klaus sollte Martin die Kündigung aussprechen. Denn für Max würde die Entlassung eine zu hohe finanzielle und sehr wahrscheinlich auch psychische Belastung bedeuten. Man muss auch der Tatsache Rechnung tragen, dass Max sich um seine schwer kranke Mutter zu kümmern hat.

b) Klaus sollte Max die Kündigung aussprechen. Vom beruflichen, professionellen Standpunkt aus ist Martin für das Team die bessere

Wahl. Als Vorgesetzter muss Klaus das gesamte Team im Blick haben. Er darf niemanden bevorzugen. Das wäre unfair den anderen Teammitgliedern gegenüber.

In diesem Fall kommen gleich mehrere Faktoren zum Tragen. Legt Klaus nur fachliche Kriterien an, müsste er eindeutig Max entlassen. Als leitender Angestellter hat Klaus gewisse Rollenpflichten zu erfüllen. Zu diesen Pflichten gehört eine faire und aufgabenbezogene Behandlung seiner Mitarbeiter. Einer unserer moralischen Grundregeln lautet ja, man soll andere fair und gerecht behandeln, beziehungsweise man solle niemanden unfair und ungerecht behandeln. Aus Sicht des Arbeitgebers dagegen sollte das Ergebnis im Vordergrund stehen. Die Berücksichtigung beider Interessen gehört zur Rollenpflicht von Klaus.

Auf der anderen Seite wird Max wahrscheinlich in der Folge erheblicher Schmerz oder Schaden zugefügt, wenn er entlassen wird. Max wird wahrscheinlich in eine schwierige Lebenssituation geraten. Die Frage ist, ob Klaus diese Folge bei seiner Entscheidung berücksichtigen sollte.

Zunächst muss man festhalten, dass Max, als er in die Firma eintrat, einen Vertrag geschlossen hat. Bestandteil eines Vertrages ist immer die Möglichkeit einer Entlassung. Auch wenn die Konsequenz der Entlassung zu Schaden führen kann, liegt in der Entlassung selbst, die Teil eines Vertrages ist, den Max freiwillig unterschrieben hat, zunächst keine Verletzung einer moralischen Pflicht vor. Klaus entlässt ja Max nicht mit der Absicht, ihm Schaden zuzufügen. Die Entlassung mag eine herbe Enttäuschung sein und sie ist wahrscheinlich auch mit negativen Emotionen für Max verbunden, aber diese Emotionen versucht Klaus natürlich nicht mit Absicht zu erzeugen. Klaus muss lediglich damit rechnen, dass sie Folge seiner Entscheidung sein werden. Klaus weiß allerdings auch, dass die Entlassung im Fall von Max weitaus schwerwiegendere Folgen haben wird, als nur Gefühle von Enttäuschung oder vielleicht auch Wut hervorzurufen. Inwiefern soll er sich durch dieses Wissen von seiner Entscheidung beeinflussen lassen?

Ein guter Ansatz könnte sein zu überlegen: Wie würde jemand entscheiden, der dieses Wissen nicht hätte? Aber auf der anderen Seite: Darf man dieses Wissen ignorieren? Nüchtern überlegt könnte dann aber auch folgende Argumentation eine Rolle spielen: Wenn Klaus die private Situation von Max in seine Entscheidung einfließen lässt, müsste er fairerweise auch die private Situation von Martin und gegebenenfalls auch der anderen Mitarbeiter berücksichtigen. Denn könnte es nicht sein, dass Martin bei einer Entlassung sogar in noch größere

Schwierigkeiten gerät als Max? Klaus ist zufälligerweise von der privaten Situation von Martin nur nichts bekannt, deswegen fließt es nicht in seine Entscheidung ein. Aber es kann nicht Aufgabe eines Vorgesetzten sein, die private Situation seiner Mitarbeiter auszuforschen, um dann eine Entscheidung zu treffen. Erstens würden die Mitarbeiter das wahrscheinlich nicht wollen und zweitens würde es Klaus heillos überfordern, die privaten Unglücksfolgen seiner Entscheidungen bewerten zu wollen. Es wäre nicht nur eine Überforderung, sondern es wäre eine Anmaßung. Klaus hat jedenfalls einen guten Grund, sich für die Entlassung von Max zu entscheiden, auch wenn es eine Prima-facie-Regel gibt, die besagt, dass man anderen – nicht nur nicht absichtlich, sondern auch wissentlich – keinen Schmerz und keinen Schaden zufügen soll.

Klaus wird sich auch fragen müssen, welche Kriterien es tatsächlich sind, nach denen er die Entlassung entscheidet. Handelt er vielleicht aus Antipathie einer bestimmten Person gegenüber? Nachdem er die Kriterien fixiert hat, und zwar auf Basis der Arbeit im fachlichen Kontext, wird er sich vermutlich dafür entscheiden Max die Kündigung auszusprechen. Wenn er unterschiedliche Maßstäbe anlegt, dann wird er unfair gegenüber den anderen Mitarbeitern sein. Fairness ist die zentrale Messlatte, die Klaus anlegen wird. Er sollte diese Entscheidung klar kommunizieren und zwar Max gegenüber als auch dem Rest des Teams gegenüber.

Welche Fragen kann Klaus sich stellen (moralisch relevante Fakten und Gründe sammeln):

- Wer ist wie betroffen, wenn ich Max entlasse?
- Wird irgendeine moralische Regel verletzt?
- Gibt es gute Gründe, warum ich die Regel verletzen darf?
- Was würde passieren, wenn ich nicht Max, sondern Martin entlasse?
- Würde dadurch eine Regel verletzt werden?
- Könnte meine Regelverletzung in dieser Situation allgemein akzeptiert und gutgeheißen werden?

Transparenz ist die beste Gegenmethode in schwierigen moralischen Situationen. Transparenz zu schaffen bedeutet: Den Beteiligten gegenüber offen und aufrichtig die Situation und die eigenen Anliegen erklären. Auch wenn man nicht verhindern kann, dass man für manche Menschen unangenehme Entscheidungen trifft, sie möglicherweise verletzt, kann auf diese Weise für Ehrlichkeit gesorgt werden. Das entlastet einen selbst und hilft dabei Missverständnissen und Verschwörungstheorien vorzubeugen.

Klaus könnte darüber hinaus natürlich überlegen, welche Unterstützung er Max anbieten kann, vielleicht schnellstmöglich wieder eine neue Stelle zu finden. Wenn er das tut, geht das über die Forderungen unserer moralischen Grundregeln hinaus. Es kann dann eher als ein Beispiel für die Verfolgung eines ethischen Ideals gesehen werden. Davon aber mehr im Kapitel über ethische Ideale.

Einem jeden, was ihm zusteht

Fairness als Regelkonformität beziehungsweise Unfairness als Regelbruch beschreibt eine wichtige Bedeutung des Fairnessbegriffs. In einer weiteren, wichtigen Variante wird fair auch im Sinne von gerecht benutzt, wobei ich unter gerecht verstehe: das zu bekommen, was einem gebührt oder zusteht. In diesem Sinne ist es zum Beispiel unfair oder ungerecht, dass Moritz eine Strafe bekommt, nur weil sein Bruder etwas angestellt hat. Auch empfinden wir es als ungerecht, wenn Menschen bei gleicher Leistung unterschiedliches Gehalt bekommen. Oder wir halten es für ungerecht, wenn jemand für ein vergleichsweise geringes Vergehen eine hohe Strafe bekommt. Hier spielt also auch die Verhältnismäßigkeit eine Rolle. Wir halten es andererseits für gerecht, wenn jemand für mehr Leistung mehr bekommt. In dem Begriff fair, im Sinne von gerecht, steckt also auch der Begriff des Verdienstes. Jemand der sich ein größeres Verdienst – wie auch immer dieser Begriff genau präzisiert werden mag – erworben hat, dem steht auch mehr zu. In der folgenden Geschichte steht Fairness im Sinne von Gerechtigkeit im Vordergrund.

Fallbeispiel: Der Bonus

Am 15. Dezember erhielt Paul eine Mail vom Bereichsleiter Herrn Grau. Darin eröffnete Herr Grau Paul, dass er eine Bonuszahlung zum Ende des Jahres für seine erfolgreiche Projektleitung im letzten IT-Projekt bekäme, das eine herausragende Bedeutung für die Bank hatte. Paul war darüber natürlich sehr erfreut. Das zeigte, dass seine Arbeit positiv zur Kenntnis genommen wurde und 15.000 Euro waren ja auch nicht zu verachten. Da war endlich das neue Zimmer für das Töchterchen drin. Paul rief Herrn Grau gleich an, um sich für den Bonus zu bedanken.

„Wir waren sehr von Ihrer Arbeit angetan und deshalb haben wir uns entschieden, Ihnen diesen Bonus auszuzahlen", erklärte der Bereichsleiter.

„Ja, danke sehr. Ich nehme an, meine Stellvertretung und der Rest des Projektteams werden auch entsprechend bedacht", äußerte Paul seine Vermutung.
„Nein, den Bonus bekommen nur Sie."
„Aber ich habe das Projekt nicht alleine gestemmt. Da waren alle beteiligt."
„Das ist mir klar", sagte Herr Grau, „trotzdem, wir haben uns das mit dem Vorstand zusammen gut überlegt, wir wollen hier nicht gießkannenmäßig Geld verteilen. Es versteht sich natürlich von selbst, dass Sie die Bonuszahlung nicht an die große Glocke hängen."
„Könnte ich dann vielleicht den Betrag unter allen aufteilen?", fragte Paul.
„Nein, auf keinen Fall. Das Geld ist nur für Sie gedacht", sagte Herr Grau schroff.
„Ich muss da noch einmal drüber nachdenken."
„Was gibt es denn da nachzudenken? Aber wie Sie meinen."
Einen Tag später schrieb Paul eine Mail an seinen Bereichsleiter, in der er erklärte, dass er den Bonus ablehne.

Was war der Grund für die sehr radikale Haltung von Paul? Einzig und allein, dass er es als ungerecht bzw. unfair empfand, dass nur er von dem erfolgreichen Projektabschluss materiell profitieren sollte. Obwohl er das Geld gut hätte gebrauchen können, verzichtete er darauf. Das mag einigen naiv, vielleicht sogar dumm vorkommen, aber es zeigt, dass für Paul moralische Überlegungen Vorrang haben. Er empfand es als unfair, dass nur er Geld erhalten sollte. Das ganze Team hatte zusammen das schwierige Projekt gestemmt. Aus Pauls Blickwinkel war es nicht allein sein Verdienst, dass das Projekt zu einem guten Abschluss kam. Alle im Team hatten mitgewirkt und hätten es verdient gehabt, vom Bonuskuchen etwas abzubekommen. Es ist auch nicht ganz klar, warum der Vorstand überhaupt diese Entscheidung getroffen hatte. Wahrscheinlich ist, dass die materielle Projektbelohnung der Ausnahmefall sein sollte. Man wollte nicht unnötig Begehrlichkeiten unter den Mitarbeitern insgesamt wecken.

Fallbeispiel: das Seminarprojekt

Maria war froh, dass sie Bernd noch erreichte. Ihr Studienkollege war sonst Freitagmittag immer auf dem Weg nach Hause. Maria hatte ein großes Problem. Erst gestern war ihr aufgefallen, dass sie noch einen Schein in Literatur brauchte, um für die Prüfung im nächsten Jahr zugelassen zu werden. Sie hatte sich so sehr auf ihr anderes Gebiet, „Theaterstücke des 19. Jahrhunderts", konzentriert, dass ihr das nicht aufgefallen war. Da sie außerdem einen Snowboard-Kurs machen wollte, der sie jedes Wochenende in Beschlag nehmen würde, war ihre Zeit knapp bemessen. Da fiel ihr die rettende Idee mit Bernd ein. Bernd und zwei andere Kollegen hatten als Seminararbeit ein Gemeinschaftsprojekt im Fach Deutsche Literatur. Da

> wollte sie sich einklinken, um am Ende den nötigen Schein zu erhalten. Natürlich konnte sie inhaltlich nichts beitragen, weil ihr die Zeit zur Recherche fehlte. Aber sie hätte am Ende die Dokumentation zusammengestellt. Und bestimmt konnte man Professor Bauer noch klarmachen, obwohl schon ein Drittel des Semesters vorbei war, dass sie auch an dem Projekt teilnehmen wollte. Als sie Bernd ihr Anliegen schilderte, lehnte der jedoch ab. Maria warf ihm daraufhin vor, ziemlich unkollegial zu sein. Bernd aber blieb hart. Seiner Meinung nach wäre es unfair allen anderen gegenüber, die bereits viel Zeit investiert hatten und auch viele inhaltliche Aspekte erarbeitet hatten. Es gehe nicht, dass Maria sich jetzt einfach mir nichts, dir nichts dranhängen wolle, um am Ende einen Schein zu ergattern. Da müsse sie sich einfach etwas anderes überlegen. Maria fand Bernds Reaktion absolut unmöglich. Sie war sehr enttäuscht von ihm. Es hätte doch niemanden etwas gekostet, wenn sie mitgemacht hätte. Alle hätten nur Vorteile davon gehabt, das Team und auch sie selbst natürlich.

Warum lehnt Bernd Marias Anliegen ab? Es gibt einen klaren einfachen Grund dafür, den Maria aber nicht zu sehen scheint. Mit ihrem Vorschlag noch auf das Projekt aufzuspringen, entpuppt sie sich als Trittbrettfahrerin. Das heißt, sie würde von der Aktivität der Gruppe profitieren, selbst aber nur einen marginalen Beitrag leisten. Dieses Verhalten wird von Bernd als unfair erachtet. Maria selbst scheint dies jedoch nicht so zu sehen. Offensichtlich hält sie ihren geplanten Beitrag, die Abschlusspräsentation vorzubereiten, für genauso substantiell wie die inhaltliche Arbeit. Das Prinzip, das hier eine Rolle spielt, möchte ich das Anti-Trittbrettfahrer-Prinzip (ATP) nennen. Es besagt: Es ist unfair, wenn man aus den Aktivitäten anderer einen Nutzen zieht, selbst aber keinen Beitrag bei der Durchführung der Aktivität leisten möchte. Trittbrettfahren scheint ein klarer Fall von unfairem Verhalten zu sein, wenn man nur Nutznießer ist, aber keine Kosten übernehmen möchte.

- Ich will zwar die Infrastruktur unseres Staates in Anspruch nehmen, aber keine Steuern zahlen.
- Ich möchte, dass alle anderen Strom sparen, mich selbst jedoch ausnehmen.
- Ich möchte die Party genießen, selbst aber nicht zu ihrem Gelingen beitragen.

Wie sieht es nun in folgendem Fall aus?

Fallbeispiel: Bürogemeinschaft

Erich zieht zur Untermiete in eine Bürogemeinschaft mit anderen Grafikdesignern ein. Neben ihm gibt es fünf weitere Büronutzer. Was Erich nicht wusste: In der Bürogemeinschaft gibt es die Vereinbarung, dass jeder für eine ganze Woche für die Ordnung in der Küche verantwortlich ist und zwar am Ende des Tages. Das heißt, jeder soll die Küche über eine Woche sauber halten, die Geschirrspülmaschine einräumen, die Kaffeemaschine putzen und die Spüle reinigen. Wenn Milch ausgeht, soll er Milch besorgen usw. Erich kümmert sich jedoch nicht um die Regel, als er dran wäre, verweigert er die Arbeit mit dem Hinweis, dass er seine Sachen immer sofort selbst aufräumt und ob man nicht besser das zum Standard machen sollte. Man wirft ihm vor unkollegial und unfair zu sein. Stimmt das? Obwohl er davon profitiert, dass er eine saubere Küche vorfindet, benutzt er die Küche selbst nur marginal. Er macht sich höchstens hin und wieder einen Kaffee. Er findet es unfair, im Gegenzug den Dreck anderer wegräumen zu müssen.

Hier werden aus meiner Sicht zwei unterschiedliche Sinne von Fairness benutzt. Einmal scheint Erich ein Trittbrettfahrer zu sein, weil er sich nicht an die Vereinbarung hält. Auf der anderen Seite hat er der Vereinbarung nie zugestimmt, ja, zu Anfang wurde sie ihm nicht einmal mitgeteilt. ATP scheint hier nicht so einfach zu gelten und vorausgesetzt werden zu können. Das bedeutet, es kann durchaus Fälle geben, in denen zwar jemand Nutznießer von kollektivem Handeln ist, es aber nicht als unfair betrachtet werden kann, wenn er sich nicht beteiligt. Robert Nozick schildert in seinem Buch „Anarchy, State and Utopia“ das Beispiel von einer Nachbarschaft, die die Vereinbarung trifft, dass jeder einmal pro Woche für eine musikalische Beschallung zu sorgen hat. Einer der Nachbarn jedoch klinkt sich aus und möchte sich daran nicht beteiligen. Verhält er sich unfair, auch wenn er manchmal die Musik genießen sollte, die die Nachbarn fleißig verbreiten. Es wäre unfair, wenn er der Aktion zugestimmt hätte, sich dann aber nicht an seine Vereinbarung hält. Es wäre auch unfair, wenn es eine allgemeine Pflicht als Nachbar gäbe, für das musikalische Gemeinwohl zu sorgen. Ähnlich könnte man in Erichs Fall fragen: Hat er nicht als Untermieter die Pflicht sich an die Küchen-Vereinbarung zu halten? Nehmen wir an, die Vereinbarung sei nicht Teil des Mietvertrags, dann scheint Erich keine spezielle Verpflichtung zu haben, die Küche im vereinbarten Sinn sauber zu halten.

Erich selbst macht sogar umgekehrt den Vorwurf, dass er es für unfair hält, diese Aktivität ausführen zu müssen. Denn er selbst nutzt die Küche nur zu einem geringen Teil. Das heißt, er empfindet es als ungerecht, für den Dreck der anderen aufzukommen. Diese Argumentation ist nicht von der Hand zu weisen. Die Mitglieder der Bürogemeinschaft werden in diesem Fall eine neue Vereinbarung treffen müssen. ATP trifft also nicht ohne Weiteres zu. Voraussetzung wäre in vielen Fällen die tatsächliche Zustimmung, dass man an einer Aktivität teilnehmen möchte, oder die Aktivität ist Teil der Pflichten, die man ohnehin zu erledigen hat. Wenn es beispielsweise Vertragsvereinbarung wäre, die Küche sauber zu halten, dann wäre das Verhalten von Erich unfair, weil er gegen die Vertragsregeln verstoßen würde. Betrachten wir einen anderen realen Fall, der ähnlich gelagert ist.

Fallbeispiel: Ausgehen

Martina war auf der Intensivstation in einer Uniklinik beschäftigt. Nach einer längeren Babypause war sie wieder in den Beruf zurückgegangen. Das Team, in dem sie seit einem halben Jahr arbeitete, war sehr kollegial und freundlich. Das war aber nicht immer so. Eine Zeit lang herrschten enorme Konflikte in der kleinen Mannschaft von 15 Mitarbeitern. Irgendwann wurde die Idee geboren, dass man einfach miteinander ausgehen könnte, um sich auch einmal von einer anderen Seite zu erleben. Diese Idee begründete die Praxis, dass das Team sich zweimal im Monat traf, um miteinander essen zu gehen. Offensichtlich tat dies der Gruppe sehr gut, denn die Atmosphäre änderte sich klar zum Besseren. Als Martina dazukam, war das gemeinsame monatliche Ausgehen etablierte Praxis. Natürlich schloss sich auch Martina an. Das Problem war nur folgendes: Alle Teammitglieder tranken und konsumierten sehr viel und am Ende wurde die Rechnung dadurch beglichen, dass man den Rechnungsbetrag durch die Anzahl der Personen teilte, die anwesend waren. Martina selbst trank jedoch nicht viel und aß wenig. Sie fand es nicht fair, dass sie genauso viel bezahlen sollte wie die anderen. Ihre zaghaften Versuche, den Rechnungsbetrag anders aufzuteilen und getrennt zu bezahlen, fanden nicht wirklich Gehör. Ach komm, es haben doch ungefähr alle das Gleiche konsumiert, hieß es.

Das führte dazu, dass Martina nach einigen Malen nicht mehr mitging. Selbstverständlich bemerkten dies die anderen im Laufe der Zeit und sie begannen Martina mit Argwohn zu betrachten. Warum klinkt sie sich immer aus? Will die sich nicht richtig integrieren? Bei der Arbeit verdrückt sie sich doch oft? Ist euch das nicht aufgefallen? Es dauerte nicht lange und die ersten handfesten Konflikte zwischen Martina und einzelnen Teammitgliedern tauchten auf.

Wir brauchen diese Geschichte nicht weiter zu verfolgen. Der zentrale Punkt, auf den es mir ankommt, ist bestimmt schon klar geworden. Obwohl Martina von einer Praxis, zumindest indirekt, profitiert, liefert sie selbst keinen Beitrag (das heißt, sie geht nicht mit). Insofern könnte man sie als Trittbrettfahrerin verstehen. Auf der anderen Seite hat sie einen guten Grund nicht mehr mitzugehen. Sie trägt wesentlich mehr Kosten, als sie müsste, und das empfindet sie als ungerecht. Aus

Martinas Perspektive wird also ihr unfair mitgespielt. Es gehört außerdem nicht zu ihren Pflichten, abends mit den Kollegen auszugehen. Martina macht jedoch den Fehler, ihr Anliegen nicht deutlich genug zu formulieren, aus welchen Gründen auch immer. Stattdessen zieht sie sich zurück. Dieses Zurückziehen wiederum wird von ihren Kollegen ganz anders interpretiert. Sie missverstehen Martinas Motiv und das beschwört schließlich einen Konflikt herauf.

Wie sollte man handeln, wenn man sich selbst unfair behandelt fühlt? Solche Situationen können einem immer wieder begegnen. Ein ganz besonders kniffliger Fall entsteht in unserer nächsten Geschichte für Roberta. Sie möchte nämlich ihren Chef darauf ansprechen, dass er sich unfair verhält.

Fallbeispiel: Der unfaire Chef

Roberta hat all ihren Mut zusammennehmen müssen. Sie hatte um ein Gespräch mit ihrem Chef, Herrn Huber, gebeten. Sie war zusammen mit einigen Kolleginnen mit der Arbeitsverteilung im Team nicht einverstanden. Es gab eine kleine Gruppe von Mitarbeitern, alte Kollegen des Chefs, die er bevorzugt behandelte. Roberta und die anderen Kollegen fanden das unfair. Deshalb suchte sie das Gespräch.

„Herr Huber, ich möchte gern einen etwas heiklen Punkt ansprechen."
„Worum geht es?"
„Es geht um die Arbeitsverteilung bei uns im Team. Wir haben den Eindruck, dass sie nicht ganz fair verläuft."
„Nicht fair? Was soll das heißen? Ist das jetzt gegen mich gerichtet?"
„Offen gestanden, ja, Herr Huber. Ich kann Ihnen das auch erklären."
„Ich bitte darum."
„Viele im Team, dazu gehören Max, Franz, Lothar, Maria, Claudia und auch ich, finden, dass Norbert und Karin häufig die leichter zu bearbeitenden Kundenreklamationen bekommen als der Rest des Teams."
„Das kann nicht sein", sagte Herr Huber trotzig.
„Vielleicht passiert das ja nicht bewusst", fuhr Roberta fort. „Ich möchte Sie nur darüber aufklären, dass dadurch im Team eine große Unzufriedenheit entsteht. Ich habe diesen Kritikpunkt nicht einfach aus der Luft gegriffen. Um das zu zeigen, habe ich hier eine Aufgabenaufstellung aller Mitarbeiter über die letzten drei Monate gemacht. Ich habe das hier für Sie zusammengefasst. Wie Sie daraus entnehmen können, haben Norbert und Karin als einzige nur Beschwerden der Kategorie 1 und 2 zu bearbeiten, also nach unserem Kategoriensystem die einfacheren und weniger zeitaufwendigen. Die Folge ist, dass die beiden am Ende einen höheren Bonus bekommen, weil Sie mehr Fälle bearbeiten. Das halten wir für unfair. Ich möchte Sie daher fragen, was getan werden könnte, um dem entgegenzuwirken."

„Sie müssen ja ordentlich Zeit haben, wenn Sie auch noch solche Statistiken auswerten können", sagte Huber ärgerlich.
„Ich habe diese Auswertung am Wochenende gemacht und außerdem wollte ich sichergehen, dass mein Gefühl auf einer soliden Datengrundlage steht."
„Das muss ich mir noch einmal in Ruhe ansehen."
„Ja, bitte machen Sie das. Ich bin nur hier, um Sie darauf aufmerksam zu machen, dass nicht nur ich dieses Gefühl habe, sondern auch einige andere. Und dass dadurch bereits einige Unzufriedenheit entsteht."
„Wie gesagt, ich muss mir das erst mal ansehen."
„Ja bitte. Ich würde Sie dazu gern noch einmal in der nächsten Woche ansprechen. Ist das okay?"
„Meinetwegen", sagte Herr Huber kleinlaut.

Roberta hat allen Mut zusammengenommen, um dieses Gespräch zu führen. Denn der Chef des Teams kann sich schnell persönlich angegriffen fühlen. Und in gewisser Weise ist es ja auch ein Feedback, das gegen ihn persönlich gerichtet ist. Obwohl gern zwischen Feedback auf der sachlichen Ebene und auf der persönlichen Ebene unterschieden wird, lassen sich beide Aspekte nicht wirklich trennen. In stärker beziehungsorientierten Kulturen sieht man in Feedback, wie sachlich es auch immer sei, immer die Gefahr, dass die Beziehungen zwischen Feedbackgeber und Feedbackempfänger leiden. Das ist auch der Grund, warum in anderen Businesskulturen, zum Beispiel in Frankreich oder Asien, Feedback häufig indirekt gegeben wird. Roberta ist sich dessen bewusst, dass ihr Feedback als Angriff gegen die Person des Chefs verstanden werden könnte. Sie formuliert deshalb auch, dass vielleicht gar keine bewusste Aktivität des Chefs vorliegt, sie unterstellt damit dem Chef immer noch beste Absichten. Sie präzisiert ihr Feedback, indem sie sogar eine genaue Datenaufstellung durchgeführt hat. Das ist ein wichtiger Schritt. Man muss zeigen, dass gerade bei solch einem kniffligen Thema nicht einfach ein bloßes Bauchgefühl vorherrscht, sondern empirische Daten zur Verfügung stehen. Insofern ist Robertas Feedback durchaus sachlich. Sie vermeidet außerdem dadurch Pauschalisierungen und Verallgemeinerungen. Belegbare Fakten sind nicht so einfach wegzuerklären. Dadurch wird die Beweislast auf Seiten des Chefs verschoben. Gleichzeitig braucht es auch hierfür Fingerspitzengefühl. Die Daten müssen ausreichend sein, aber sie dürfen nicht erdrückend sein, weil sonst der Feedbackempfänger das Gefühl haben wird, in der Falle zu sitzen, und dann nur zu Verteidigungsstrategien greift, um seine Haut zu retten.

Neben einer Konkretisierung des Feedbacks macht Roberta noch etwas recht gut. Sie begründet, warum sie berechtigt Kritik üben kann. Im

Wesentlichen benutzt sie zwei Argumente. Erstens hat die ungelöste Aufgabenverteilung ungleiche Bonuszahlungen zur Folge. Und zweitens wird diese ungleiche Aufgabenverteilung als unfair empfunden. Bei einem Feedback sollte man immer überlegen, wie kann ich mein Feedback begründen. Zwei klassische Begründungen können sein, die Folgen, die aus dem Verhalten resultieren oder die Normen, die verletzt, oder im positiven Fall, eingehalten wurden.

Außerdem setzt Roberta ihrem Chef nicht die Pistole auf die Brust. Sie möchte ihn von Anfang an einbeziehen, indem sie ihn fragt, was man tun könnte, sie überlässt es ihm, seine eigenen Schlussfolgerungen zu ziehen. Am Ende bleibt sie hartnäckig und kündigt ihr nächstes Gespräch an. Alles in allem hat Roberta ein recht gelungenes Feedbackgespräch geführt.

So gelingen Feedbackgespräche

Weil Feedbackgespräche in moralisch kniffligen Situationen immer wieder hilfreich sein können, möchte ich an dieser Stelle ein kleines Feedbackmodell zusammenfassen. Es soll Ihnen dabei helfen, Kritik sauber zu strukturieren und möglichst adressatenfreundlich und „aufnahmegerecht" zu formulieren. Und das gilt auch für Anerkennung! Deshalb habe ich auch ein Beispiel für einen positiven Kritikfall beigefügt.

Feedbackmodell	
1. Das gefällt mir/Das stört mich	• Thema klar ansprechen. • Konkrete Beispiele zur Veranschaulichung anführen.
2. Begründung des Feedbacks	Folgen für mich oder andere. Liegt die Verletzung einer Norm (Vereinbarung, Anweisung, „Pflicht") vor?
3. Was jetzt?	• Handeln (Wunsch, Bitte, Aufforderung)
	• Austausch: Wie sieht der Adressat die Sache?
	• Verhandeln: Wie kommen wir zusammen? Wie geht es weiter?

Wie das konkret abläuft, können Sie sich noch einmal an dem folgenden positiven Feedback ansehen.

Feedbackgespräch

1. Herr Huber, Ihre Präsentation von heute Vormittag hat mir sehr gut gefallen; das war wirklich professionell. Zwei Beispiele: Besonders gelungen fand ich den Aufbau; jeder Zuhörer wusste genau, an welcher Stelle Sie gerade sind. Außerdem fand ich Ihre Idee sehr erfrischend, ganz auf Folien zu verzichten und nur mit Flipchart zu arbeiten.
2. Das hatte zur Folge, dass jeder von uns von der ersten bis zur letzten Minute aufmerksam war und viel gelernt hat. Der Erfolg hat sich auch schon eingestellt: Der Kunde hat eben angerufen; er möchte das Projekt mit Ihnen als Leiter machen – weil Sie so kompetent und pragmatisch sind. Das heißt, dass Sie einen wichtigen Auftrag für unser Unternehmen gewonnen haben. Und Vorstand Maier hat auch schon angerufen und dem ganzen Team gratuliert.
3. Und jetzt: Sie können sich ja denken, wie mich das freut. Machen Sie einfach so weiter, dann kann nichts schiefgehen!

Warum überhaupt moralisch handeln?

Der letzte Punkt, den ich zum Thema Fairness ansprechen möchte, betrifft die Frage – und der bin ich bisher ausgewichen: Warum soll man überhaupt moralisch handeln? Warum soll man sich überhaupt an dieses ganze Bündel von Hyperregeln halten? Wäre es nicht sogar klüger, auch auf die Gefahr zum Trittbrettfahrer zu werden, wenn sich zwar alle anderen Menschen an die ganzen moralischen Regeln halten, ich mir aber die Freiheit nehme, jederzeit nach meinem eigenen Gutdünken gegen sie zu verstoßen? Wichtig ist doch, dass die anderen sich daran halten, dann bin ich ausreichend geschützt. Wie könnte man einen moralischen Trittbrettfahrer davon überzeugen, dass auch er sich an die Regeln halten sollte?

Ich möchte drei Gründe anführen, die einen Trittbrettfahrer vielleicht überzeugen könnten.

1. Wenn du dich unmoralisch verhältst, und das wird von deiner Umgebung bemerkt, wirst du Sanktionen ausgesetzt sein. Man wird deine Handlungen missbilligen, man wird dich vielleicht verachten oder du wirst anderen Arten von Sanktionen ausgesetzt sein. Mit anderen Worten: Dein unmoralisches Verhalten wird von der Gesellschaft bestraft werden. Diese potenziellen Strafen sollten Grund genug für dich sein, dich an die moralischen Hyperregeln zu halten.

Auf diese Überzeugungsstrategie wird der Trittbrettfahrer vermutlich antworten: „Du unterschätzt mich. Natürlich werde ich darauf achten, unentdeckt zu bleiben. Ich werde sogar versuchen, mich in der Öffentlichkeit als moralisches Vorbild zu zeigen. Keiner wird vermuten, dass dies alles Schauspielerei ist."

Dagegen werde ich Folgendes antworten:

2. Es besteht immer die Gefahr, entdeckt zu werden. Auch wenn du glaubst, besonders klug zu sein, besteht immer ein Restrisiko. Es erfordert darüber hinaus erhebliche Anstrengungen von dir, dass deine Tarnung nicht auffliegt. Ist es unter diesen Umständen nicht einfacher, dass du dich gleich an die Regeln hältst? Die Energie, die du benötigst, um unentdeckt zu bleiben, könntest du in andere, Nutzen bringende Projekte stecken.
3. Die wichtigste Frage, die ich dir stellen möchte ist jedoch folgende: Welche Person möchtest du eigentlich sein? Möchtest du jemand sein, der aus Achtung vor den moralischen Regeln handelt oder jemand, der die Regeln nur zu seinem persönlichen Nutzen versteht? Was möchtest du am Ende deines Lebens über dich sagen können? „Ich habe versucht, so gut und so moralisch wie möglich zu handeln, ich habe mir nichts vorzuwerfen. Ich kann ruhigen Gewissens von dieser Welt gehen." Oder bist du mit Folgendem zufrieden? „Ich habe so viele moralische Regeln wie nur möglich gebrochen, alles lief zu meinem persönlichen Nutzen und keiner hat es gemerkt." Ich nehme an, dass es kaum Menschen gibt, die am Ende ihres Lebens mit einem solchen Fazit abschließen wollen.

Pflichten – und kein Ende?

Die bisher vorgestellten moralischen Grundregeln fordern von uns ihre unparteiische Anwendung. Das heißt, sie gelten ohne Ansehen der Person, für alle Menschen und nicht nur für eine Teilgruppe. Ich darf nicht nur meine nächsten Verwandten nicht belügen, meine Freunde oder Kollegen, sondern auch alle anderen Menschen nicht, mit denen ich je zu tun haben werde.

Nun zeichnet sich unser Alltagsleben jedoch durch eine gewisse Parteilichkeit aus. Sie erklärt sich aus dem feinen Netz sozialer Beziehungen, in dem wir uns wiederfinden. Wir haben nicht einfach neutrale, unterschiedslose Beziehungen zu allen anderen Personen, sondern wir haben ganz spezielle Bindungen zu Personen oder Personengruppen, sei es als Freund, als Mutter, als Arbeitgeber, als Abgeordneter, als Führungskraft. Gleichzeitig ist jeder von uns mit bestimmten Aufgaben und Plänen beschäftigt und auch diese Aufgaben schaffen spezielle Beziehungen mit anderen Menschen, sei es als Lieferant, als Handwerker, als Pfarrer usw. Unsere soziale Wirklichkeit ist also hochkomplex und differenziert. Der entscheidende Punkt ist nun, dass diese speziellen Aufgaben und Beziehungen spezielle Pflichten (Bündel von Normen, Anforderungen und Erwartungen) mit sich bringen. Ich nenne sie *soziale Rollenpflichten*. Diese Pflichten, obwohl sie sich von den Grundregeln unterscheiden, führen eine moralische Qualität mit sich. Wer als Eltern seiner Fürsorgepflicht nicht gerecht wird und sich nicht um sein Kind sorgt und kümmert, dessen Handeln verstößt nicht nur gegen das Gesetz, sondern ist auch moralisch falsch. Wer sich nicht an seine Rollenpflichten hält, ist unzuverlässig, nachlässig, nicht gewissenhaft oder handelt unverantwortlich. Wir finden dafür also moralische Bewertungen. Und erinnern wir uns: Die Funktion der Moral ist es, uns vor Schaden zu bewahren und Kooperation zu ermöglichen. Wer seine sozialen Pflichten nicht erfüllt, kann damit direkt oder indirekt anderen Personen, denen gegenüber die Pflichten bestehen, Schaden zufügen und ein gelungenes Miteinander untergraben. Seine sozialen Pflichten zu erfüllen, ist daher ein moralisches Gebot, weshalb ich eine weitere moralische Regel einführen möchte:

> Man soll seine sozialen Rollenpflichten erfüllen.

Diese Regel hat vielleicht zunächst einen etwas seltsamen Beigeschmack, denn sofort fallen einem Beispiele ein, in denen Menschen im Namen der Pflicht die übelsten und grausamsten Taten begangen haben. Kann denn nicht der Folterer, der in einem Gefängnis im Einklang mit seiner Stellenbeschreibung Menschen Schmerzen zufügt und Geständnisse erpresst, sich guten Gewissens auf diese Regel berufen und sagen: Ich hab' doch nur meine Pflicht getan?

Der springende Punkt ist, dass die Erfüllung einer Pflicht nicht die ungerechtfertigte Verletzung einer anderen moralischen Grundregel erlaubt. Eine Verletzung ist nur dann möglich, wenn sie sich durch allgemein akzeptierbare rationale Gründe rechtfertigen lässt. Die Erfüllung der Folterer-Stellenbeschreibung ist kein akzeptabler Grund, der die willkürliche Zufügung von Schmerzen rechtfertigen würde.

Zwei Bemerkungen sind angebracht: Die sozialen Pflichten, die unser Leben beeinflussen, erhöhen die Komplexität unserer Entscheidungssituationen. Während man sich noch recht gut vorstellen kann, dass unsere moralischen Grundregeln zumindest zum Teil (nicht töten, keine Schmerzen zufügen ...) zu unserer biologischen Ausstattung gehören, sind soziale Pflichten mit Sicherheit neueren Datums und noch nicht Teil unserer moralischen DNS. Denn soziale Pflichten ergeben sich aus dem Geflecht von Beziehungen, Aufgaben und Arbeitsteilungen, die das Leben in unserer Gesellschaft bestimmen. Diese Komplexität zeigt sich auch in dem Erwartungsdruck, der mit jeder zusätzlichen Rolle, die man auszufüllen versucht, ansteigt.

Die zweite Bemerkung betrifft den Fuzzy-Charakter von sozialen Pflichten. Denn welche Pflichten genau mit einer Rolle verbunden sind, ist nicht immer eindeutig festgelegt. Deshalb ist auch wichtig für sich selbst zu überlegen, welche Rollen nehme ich ein und welche Pflichten werden allgemein erwartet und welche sollte ich erfüllen.

- Als Bürger dieses Staates habe ich die Pflicht, mich an die Gesetze zu halten. Habe ich auch eine Pflicht zur Wahl zu gehen?
- Als Arbeitgeber habe ich darauf zu achten, dass meine Mitarbeiter keine gesundheitlichen Schäden erleiden. Habe ich auch eine Pflicht, Arbeitsplätze zu sichern?
- Als Mitarbeiter in einem Unternehmen unterliege ich gewissen Geheimhaltungspflichten. Habe ich auch eine Pflicht, immer motiviert zu sein?
- Als Schatzmeister des Vereins „Bedrohte Apfelsorten“ habe ich die Pflicht, die Kasse sorgfältig zu führen. Habe ich auch die Pflicht an jeder Veranstaltung teilzunehmen?
- Als Arzt habe ich die Pflicht, meine Patienten über Behandlungsrisiken aufzuklären. Aber habe ich auch die Pflicht, besonders einfühlsam zu sein?

Viele der Pflichten, die wir zu erfüllen haben, sind durch einen gesetzlichen Rahmen fixiert. Aber es gibt auch moralische Pflichten, die über den Rechtsrahmen hinausgehen. Und da gilt es für jeden von uns, sich auch selbst zu fragen: Was sehe ich als meine Pflichten an?

Als Berater beim Projekt Philosophie sehe ich es zum Beispiel meinen Kunden gegenüber als meine Pflicht an,

- eine genaue Dokumentation unserer Leistungen vorzunehmen,
- Verschwiegenheit zu üben,

- genaue Vereinbarungen über eine mögliche Zusammenarbeit mit Mitbewerbern zu treffen,
- die maximale Beteiligung unserer Kunden zu gewährleisten,
- eine sorgfältige Analyse und eine klare Aussage zu erstellen, ob wir zusammenpassen,
- eine ehrliche und offene Beratung durchzuführen.

Zu den Pflichten eines Wissenschaftlers in seiner Rolle als Forscher gehören

- Experimente valide durchzuführen,
- darauf zu achten, dass die Ergebnisse replizierbar sind,
- eine sorgfältige Datenanalyse und nachvollziehbare Dokumentation zu erstellen,
- Forschungsergebnisse anderer Personen entsprechend zu kennzeichnen und nicht als die eigenen auszugeben.

Zu den Pflichten eines Schreiners können gehören:

- qualitativ gute Arbeit zu leisten,
- Zusagen einzuhalten.

Ich habe eine kleine Checkliste mit Leitfragen erstellt, die helfen können, die eigenen Rollenpflichten zu identifizieren.

Checkliste: Leitfragen zu den eigenen Rollenpflichten
• Welche Rollen habe ich zu erfüllen?
• Welche Pflichten sind aus meiner Sicht damit verbunden?
• Wie gut erfülle ich diese Pflichten?
• Gibt es konkurrierende soziale Pflichten?
• Welche Pflichten habe ich vernachlässigt? Auf welche Pflichten sollte ich mich stärker konzentrieren?

Ich möchte im Folgenden drei Geschichten vorstellen, in denen es um Pflichten eines Vorgesetzten geht, die über die gesetzlichen Pflichten hinausgehen.

Fallbeispiel: Burn-out

Werner und Michael waren schon lange nicht mehr gemeinsam beim Essen in der Kantine. Werner war froh, dass heute nach dem Meeting dazu wieder einmal die Gelegenheit gab. Michael war Werners Mitarbeiter und Werner hatte in der letzten Zeit das Gefühl, dass Michael einige Probleme hatte. Kollegen hatten sich über Michael beschwert, dass er oft schlechte Laune habe und dies an seinen Kollegen ablasse. Auch mit einigen Projekten war er im Verzug. Wichtige Dokumentationen, für die sein Team zuständig war, waren noch nicht erstellt. Höchste Zeit mit Michael einmal ein Gespräch zu führen. Also kam es Werner mehr als gelegen, dass er die Möglichkeit hatte, mit Michael in der Kantine das Mittagessen einzunehmen. Als sie schließlich am Tisch zusammensaßen, erschrak Werner, wie fahrig und nervös Michael wirkte. Seine Hände zitterten, wenn er die Gabel zum Mund führte, sein Blick war unkonzentriert, fast verwirrt.

„Um auf das Beta-Projekt zurückzukommen, vielleicht solltest du ein paar Dinge abgeben?", schlug Werner vor.
„Du weißt doch, wie das ist, wenn man nicht alles selbst macht, dann wird es immer nur halb erledigt", sagte Michael.
„Du solltest ein bisschen kürzer treten, du ziehst dir zu viele Schuhe an. Kannst du nicht irgendwo Prioritäten setzen und einige Dinge delegieren?"
„Mach ich ja."
„Ich mache mir, ehrlich gesagt, ein bisschen Sorgen um dich", sagte Werner.
„Warum das denn?"
„Du wirkst auf mich sehr nervös und manchmal sogar überfordert. Wie du heute im Meeting Rüdiger angeblafft hast, obwohl er nur wissen wollte, warum es zu der Projektverzögerung kam, das war nicht notwendig."
„Der soll nicht so empfindlich sein", wiegelte Michael ab, „war doch gar nicht so gemeint. Ich brauche einfach ein bisschen mehr Schlaf, das ist alles."

Das Gespräch in der Kantine ließ Werner nicht los. Er hatte das Gefühl, dass Michael kurz vor einem Burn-out stand. Er selbst war letztes Jahr beinahe zusammengebrochen, als alles für ihn einfach zu viel wurde. Er nahm sich vor, Michael in den nächsten Wochen gut zu beobachten, mit ihm hin und wieder ein Gespräch zu führen. Außerdem überlegte er, wie er Michael entlasten könnte. Obwohl alle in seinem Team am Anschlag arbeiteten, erschien ihm bei Michael höchste Dringlichkeit geboten. Am Nachmittag ließ Werner sich einen Termin bei der Personalabteilung geben, um dort zu erörtern, welche weiteren Unterstützungsangebote es für Michael geben könnte. Ein Coaching wäre vielleicht eine geeignete Maßnahme.

In dieser Geschichte wird deutlich, dass es Werner als eine seiner zentralen Pflichten gegenüber seinen Mitarbeitern betrachtet, sich auch um deren Wohlergehen zu kümmern. Einmal natürlich deshalb, weil ein kranker Mitarbeiter keinen wirklichen Nutzen für das Unternehmen bietet, aber vor allem deshalb, weil er auch eine gewisse Fürsorgepflicht gegenüber den Personen empfindet, deren Vorgesetzter er ist. Anzeichen von Burn-out bei einem Mitarbeiter sind sehr ernst zu nehmen. Auf keinen Fall darf man die Augen davor verschließen und darauf hoffen, alles werde sich von selbst regeln. Manchmal ist dabei vielleicht nur wichtig, dass man als Gesprächspartner zur Verfügung steht, manchmal muss man für handfestere Entlastung sorgen, ja manchmal muss man einen Mitarbeiter dazu anhalten, sich ein paar Tage Auszeit zu nehmen. Fürsorge ist also durchaus ein wichtiger moralischer Pflichtenbestandteil in der Rolle eines Chefs. Natürlich hat die Fürsorge auch ihre Grenzen. Man kann nicht die Mutter oder der Vater der Kompanie sein, weil man sich selbst dadurch überfordern würde. Auch kann ich mich als Chef nicht ständig darum kümmern, dass alle immer glücklich und zufrieden sind. Aber ich kann mich darum kümmern, dass ich selbst niemanden demotiviere und Hilfestellung geben, wenn es jemandem schlecht geht. Mir ist eine Geschichte bekannt, in der die Fürsorge einer Chefin sehr weit geht.

Fallbeispiel: Fusion

Nachdem das französische Unternehmen Talon mit einem amerikanischen Unternehmen fusionierte, wurden einige Stellen abgeschafft und Teams aufgelöst. Unter anderem sollte auch das Team von Beatrice Benoît dieses Schicksal ereilen. Frau Benoît bekam innerhalb der neuen Struktur eine hochrangige Führungsaufgabe. Es war aber unklar, auf welche Stellen ihre Teammitglieder kämen und ob sie überhaupt weiterbeschäftigt würden. Beatrice Benoît kämpfte über ein Jahr, bis alle Teammitglieder mit angemessenen Positionen im neuen Unternehmen versorgt waren. Wenn man sie fragte, warum sie das tat, erklärte sie, dass das Team so loyal zu ihr gestanden habe, dass sie es als ihre Pflicht betrachtete, für jedes einzelne Teammitglied etwas zu unternehmen.

In dieser Geschichte wird die Pflicht eines Vorgesetzten sehr weit gefasst. Es ist eigentlich schon eher ein ethisches Ideal oder Ziel, dass Frau Benoît verfolgt. Man hätte ihr nämlich keinen Vorwurf machen können, wenn sie sich nicht so massiv darum gekümmert hätte, dass jedes Teammitglied eine neue Stelle in dem Unternehmen erhält. Aber man könnte es einem Vorgesetzten zum Vorwurf machen, wenn er sich nicht um den Burn-out von Mitarbeitern gekümmert hätte.

Dies führt uns zu einer wichtigen Frage, wenn es darum geht, die eigenen Pflichten zu identifizieren. Könnte ich mir einen gerechtfertigten Vorwurf einhandeln, wenn ich hier nicht handle? Wie im nächsten Kapitel noch einmal ausführlich dargestellt wird, ist es wichtig zu unterscheiden, was die Common-Sense-Ethik von einem fordert (unsere

Hyperregeln) und was die Common-Sense-Ethik als wünschenswert betrachtet (ethische Ideale). Gerade wenn wir über soziale Pflichten reden, ist der Übergang von dem, was moralisch verlangt werden kann, zu dem, wozu man ethisch ermuntern sollte, fließend. Dennoch ist die Unterscheidung wichtig, denn oft entstehen Missverständnisse oder falsche Entscheidungen daraus, dass man das, was lediglich wünschenswert ist, für eine moralische Grundregel hält.

Fallbeispiel: Mobbing

Herr Melchior, der Betriebsrat, und Frau Schmid saßen bei ihrem Chef, Herrn Wehner. Frau Schmid war ganz blass und immer wieder den Tränen nah. Der Betriebsrat informierte Herrn Wehner, dass Frau Schmid von Kollegen gemobbt wird. Herr Melchior und Frau Schmid berichteten beide ausführlich über die Vorfälle in den letzten Monaten. Für Herrn Wehner war sofort klar, dass etwas unternommen werden musste. Ein Mobbing-Vorwurf durfte nicht auf die leichte Schulter genommen werden. Frau Schmid war eine hervorragende Mitarbeiterin und jetzt zu erleben, wie sie als Häuflein Elend vor ihm saß, bestürzte ihn sehr. Erschrocken war er auch darüber, dass ihm die ganze Geschichte nicht aufgefallen war. Er bedankte sich nach dem Gespräch beim Betriebsrat und Frau Schmid für ihre Offenheit. Er wollte sofort Frau Schmid aus der Schusslinie nehmen und versetzte sie mit ihrem Einverständnis in ein anderes Büro. Außerdem machte er einen Termin mit einem Konfliktmanager und Mobbing-Experten. Hier musste professioneller Rat her.

Herr Wehner reagierte in diesem Fall genau richtig. Führungskräfte haben die Pflicht zu intervenieren, wenn es Konflikte im Team gibt oder sich welche anbahnen. Sie haben eine Schutzfunktion gegenüber den Teammitgliedern. Gerade in einem Mobbingfall heißt es konsequent handeln. Der Vorgesetzte muss seine gesamte Macht einsetzen, um das Opfer vor weiteren Angriffen zu schützen. Mobbing ist vor allem deshalb so schlimm, weil die Machtverteilung zwischen den Parteien sehr ungleich ist. Im „Normalfall“ geht eine Gruppe gegen eine oder wenige Personen vor, dieses Vorgehen ist abgestimmt, geplant und verfolgt konsequent das Ziel, das oder die Opfer wegzukriegen. Das Opfer hat extremen Leidensdruck: Es erlebt seine Lage als massiven Angriff auf die eigene Person und als bedrohlich für die eigene Existenz. Die Folgen sind Ängste und häufig psychosomatische Beschwerden.

Oberste Priorität ist es für den Vorgesetzten, das Mobbingopfer wirkungsvoll und konsequent zu schützen. Die Sache darf nicht unter den Teppich gekehrt oder auf die lange Bank geschoben werden. Durchsetzungskraft ist gefragt. Der Vorgesetzte wird klare Anweisungen geben müssen, eventuell müssen Verbote ausgesprochen oder disziplinarische Maßnahmen ergriffen werden. Mobbing ist ein dermaßen drastischer Versuch, eine einzelne Person zu isolieren und zu schädigen, dass Appelle an die Vernunft und gutes Zureden meistens wirkungslos bleiben. Der Vorgesetzte wird sich dabei intensiv mit der Personalabteilung, seinem eigenen Vorgesetzten und dem Betriebsrat abstimmen müssen. Unter Umständen muss professionelle Hilfe von Außen hinzugezogen werden. Einmal für das Mobbing-Opfer, aber auch für den Vorgesetzten. Denn Vorgesetzte fühlen sich bei Mobbing-Fällen oft selbst hilflos und überfordert.

Bisher haben wir moralische Grundregeln als Prima-facie-Regeln behandelt, das heißt, man darf gegen die Regeln verstoßen, wenn es rechtfertigende Gründe gibt. Gilt dies auch im Fall sozialer Pflichten?

Fallbeispiel: Der Vater

Dass Anitas Tante Martha ihren Besuch angekündigt hatte, war Anita gar nicht recht. Sie hatte vor vielen Jahren allen Kontakt mit ihrer Familie abgebrochen. Anita hatte keinen blassen Schimmer, warum Martha sie unbedingt besuchen wollte und wie sie ihre Adresse ausfindig gemacht hatte. Es spielte aber auch keine wirkliche Rolle. Die Tatsache, dass Martha am Nachmittag auftauchen würde, war nicht mehr zu ändern. Und wenn Anita Martha heute nicht empfangen würde, wäre die Tante am nächsten Tag hundertprozentig wieder da. Das würde sich so lange wiederholen, bis Martha ihr Ziel erreichte, Anita einen Besuch abzustatten. Martha war berüchtigt für ihre Hartnäckigkeit.

Martha war in den letzten Jahren sichtlich gealtert. Die jugendliche Frische, die sie früher ausgestrahlt hatte, war restlos verschwunden. Ihre Haare waren grau, ihr Gesicht schmal und die Augen farblos. Das Gespräch zwischen den beiden lief am Anfang sehr zäh und schleppend. Es dauerte jedoch nicht lange, bis Martha auf den eigentlichen Punkt zu sprechen kam, weswegen sie hier war.

Anitas Vater ging es sehr schlecht. Er hatte einen Schlaganfall erlitten und war stark pflegebedürftig. Da Anitas Mutter schon vor vielen Jahren verstorben war, war Anita die nächste Verwandte. Martha wollte Anita davon überzeugen, ihren Vater – wenigstens einmal – zu besuchen.

„Er würde sich wirklich freuen. Er spricht oft von dir. Er vermisst dich", flötete die Tante.

„Nein, ich möchte ihn nicht mehr sehen", erwiderte Anita barsch.

„Du darfst nicht so undankbar sein. Du bist seine Tochter. Er hat viel für dich getan. Ich weiß nicht, was zwischen euch vorgefallen ist. Aber so schlimm kann es nicht sein, dass du ihn nicht mal mehr besuchen kannst", sagte Martha leicht vorwurfsvoll.

„Martha, ich möchte ihn nicht sehen und ich werde ihn nicht sehen", Anita blieb hart. „Und außerdem möchte ich gern, dass du jetzt gehst." Mit diesen Worten komplimentierte Anita ihre Tante nach draußen.

Was Martha nicht wissen konnte, was aber Anita Zeit ihres Lebens verfolgte, war, dass ihr eigener Vater Anita mehrfach missbraucht hatte. Für Anita war dies ein guter Grund, mit diesem Menschen nie wieder Kontakt zu haben. Allerdings wollte sie Martha diese Geschichte nicht erzählen. Niemand wusste davon und niemand sollte je davon erfahren. Das hatte Anita sich fest geschworen.

Angesichts dieser Tatsache ist es keine Überraschung, dass Anita ihren Vater nicht mehr sehen möchte. Sie hat tatsächlich einen guten, rechtfertigenden Grund dafür, dass sie ihrer Pflicht als Tochter nicht nachkommt. Der Vater hat durch seine Tat enormes Leid über seine Tochter gebracht und damit wahrscheinlich ihr ganzes Leben negativ beeinflusst. Er hat damit den moralischen Anspruch auf eine Pflichterfüllung durch seine Tochter verwirkt. Auch die sozialen Pflichten sind Prima-facie-Pflichten. Es kann gute Gründe geben, die eine Verletzung der Pflichten erlauben. In diesem Fall basieren die Gründe auf vergangenen Fakten. Ihrem Peiniger gegenüber ist Anita jeder Pflicht enthoben. Diese Sichtweise würde von allen vernünftigen Personen gebilligt werden. Es ist natürlich auch Anitas gutes Recht, dass sie ihrer Tante nichts von den Vorfällen erzählen möchte. Anita hat keine Verpflichtung, ihrer Tante reinen Wein einzuschenken. Ob es insgesamt für Anitas „Seelenheil" gut ist, diese Geschichte weiter zu verheimlichen, steht auf einem anderen Blatt.

Ich werde in diesem Abschnitt nicht alle Arten von Rollenpflichten betrachten können. Wichtig ist, dass die Grundidee klar geworden ist. Im zweiten Teil dieses Abschnitts möchte ich drei Themen aufgreifen. Die Rolle von Interessenkonflikten, ein paar Beobachtungen zu scheinbaren Pflichten, wie Loyalität und Dankbarkeit, und ich möchte am Ende unseren Petersen-Fall vom Beginn des Buches wieder aufnehmen, um zu besprechen, was Herr Petersen denn nun tun könnte, um sein Dilemma zu lösen oder aufzulösen.

Interessenkonflikte

Unterschiedliche Rollenpflichten oder spezielle Beziehungen zu unseren Mitmenschen können dazu führen, dass wir uns entscheiden müssen, welche Rolle uns denn nun wichtiger ist. Wir kommen fast täglich in die Situation, die Interessen, die uns die eine soziale Rolle erteilt, gegen Interessen abzuwägen, die eine andere soziale Rolle uns aufgibt:

das weinende Kind trösten oder rechtzeitig zur Arbeit kommen, dem Freund helfen oder mit der Ehefrau ausgehen – um ein paar harmlose Fälle zu nennen. Wir geraten also in einen sogenannten Interessenkonflikt.

Die Interessen, die sich aus einer Rollenpflicht oder einer speziellen Beziehung ableiten, behindern Interessen, die von einer anderen Rollenpflicht oder Beziehung herrühren. Egal, wie ich mich entscheide, am Ende muss ich gewissen Interessen Geltung verschaffen und andere, die ich eigentlich wahren müsste, vernachlässigen.

In diesem Sinne ist es zum Beispiel kein Interessenkonflikt, wenn ich eine Pflicht zu erfüllen habe, aber zum Beispiel lieber etwas anderes tun würde. Ein Interessenkonflikt entsteht durch eine strukturelle Konstellation und ist von außen vorgegeben, wie in den folgenden Beispielen:

Interessenkonflikte:

- Mein eigener Sohn ist Schüler in der Klasse, die ich unterrichte.
- Mein Doktorand ist gleichzeitig Sponsor der Universität.
- Ein Mitglied der Patentabteilung eines IT-Unternehmens heuert bei einem Konkurrenzunternehmen an.
- Ein Vorstandsmitglied der Firma Quoltop besitzt erhebliche Anteile an einem Lieferanten von Quoltop.
- Ein Seniormanager muss über eine neue Stellenbesetzung entscheiden. Einer der Kandidaten ist der beste Freund seines Sohnes.
- Die Ratingagenturen wie Moodys oder Standard & Poors werden von den Staaten bezahlt, deren Kreditwürdigkeit sie bewerten sollen.

Fallbeispiel: Diversifikation

Xtempt war eine gutgehende Wirtschaftsprüfungsgesellschaft. Bei einem Meeting der Geschäftsleitung kam die Idee auf, dass man neue Geschäftsfelder erschließen sollte. Die Überlegung war, die betriebswirtschaftliche Expertise zu nutzen, um ins Beratungsgeschäft einzusteigen. Myriam, Mitglied der Geschäftsleitung, äußerte jedoch erhebliche Bedenken.

„Ich halte das für keine gute Idee. Denn es kann leicht zu widerstreitenden Interessen kommen. Besonders dann, wenn wir denselben Kunden prüfen und beraten. Wir haben einen guten Ruf als unabhängige Wirtschaftsprüfungsgesellschaft. Den setzen wir aufs Spiel, wenn wir ins Beratungsbusiness einsteigen. Denn dann haben wir die Interessen unseres Auftraggebers zu vertreten."

„Das Ganze muss natürlich personell und organisatorisch getrennt werden", warf Peter ein. „Wir sollten dann halt auch nicht ein und denselben Kunden beraten und prüfen."
„Ich bin mir nicht sicher, dass sich das durchhalten lässt. Wir beschneiden damit unser eigenes Geschäft. Also ich bin dagegen", wiederholte Myriam.

Können Sie Myriams Argument nachvollziehen? Sie ist gegen eine Ausweitung des Geschäfts, weil dadurch Interessenkonflikte heraufbeschwört werden können, die mit den jeweiligen Zielen und Pflichten nicht mehr vereinbar sind. Außerdem bringt sie das Klugheitsargument, dass der gute Ruf leiden könnte. Beides sind starke Argumente, die es zu berücksichtigen gilt. Dabei sollte erwähnt werden, dass Interessenkonflikte nicht zwangsläufig in ein moralisches Dilemma münden. Es besteht aber die Möglichkeit und Gefahr dazu. Und sollte man in einen handfesten Interessenkonflikt geraten, der nicht gelöst werden kann, dann steigt das Risiko, dass man selbst Schaden nimmt. Deswegen ist es wichtig, sich schon im Vorfeld Gedanken zu machen, wenn man neue Funktionen oder Positionen übernimmt, ob sich nicht Interessen in die Quere kommen.

Fallbeispiel: Das Grundstück

Bürgermeister Vielheim befand sich in einem Dilemma. Auf der nächsten Gemeinderatssitzung sollte darüber diskutiert und abgestimmt werden, welchem Investor das große Grundstück an der Gemeindewiese zugeschlagen wird. Es gab zwei Kandidaten. Beide Bewerber wollten jeweils ein Hotel auf dem Gelände errichten. Das Problem war nur, dass einer der beiden Investoren Vielheims Sohn, Richard Vielheim, war. In der Gemeinde gab es darüber schon Gerede. Der zweite Investor befürchtete – zumindest äußerte er das gegenüber verschiedenen Personen in der Gemeinde –, dass er chancenlos war, weil dem Sohn des Bürgermeisters bestimmt eine Art Vorrecht eingeräumt würde. Angesichts dieser Lage traf der Bürgermeister eine Entscheidung. Er verzichtete auf die Teilnahme an der entscheidenden Sitzung. Er wollte nicht in den Verdacht kommen, die Position seines Sohnes auf unlautere Art und Weise zu verbessern.

Was halten Sie von der Entscheidung des Bürgermeisters?

Dass der Bürgermeister nicht an der Sitzung teilnimmt, um einem Interessenkonflikt aus dem Weg zu gehen, ist ihm hoch anzurechnen. Seine Überlegung ist dabei folgende: „Als Bürgermeister habe ich die Pflicht, darauf zu achten, dass das beste Ergebnis für unsere Gemeinde herauskommt. Als Vater möchte ich natürlich, dass mein Sohn zum Zug kommt und den Zuschlag für das Grundstück erhält. Diese Konstellation kann dazu führen, dass ich nicht die beste Entscheidung treffe, und das möchte ich vermeiden. Außerdem: Wenn mein Sohn den Zuschlag erhält und ich bei der entscheidenden Sitzung dabei war, wird es mit Sicherheit Stimmen geben, die behaupten, ich hätte mein Amt genutzt, um meinen Sohn zu protegieren. Ich schwäche dadurch also meine Position als Bürgermeister. Umgekehrt kann es sein, dass ich den Projektvorschlag meines Sohnes vielleicht zu kritisch beurteile, gerade weil ich nicht möchte, dass ich in den Geruch der Parteinahme komme. Das wäre also meinem Sohn gegenüber unfair. Das Beste ist es also, von der entscheidenden Sitzung mit entsprechender Begründung fern zu bleiben.“ Dem ist nichts hinzuzufügen.

Wie kann man Interessenkonflikte lösen? Es gibt mehrere Strategien dazu: Die erste Möglichkeit besteht darin, keine Pflichten einzugehen, in denen Interessenkonflikte abzusehen sind.

Eine zweite Strategie kann sein, sich bei Interessenkonflikten – und das haben wir gerade bei Bürgermeister Vielheim gesehen – aus dem Entscheidungsprozess herauszunehmen. Möglicherweise übergibt man anderen Personen die Entscheidung, die nicht durch den Interessenkonflikt belastet sind. Außerdem ist es hilfreich, den Interessenkonflikt transparent zu machen, das heißt, den beteiligten und betroffenen Personen klarzumachen, dass man sich in einem Konflikt widerstreitender Interessen befindet. Unter Umständen kann es dann sinnvoll sein, die beteiligten Personen zu fragen, was sie zu tun empfehlen.

Ein weiterer letzter Schritt kann natürlich sein, sich der Aufgabe oder der Pflicht ganz zu entledigen, indem man sie abgibt oder zurücktritt.

Es gibt Situationen, in denen nicht klar ist, ob es sich dabei um Pflichten handelt, die erfüllt werden müssen, oder ob es um wünschenswerte Verhaltensweisen geht, die eher als ethische Ideale zu verstehen sind. Sehen wir uns dazu folgende Geschichten an.

Fallbeispiel: Software

Max war ein erfolgreicher Softwareingenieur. Zusammen mit seiner Frau Gertrud gründete er die kleine Firma AlphaSoft. AlphaSoft produzierte spezielle Software zur Steuerung von Anlagen. Die Geschäfte liefen gut. Immer mehr Aufträge erhielt er durch Anfragen über das Internet. Auf diese Weise gewann er bereits Kunden in Indien und in China. Oft sah er den Auftraggeber gar nicht persönlich. Man besprach sich per Mail oder per Videokonferenz. Und nach einem ausführlichen Briefing wurde die Software entwickelt. Da Max seine Programme stets jeweils nur für einen speziellen Teil der Anlagen schrieb, wusste er häufig nicht im Detail, in welcher Art von Anlagen seine Software betrieben wurde. Der Punkt war, dass sich seine Software auch für militärische Einrichtungen nutzen lassen könnte. Gertrud äußerte deswegen schon häufiger ihre Bedenken. „Ich kann mich doch nicht im Detail darum kümmern, wo unsere Software eingesetzt wird. Der Kunde zahlt und er zahlt gut, das ist am wichtigsten." Das war jedes Mal Max' Replik, wenn Gertrud wieder einmal ihre Zweifel über die moralische Integrität des Auftraggebers vorbrachte.

Sind die Bedenken von Gertrud berechtigt?

Das Internet ermöglicht völlig neue Formen der globalen Zusammenarbeit. Eine höhere Geschwindigkeit in der Auftragsabwicklung und eine höhere Effizienz sind die Folge. Auch kleinere Unternehmen können durch das Internet in Märkte eindringen, zu denen sie vorher keinen Zugang hatten. Gleichzeitig laufen die Prozesse aber auch immer anonymer ab. Das hat zur Konsequenz, dass man nicht mehr genau überblicken kann, wer die Partner genau sind, mit denen man zusammenarbeitet oder für welche Zwecke das Produkt benutzt wird, das man liefert. Zumindest besteht diese Gefahr in unserer obigen Geschichte. Hat nun Max eine spezielle Informationspflicht? Muss er sich Klarheit darüber verschaffen, wozu seine Software exakt benutzt wird? Denn es könnte ja sein, dass seine Software für Zwecke eingesetzt wird, die unmoralisch sind.

Ich denke, dass durchaus eine gewisse Informationspflicht als Lieferant besteht. Zumindest muss man klären, ob nicht gegen gesetzliche Auflagen verstoßen wird. Mit manchen Ländern gibt es Handelsbeschränkungen, die es zu beachten gilt. Auf der anderen Seite verstößt Max nicht unmittelbar gegen eine moralische Hyperregel. Das heißt, es gibt keine Regel, deren Einhaltung streng von ihm gefordert werden kann. Wenn Max sich die Mühe macht, genau herauszufinden, wozu seine Software benutzt wird, um auf Basis dieser Erkenntnis zu entscheiden, ob er für den Auftraggeber die Software entwickeln möchte, so ist dies Ausdruck eines ethischen Ideals, nämlich nichts zu unternehmen, woraus anderen Menschen ein Schaden erwachsen könnte. Gertruds Bedenken gehören zum zweiten Part der Common-Sense-Ethik, den ethischen Idealen. Um zu entscheiden, ob eine Pflicht vorliegt, könnte man auch hier wieder fragen: In welche Situationen kann ich als Lieferant kommen, in denen man mir gerechtfertigt den Vorwurf falschen Handelns machen kann? Und welche speziellen Pflichten ergeben sich daraus?

Unser nächstes Beispiel schildert eine Situation, in der es zunächst schwer scheint, einen moralisch integren Weg zu finden.

Fallbeispiel: Das Job-Angebot

Die Geschäfte bei Brinboom Europa liefen nicht besonders gut. Nach einer erfolgreichen Anfangszeit, war in den letzten drei Jahren ein Stillstand eingetreten. Bob, der das Geschäft in Europa aufgebaut hatte, hatte nicht mehr so das „Näschen" für die richtigen Entscheidungen. Hauptsächlich das Internet als neuen Vertriebskanal aufzubauen, hat sich nicht als der richtige Weg erwiesen. Die Umsatzzahlen gingen zurück. Auch Hans Dorfner, Vizepräsident von Brinboom Europa, war mit der geschäftlichen Lage mehr als unzufrieden. Bob hatte Hans vor fünf Jahren in das Unternehmen geholt. Nach einer langen schweren Krankheit war Hans mehr als ein Jahr arbeitslos gewesen, bis er das Angebot von Bob bekam. Als Team harmonierten Bob und Hans wunderbar. Im letzten Jahr hatte sich die Zusammenarbeit zwischen beiden etwas verschlechtert. Hans hatte immer häufiger etwas andere Vorstellungen davon, wie das Geschäft gestaltet werden sollte. Bei Bob stieß er mit seinen Ideen jedoch auf taube Ohren. Was die Situation erschwerte, war, dass Bob offensichtlich auch private Probleme mit sich herumtrug. Sie waren aus Hans' Sicht mit schuld daran, dass Bob anfing, eine ganze Reihe von Dingen schleifen zu lassen und wichtige Entscheidungen entweder nur unzureichend oder gar nicht zu treffen. Und nun kam gestern dieser Anruf aus dem Hauptquartier aus Atlanta. Der Vorstand bot Hans an, die Geschäfte in Europa zu übernehmen. Man werde Bob aller Funktionen entheben.

„Wären Sie dafür bereit, diese Aufgaben zu übernehmen?", fragte Brad, der Vorstandsvorsitzende. „Wir glauben, dass Sie genau die richtige Person für diesen Job wären. Wir brauchen aber eine schnelle Entscheidung von Ihnen. Am besten bis morgen noch im Laufe des Tages. Sie wissen, dass Bob ja hier gerade in den USA ist, dann können wir ihm übermorgen unsere Entscheidung mitteilen."

Als Hans auflegte, musste er erst einmal kräftig durchatmen. Der Chefposten war natürlich eine tolle Chance für ihn, aber auf der anderen Seite: „Sieht es nicht so aus, als würde ich Bob in den Rücken fallen?"

Was würden Sie Hans empfehlen?

a) Hans sollte das Angebot sofort annehmen. Solch eine Chance bietet sich nicht so schnell wieder. Endlich könnte er die Geschicke des Unternehmens so leiten, wie er sich das vorstellt.

b) Hans sollte das Angebot ablehnen, einfach aus Loyalität seinem Chef gegenüber. Denn immerhin wäre Hans gar nicht in dem Unternehmen, wenn es Bob nicht gegeben hätte.

c) Hans sollte seine ganze Überzeugungskraft aufbieten und den Vorstand davon zu überzeugen versuchen, dass Bob doch der richtige Mann ist und er noch eine Chance verdient hat.

d) Hans sollte zuerst ein Gespräch mit Bob suchen und ihm erklären, dass er ein Angebot bekommen hat und dass er daran denkt, dieses Angebot anzunehmen, seine Entscheidung aber vielleicht davon abhängig macht, was Bob dazu sagt.

Ich denke, die richtige Antwort geht in Richtung e. Hans könnte Bob von dem Angebot erzählen. Hans empfindet richtigerweise Loyalität und auch Dankbarkeit gegenüber Bob. Dies begründet spezielle Pflichten für ihn. Hans könnte also versuchen, Bob noch am Abend in den USA anzurufen, um mit ihm über das Angebot der Firma zu sprechen. Da Transparenz wichtig ist, müsste er allerdings vorab mit Brad besprechen, dass er vorhat mit Bob über das Angebot der Firma zu reden. Denn anderenfalls würde er ja dem Vorstand mit der Nachricht der Entlassung zuvorkommen. Das kann wiederum dem Vorstand nicht recht sein. Die andere Möglichkeit besteht darin, dem Vorstand zu signalisieren, dass Hans unter gewissen Bedingungen bereit ist, den Posten zu übernehmen, nämlich dann, wenn er grünes Licht von Bob dafür erhält. Dazu kann er sich ausbedingen, dass er unmittelbar im Anschluss an die Entscheidungsverkündung durch den Vorstand mit Bob sprechen kann. Darauf sollte sich der Vorstand einlassen können. Denn so würde höchstmögliche Transparenz entstehen. Und wir haben ja schon mehrmals gesehen, dass Klarheit und Transparenz ein gutes Mittel im Umgang mit moralisch schwierigen Situationen sein können.

Loyalität und Dankbarkeit

Das entscheidende Stichwort in dieser Geschichte ist der Begriff der Loyalität. Durch die Zusammenarbeit mit Menschen ergeben sich automatisch Loyalitäten. Das heißt spezielle Vertrauensverpflichtungen gegenüber diesen Personen. Loyalität stellt durchaus einen positiven Wert dar. Aber gibt es auch Loyalitätspflichten? Loyalität als Wert scheint mir so lange in Ordnung zu sein, wie kein ungerechtfertigter Bruch von moralischen Hyperregeln damit verbunden ist. Falsch verstandene Loyalität (zum Land, zur Religion, zur Firma) hat immer wieder zu unmoralischem Verhalten geführt. Loyalität ist weniger als moralische Pflicht denn als ethisches Ideal zu sehen. Loyalität ist wünschenswert, weil sie den Zusammenhalt in einer Gruppe fördert. Aber Illoyalität scheint mir nicht zwangsläufig die Verletzung einer Hyperregel zu sein. Wenn Hans Bob nicht über das Angebot der Firma informieren wollte und die Stelle einfach annehmen würde, so könnte man ihm nicht vorwerfen, dass er eine moralische Regel oder Pflicht verletzt hat. Natürlich könnte man von ihm sagen, dass er sich rücksichtslos, undankbar und vielleicht sogar schäbig und nur auf seine Eigeninteressen bedacht verhalten hat. Das heißt, Loyalität kann durchaus Ausdruck eines ethischen Ideals sein und damit innerhalb der Common-Sense-Ethik einen positiven Wert markieren. Handeln aus Loyalität rechtfertigt jedoch nie die Verletzung einer Hyperregel ohne einen anderen ausreichenden Grund.

Loyalität ist oft mit Dankbarkeit verbunden. In unserer Geschichte hat Bob Hans zu einer neuen Chance in seinem Leben verholfen. Es ist klar, dass Hans darüber Dankbarkeit empfindet. Und auch aus Dankbarkeit möchte er alles vermeiden, was Bob schaden könnte. Das führt zu einer interessanten weiteren Frage: Ist es eine moralische soziale Pflicht, anderen Menschen für erwiesene Wohltaten zu danken? Ist es eine moralische Regel, sich anderen Menschen gegenüber dankbar zu zeigen, wenn sie einem etwas Gutes getan haben? Das heißt, kann Dankbarkeit gefordert werden oder ist sie maximal nur wünschenswert, also ein ethisches Ideal? David Ross zum Beispiel hielt Dankbarkeit für eine wichtige soziale Pflicht. Betrachten wir dazu folgenden Fall.

Fallbeispiel: Die Gehaltserhöhung

„Das wird Herrn Huber freuen", dachte sich Robert Meier als er die Mail der Personalabteilung las. Darin stand, dass man seinem Antrag zustimmte, dass Herr Huber in der Einkommensstufe eine Stufe nach oben rutschte, von E12 auf E13. Es war ein harter Kampf, bis Herr Meier, der Betriebsleiter, das durchgebracht hatte. Mehrere Gespräche mit der Personalabteilung und auch dem Betriebsrat waren nötig, um alle davon zu überzeugen, dass eine höhere Gehaltseinstufung im Falle von Herrn Huber gerechtfertigt war. Die Meister im Betrieb waren normalerweise auf derselben Einkommensstufe. Herr Huber hatte als Meister jedoch wichtige Zusatzfunktionen übernommen, die eine Gehaltshöherstufung rechtfertigten.

Herr Meier lief gleich zu Hubers Arbeitsplatz, um ihm die frohe Botschaft zu vermelden. Herr Huber reagierte daraufhin mit folgenden Worten: „Das ist gut. Hat ja lang genug gedauert. Wir sollten jetzt schon überlegen, wie ich möglichst zügig auf E14 komme. Sie wissen ja, dass ich demnächst auch die Six-Sigma-Ausbildung mache."

Herrn Meier fehlten die Worte. Kein Wort des Dankes, nichts, stattdessen die nächste Forderung. Entnervt ging Herr Meier in sein Büro zurück. Von diesem Tag an, brachte Herr Huber bei jedem Aufeinandertreffen der beiden Herren das Thema „Einkommenserhöhung" auf die Tagesordnung. Herr Meier war über so viel Unverschämtheit mehr als entrüstet.

Können Sie den Ärger von Herrn Meier verstehen?

Er hat sich massiv dafür eingesetzt, dass Herr Huber eine Einkommensstufe nach oben gehievt wird. Das war Herrn Huber kein einziges Wort des Dankes wert. Wahrscheinlich hielt er es für selbstverständlich. Was es jedoch nicht für den Betriebsleiter war. Dass Herr Huber sich nicht bei Herrn Meier bedankte, trübte das Verhältnis zwischen den beiden. Dadurch wird eine wichtige Funktion von Dank angezeigt. Sie dient der Aufrechterhaltung einer guten Beziehung, wenn einem eine Wohltat erwiesen wurde, auf die man nicht unbedingt ein Recht hatte. Und selbst dann, wenn man Recht auf eine Sache hat, kann der Ausdruck von Dankbarkeit extrem beziehungsfördernd sein. Man anerkennt, dass jemand etwas getan hat, was einem einen Nutzen eingebracht hat. Wenn ich hier noch einmal Japan als Beispiel nehmen darf, dann zeigt sich gerade in dieser beziehungsorientierten Kultur, wie wichtig Dankbarkeit ist, um gute Beziehungen aufrechtzuerhalten. Wird man in Japan beispielsweise von Geschäftspartnern oder auch Freunden zum Essen eingeladen, dann leitet dies ein dreistufiges Dankfeuerwerk ein. Man bedankt sich zuerst unmittelbar nach dem Essen, im zweiten Schritt schickt man eine Mail, um sich noch einmal für die Einladung zu bedanken. Schließlich bedankt man sich ein drittes Mal beim nächsten Aufeinandertreffen – und sei es zwei Jahre später („Danke noch einmal für die Essenseinladung vor zwei Jahren. Das war sehr schön.“) Und in diesem Moment haben Sie eine Freundschaft fürs Leben geschlossen.

Ich glaube, dass Dank eine wichtige soziale Funktion erfüllt und auch eine moralische Komponente enthält. Vielleicht kann Dank nicht wirklich eingefordert werden, aber es gehört zumindest zu unseren ethischen Idealen, sich dankbar zu zeigen, wenn einem Gutes getan wurde.

Der Fall Petersen reloaded

Unser Thema, soziale Pflichten, liefert uns eine gute Gelegenheit zu unserer Anfangsgeschichte von Herrn Petersen aus dem Kapitel „Ein moralisches Dilemma“ zurückzukehren. Vielleicht erinnern Sie sich: Herr Petersen stand vor dem Problem, entweder ein Versprechen, das er gegenüber seinem Chef gegeben hatte, einzuhalten, oder seiner Freundespflicht nachzukommen, Ralf Müller von der geplanten Fusion zu erzählen. Die klassischen Antworten haben uns bei dem Fall zunächst nicht weitergeholfen. Wie stellt sich der Fall nun dar? Wir können Folgendes festhalten: Es war ein Fehler von Petersen etwas zu versprechen, ohne den Inhalt des Versprechens zu kennen. Daraus lässt sich ableiten, dass man vermeiden sollte, Blankoversprechen zu geben.

Wir wissen, dass Petersen in diesem Fall zwangsläufig eine Regel verletzen muss. Wir wissen aber auch, dass es sich nach dem Modell der Common-Sense-Ethik dabei um Prima-facie-Regeln handelt. Gegen jede Regel darf man verstoßen, wenn sich gute Gründe dafür anführen lassen. Ein solcher Grund könnte nun zum Beispiel die Einhaltung einer anderen Regel sein. Die Frage ist hier, welche Regel erhält Priorität? Wenn uns eine Schadensabwägung dabei keine hilfreiche Antwort gibt, so setzt die Prioritäten letztendlich die Person, welche die Entscheidung trifft. Das bedeutet, Petersen muss sich fragen, welche Regel ihm in diesem Fall wichtiger ist. Oder anders: Bei welcher Regel hat er subjektiv mehr Grund sie zu verletzen? Er könnte dabei durchaus zu dem Ergebnis kommen, dass ihm die Freundschaft wichtiger ist als das gegebene Versprechen. Zumal dieses Versprechen ja gegeben wurde, ohne dass er den Inhalt kannte. Er hätte das Versprechen nicht gegeben, wenn er gewusst hätte, worum es ging. Oder er hätte es nur unter einer eingeschränkten Bedingung gegeben. Aber es müsste auch akzeptiert werden, wenn Petersen zu dem Schluss kommt, dass einmal gegebene Versprechen ihm so wichtig sind, dass er sie nicht brechen möchte. Die Pflicht gegenüber dem Freund wird von ihm dann weniger wichtig eingeordnet.

Es ist entscheidend festzuhalten, dass vernünftige Menschen zu unterschiedlichen Entscheidungen kommen können. Auf der Datenbasis, die wir zur Verfügung haben, gibt es möglicherweise keine eindeutige Tendenz. Das könnte sich zum Beispiel ändern, wenn wir erfahren, dass Ralf Müller plant, in dem Glauben eine Wohnung zu kaufen, dass er einen gesicherten Arbeitsplatz hat. Diese Tatsache könnte uns veranlassen, der Freundespflicht größeres Gewicht beizumessen und das Versprechen zu brechen.

Wenn zwei Regeln in Konflikt miteinander stehen, kann man darüber hinaus versuchen, eine Regelverletzung zu „heilen“ oder abzumildern, indem man entweder Transparenz durch eine Erklärung schafft oder der Schaden, wenn möglich, in irgendeiner Weise kompensiert wird. Wahrscheinlich würde man zunächst versuchen, die Verletzung des Versprechens zu „heilen“. Sollten Petersen also die Freundespflichten wichtiger sein, so kann er seinem Chef noch im Gespräch sein Dilemma erläutern, sobald ihm klar wird, in welche moralische Schwierigkeit er durch das Versprechen gebracht wird. („Herr Bornheim, ich merke gerade, dass mich das Versprechen in eine schwierige Lage bringt. Wahrscheinlich ist es Ihnen nicht bekannt, aber Herr Müller, der von der Fusion betroffen sein wird, ist ein guter Freund von mir. Diese Nachricht vor meinem Freund geheim zu halten, erscheint mir unmöglich. Was können wir da machen?") Petersen könnte seinem Chef vielleicht anbieten, einen gewissen Zeitraum Stillschweigen zu bewahren, um dem Chef die Möglichkeit zu geben, auch Herrn Müller in die Angelegenheit einzuweihen. Zusätzlich könnte Petersen auch entscheiden, heute nicht ins Volleyball-Training zu gehen, um seinem Freund nicht zu begegnen.

Ethische Ideale

Es ist uns in diesem Buch schon einige Male begegnet: das Handeln nach ethischen Idealen. Ein ethisches Ideal umzusetzen, geht über die bloße Einhaltung unserer moralischen Hyperregeln hinaus. Aber auch die ethischen Ideale sind Teil unserer Common-Sense-Ethik. Mit einer gewissen Berechtigung könnte man sogar behaupten, das eigentliche ethische Verhalten gehe mit ethischen Idealen überhaupt erst los. Allerdings besitzt niemand das Recht, sie einzufordern wie die moralischen Hyperregeln. Das macht es uns manchmal so schwer zu entscheiden, wie wir handeln sollen. Bisweilen geraten wir in Situationen, in denen wir uns fragen, ob wir uns in Angelegenheiten, die uns nicht unmittelbar betreffen, einmischen sollten oder ob es nicht klüger wäre sich einfach herauszuhalten. Handelt man sich vielleicht Ärger ein, wenn man seine Nase in etwas hineinsteckt, das einen nichts angeht? Auf der anderen Seite haben wir jedoch das Gefühl, man müsse etwas tun, vielleicht um jemanden zu helfen oder um möglichen Schaden abzuwenden. In solchen Fällen die richtige Entscheidung zu treffen, ist nicht immer einfach.

Mut und Zivilcourage

Wenn man ein ethisches Ziel verfolgt, muss man in der Regel aktiv werden, man muss tatsächlich etwas unternehmen, um das ethische Ziel Wirklichkeit werden zu lassen. Die Einhaltung der moralischen Hyperregeln dagegen erfordert in den meisten Fällen keine besondere Leistung von uns. Nicht zu lügen oder andere unfair zu behandeln ist nicht mit besonderen Aktivitäten verbunden. Da ethische Ideale im Gegensatz dazu unseren aktiven Einsatz verlangen und unsere Aktivitätskapazität begrenzt ist (wir haben eben nur 24 Stunden am Tag zur Verfügung), kann nicht verlangt werden, dass man ethische Ziele in Bezug auf die gesamte Menschheit rund um die Uhr verfolgt. Ethische Ideale werden immer nur einen Teilbereich unseres Handelns ausmachen. Anderenfalls würden wir uns überfordern. Zudem erfordert das Handeln nach ethischen Idealen nicht selten Mut oder Zivilcourage.

Fallbeispiel: Die Studie

Maria entschied sich zu Fuß zu gehen, obwohl es regnete. Die frische Luft tat ihr gut nach den acht Stunden intensiver Arbeit in dem fensterlosen Labor. Sie atmete tief durch. Der Streit mit Dr. Müller hatte sie ziemlich mitgenommen. Sie dachte daran, wie schön alles gewesen war, als sie vor sieben Monaten in der Klinik angefangen hatte. Mehr als fünf Jahre hatte sie nach einer passenden Stelle gesucht. Als Biologin war es nicht so leicht etwas Akzeptables zu finden. Sie hatte die Hoffnung schon fast aufgegeben und sich mit dem Gedanken angefreundet, eine Umschulung zur IT-Fachfrau zu machen, als prompt dieses Angebot gekommen war in der klinischen Forschung mitzuwirken. Sie sollte Studien betreuen, die in der Klinik zahlreich durchgeführt wurden. Sie hatte sich auf ihr erstes Projekt ziemlich gefreut. Es ging um ein Medikament gegen Blutkrebs, das in den Vorstudien ziemlich Erfolg versprechend war. Die Studie war auf acht Monate angelegt. Und in der Tat, die Werte der Patienten, die zu der Gruppe gehörten, denen das neue Medikament verabreicht wurde, verbesserten sich signifikant. Doch nach fünf Monaten trat plötzlich bei den meisten eine Veränderung ein und die Werte fingen an sich zu verschlechtern. Zunächst dachte man an Einzelfälle und an einen Messfehler, aber bei immer mehr Patienten verschlechterte sich der Zustand.

Und eines Tages, es war der 5. März – an das Datum erinnerte sich Maria sehr genau, denn es war der Geburtstag ihrer Oma – überraschte sie Dr. Müller, der Studienleiter, mit dem Entschluss, die Studie für beendet zu erklären. Sie habe erfolgreich gezeigt, dass das Medikament gut anschlage und zu einer Verbesserung des Zustandes der Patienten führe. Es war auf einer morgendlichen Besprechungsrunde, als Dr. Müller diese Entscheidung verkündete. Alle Projektmitglieder waren anwesend, keiner jedoch hatte einen Einwand erhoben. Maria war etwas verwirrt und traute sich nicht etwas zu sagen. Am Ende der Sitzung verteilte Dr. Müller noch ein paar Aufgaben, um das Ergebnis der Studie ordentlich zum Abschluss zu bringen. Maria sollte schließlich die Dokumentation zusammenstellen. Als Maria eine Woche später den endgültigen Bericht verfasste, hielt sie es nicht mehr aus. Sie ging zum Büro von Dr. Müller, um mit ihm über die Studie zu sprechen. Dr. Müller hatte offensichtlich schlechte Laune, als sie das Büro betrat. „Was wollen Sie denn", fragte er, „haben Sie den Bericht etwa schon fertig."

„Nein, ich habe den Bericht nicht fertig", erwiderte sie. „Genau darüber wollte ich mit Ihnen sprechen."
„Worüber?"
„Über diesen Bericht. Oder genauer gesagt, über die Studie."
„Was wollen Sie denn da mit mir besprechen", reagierte Dr. Müller barsch.
„Hätte die Studie nicht noch länger laufen sollen, laut Studiendesign."
„Ich habe erkannt, dass dies nicht notwendig ist, und das habe ich auch unserem Auftraggeber deutlich erklärt. Nun ist das auch kein Thema, das Sie in irgendeiner Weise interessieren sollte."
„Aber die Werte hatten sich doch verschlechtert. Da hätte man doch noch gar nicht abbrechen dürfen. Wenn das Medikament nicht so wirkt, wie es sollte, dann kann daraus doch ein ziemlicher Schaden entstehen."
„Sind Sie hier der Leiter oder ich? Ich glaube, um die Ergebnisse zu beurteilen, sind Sie nicht kompetent genug. Sie dürfen froh sein, dass Sie hier als Biologin eine Stelle gefunden haben. Normalerweise stellen wir nur

Mediziner ein. Ich hoffe, ich habe mich klar genug ausgedrückt. Und jetzt wäre es schön, wenn Sie zu Ihrer Arbeit zurückgingen."

Mit diesen Worten ging Dr. Müller zur Tür und verwies sie des Raumes. Maria war so verdattert, dass sie nicht wagte, noch einmal etwas zu erwidern. Sie ging in ihr kleines Arbeitszimmer zurück und starrte eine ziemlich lange Zeit einfach nur auf den Bildschirm. Hatte sie einen Fehler gemacht? Hätte sie Dr. Müller nicht darauf ansprechen sollen? Waren die letzten negativen Daten der Studie vielleicht doch irrelevant?

Der Regen wurde immer stärker. Trotz Schirm war ihr rechter Ärmel schon völlig durchnässt. Vielleicht hätte sie doch die U-Bahn nehmen sollen. Sie nahm sich vor, am Abend ihrer besten Freundin von der Sache zu erzählen. Steffi hatte eigentlich immer gute Ideen.

Was würden Sie Maria in dieser Situation empfehlen?

a) Maria sollte die Sache auf sich beruhen lassen. Erstens hat sie ohnehin schon Mut bewiesen, indem sie Müller darauf angesprochen hat. Sie hat ihrer Pflicht damit Genüge getan. Mehr kann von ihr in ihrer Position nicht erwartet werden. Außerdem hat sie ihrem Arbeitgeber gegenüber eine gewisse Loyalität zu zeigen.

b) Maria sollte ein Gespräch mit ihren Kollegen suchen, die schon länger in dem Team arbeiteten, um zu erfahren, was sie denken. Sie sollte sich auf diese Weise absichern, bevor sie nächste Schritte unternimmt.

c) Sie sollte mit der Angelegenheit gleich zum nächsthöheren Vorgesetzten gehen, um den Sachverhalt aufzuklären. Möglicherweise sollte sie auch die entsprechenden Aufsichtsbehörden einschalten. Immerhin geht es um erhebliche Konsequenzen, wenn Patienten künftig ein Medikament gegeben werden sollte, das nicht wirkt oder sogar schwerwiegende Nebenwirkungen hat.

Maria steht in der Tat vor keiner leichten Entscheidung. Dabei müssen wir sehen, dass sie selbst keine unserer moralischen Grundregeln verletzt. Ihr ist kein Vorwurf zu machen. Sie erkennt jedoch, dass die Studie nicht richtig durchgeführt wird, was zu möglichem Schaden an Patienten führen kann. Dass Maria hier den Mut aufbringt, diese heikle Geschichte anzusprechen, kann von ihr vielleicht nicht eingefordert werden, aber es ist ethisch wünschenswert, dass sie dies tut. Maria hilft nämlich dadurch möglichem Leid vorzubeugen. Indem sie aktiv wird und die Mängel der Studie offen anspricht, folgt sie einem ethischen Ziel oder ethischen Ideal.

Einsatz ohne moralische Pflicht

Der Hauptunterschied zwischen moralischen Grundregeln und ethischen Idealen liegt darin, dass man die Einhaltung der moralischen Hyperregeln verlangen kann, sie sind prima facie verpflichtend. Die Verfolgung ethischer Ideale kann jedoch nicht eingefordert werden, aber sie ist wünschenswert. Die moralischen Grundregeln haben die Funktion, uns gegenseitig keinen Schaden zuzufügen und ein soziales Miteinander zu ermöglichen. Der Grundzug ethischer Ziele oder Ideale ist es, zu helfen, Leiden zu lindern oder Schaden zu vermeiden. Dass es Menschen gibt, die ethischen Idealen folgen, hilft uns dabei, dass unsere Gesellschaft nicht nur in ihrer Existenz erhalten wird, sondern gedeiht.

Ethische Ideale sind – salopp formuliert – die guten Taten, die wir unternehmen, um anderen Menschen direkt oder indirekt zu helfen. Maria setzt sich dafür ein, dass kein Schaden für zukünftige Patienten entsteht. Das ist ihr wichtigstes Handlungsmotiv. Ihr Verhalten ist daher ehrbar und bewundernswert.

Welche anderen ethischen Ideale kann es konkret geben? Lassen Sie mich einfach ein paar Beispiele aufzählen:

Ethische Ideale

- Anna hilft regelmäßig auf freiwilliger Basis in einem Obdachlosenheim in der Küche.
- Michael kümmert sich um einen Jungen, der aus einem Kriegsgebiet geflüchtet ist, jetzt in Berlin lebt und versucht dort die Schule zu besuchen. Er unterstützt ihn dabei, Deutsch zu lernen und seine Hausaufgaben zu machen.
- Karl besucht regelmäßig den Nachbarn, der bereits über 80 Jahre als ist und nach einem Sturz nicht voll bewegungsfähig ist. Er macht Besorgungen für ihn und setzt sich mit ihm auf einen kleinen Schwatz zusammen.
- Franz setzt sich dafür ein, dass auch am Produktionsstandort in Afrika die gleichen Sicherheitsvorschriften gelten wie in Deutschland.
- Claudia hat ein Erdbebenopfer aus Haiti bei sich aufgenommen.
- Renate möchte Menschen in einem Hospiz helfen, würdevoll zu sterben.
- Max coacht seinen Kollegen Herrmann, der Schwierigkeiten mit einem neuen Computerprogramm hat.
- Helmut stellt sich schützend vor ein Teammitglied, der auf einer Besprechung massiv angegriffen wurde.

- Konrad bringt einen heiklen Punkt bei einem Teambuilding zur Sprache, weil er das Verhalten zweier Kollegen für unfair hält.
- Sven hat im Hausflur einen 100-Euro-Schein gefunden, er hängt einen Zettel aus, dass der Besitzer das Geld bei ihm abholen kann.
- Rüdiger bemerkt, dass sein Nachbar vergessen hat, seine Parkerlaubnis sichtbar im Auto abzulegen. Und da er schon Politessen die Runde machen sieht, läuft er schnell zu seinem Nachbarn, um ihn zu warnen.
- Sonja bemerkt, dass Max die Moderation einer Besprechung entgleitet. Sie springt ihm in dieser Situation zur Seite.

All diese Aktivitäten sind Ausdruck von kleinen oder großen ethischen Idealen. Jede dieser Personen tut etwas Gutes, indem sie versucht, Schaden oder Leid zu verhindern oder abzumildern. Keine dieser Aktivitäten kann von ihnen gefordert werden, niemand ist dazu verpflichtet. Trotzdem werden sie unternommen, und dies ist genau der Teil, der über die bloße Einhaltung der moralischen Hyperregeln hinausgeht.

Dass man zwischen moralischen Grundregeln und Idealen nicht richtig unterscheidet, ist oft eine Quelle von moralischen Missverständnissen. Manche Entscheidungsprobleme lassen sich lösen, wenn man diesen Unterschied im Auge behält. Wenn man nämlich vor der Frage steht, was man tun soll und ob man zu einer Handlung verpflichtet ist oder nicht, aus irgendwelchen Gründen jedoch nicht bereit ist, entsprechend zu handeln, dann führt dies bisweilen dazu, dass man sich selbst Vorwürfe macht und ein schlechtes Gewissen hat. Sieht man aber, dass die in Frage stehende Handlung ein ethisches Ideal darstellt, dessen Umsetzung zwar erlaubt und wünschenswert ist, aber nicht wirklich verpflichtend, dann kann diese Erkenntnis befreiend und entlastend sein. Man erkennt dann, dass man mehr von sich gefordert hat, als nötig war.

Kehren wir zu Maria und der abgebrochenen Studie zurück. Die Geschichte scheint nahezulegen, dass die Studie zu früh beendet wurde und damit das Ergebnis erheblich verfälscht ist. Von einem wissenschaftlichen Gesichtspunkt aus, ist diese Vorgehensweise unredlich. Ein Wissenschaftler sollte der Wahrheit verpflichtet sein. Die Vorgehensweise von Dr. Müller grenzt daher bereits an Betrug. Und Betrug ist moralisch verwerflich. Marias Motivation für ihren beherzten Auftritt bei Dr. Müller ist darüber hinaus aber noch ein anderer, wie wir bereits festgestellt haben. Sie ist der Überzeugung, dass Menschen, in diesem Fall Patienten, möglicherweise Schaden davontragen, wenn das unzureichend getestete Medikament auf den Markt kommt. Bestenfalls ist das Medikament wirkungslos, aber dann ist bei der Behandlung womöglich wertvolle Zeit verstrichen. Dieser Schutzgedanke gegenüber möglichen Patienten ist der eigentliche Antrieb dafür, dass Maria ihren Mund aufmacht.

Um in diesem Sinne ethisch zu handeln, braucht Maria eine gehörige Portion Mut. Wenn die Interessen anderer berührt sind, kann man leicht in einen Konflikt geraten. Es gehört Mut dazu, der Moral Geltung zu verschaffen. Denn es können immer egoistische Interessen von Personen betroffen sein, die sich zur Wehr setzen und Racheaktionen starten. Dinge offen anzusprechen, unangenehme Entscheidungen zu treffen, Menschen auf den Schlips zu treten, Handlungen konsequent auszuführen – all dies erfordert häufig Mut von uns. Meiner Erfahrung nach handelt es sich bei Mut um die Tugend, an der es uns am meisten mangelt und wo der größte Handlungsbedarf besteht. Zivilcourage ist ein selten vorkommendes Gut.

Wie wird man ein mutigerer Mensch? Aristoteles hat eine einfache Antwort darauf.

! Man wird mutiger, indem man mutig handelt, also durch Übung.

Man nimmt sich etwas vor, das Mut von einem verlangt und setzt es dann auch in die Tat um. Dabei sollte man in kleinen Schritten und Dosen vorgehen. Das verschafft Erfolgserlebnisse und man gewinnt Sicherheit. Wir werden in den folgenden Geschichten immer wieder auf Personen stoßen, die besonderen Mut zeigen, indem sie moralisch handeln.

Man könnte Maria keinen Vorwurf machen, wenn sie die ganze Geschichte nicht weiter verfolgt. Sie hat immerhin schon klar ihre Bedenken geäußert. Und natürlich besteht das Risiko negativer Konsequenzen für ihre Tätigkeit bei ihrem Arbeitgeber. Ob tatsächlich negative Konsequenzen für sie entstehen, wissen wir natürlich nicht. Genauso gut könnten sich negative Konsequenzen dadurch ergeben, dass sie ein Verhalten deckt, dass nicht in Ordnung ist. Für Maria gilt es jetzt, genau zu überlegen, was sie tun möchte und was sie bereit ist, an Engagement zu investieren. Mit den Kollegen zu sprechen, ist möglicherweise ein nächster guter Schritt. So verschafft sie sich einen Überblick, was die anderen über den Fall denken. Sie könnte auch versuchen, einen Experten zu Rate zu ziehen, um sich zu versichern, dass ihr inhaltlicher Vorwurf korrekt ist.

Whistleblowing

In Marias Situation haben wir einen typischen Fall von Whistleblowing vor uns. Der Begriff kommt aus dem angelsächsischen Raum. In Ermangelung eines besseren deutschen Begriffs möchte ich den Ausdruck gerne weiter benutzen. Beim Whistleblowing drückt man gewissermaßen einen Alarmknopf. Man informiert Personen oder Stellen innerhalb oder außerhalb einer Organisation über ein Fehlverhalten oder einen Verstoß.

Der eine oder andere Leser wird schon einmal mit der Frage konfrontiert worden sein, ob er etwas unternehmen soll, weil er das Gefühl hatte, dass die Organisation oder Personen aus der Organisation, für die er tätig ist, Schaden anrichten oder sich moralisch falsch verhalten. Nun sind Whistleblower oder Petzer, wie wir sie früher genannt haben, nicht gerade beliebt. Ihnen wird schnell vorgeworfen, unkollegial und illoyal zu sein. Nicht jeder sieht es als wünschenswert an, wenn etwas ans Tageslicht kommt, das vielleicht den eigenen Arbeitsplatz gefährden kann, oder ihn zumindest in eine unangenehme Lage bringt. Und gerade weil hier jemand einem ethischen Ideal folgt, das eigentlich nicht von ihm gefordert ist, wird seine Handlung doppelt negativ betrachtet. Man sieht die Handlung nicht nur als verräterisch an, sondern auch als vollkommen unnötig.

Unter welchen Bedingungen ist Whistleblowing erlaubt (manchmal sogar eine Pflicht)? Ich sehe folgende Bedingungen als entscheidend an:

- Wenn nichts getan wird, werden Menschen einen erheblichen Schaden davontragen oder es kommt zu einem schwerwiegenden, moralisch falschen Verhalten.
- Der Whistleblower hat klare Belege für das Fehlverhalten.
- Es ist nicht absehbar, dass das falsche Verhalten abgestellt wird.
- Eine Warnung des Whistleblowers ermöglicht die Chance, dass das Fehlverhalten beendet wird.

Es sind durchaus Situationen denkbar, in denen Whistleblowing Teil meiner sozialen Rollenpflicht ist. Als Wissenschaftler muss ich beispielsweise darauf aufmerksam machen, wenn ich den begründeten Verdacht habe, dass ein Kollege Daten in einem Experiment gefälscht hat. Aber dann gibt es auch Situationen, in denen eben keine präzise Rollenpflicht zugeschrieben werden kann, dann ist Whistleblowing die

Verfolgung eines ethischen Ideals. Und in dieser Lage sehe ich Maria. Wenn wir uns dabei die Kriterien noch einmal genauer ansehen, die Maria entscheiden helfen, ob sie gerechtfertigt den Alarmknopf drücken kann, dann ist es wahrscheinlich die Bedingung, dass sie klare Belege über ein Fehlverhalten besitzen muss, nicht eindeutig erfüllt. Unter Umständen hat Dr. Müller ja damit recht, dass er zu einem Abbruch der Studie riet. Das kann Maria nur herausfinden, wenn sie sich mit ihren Kollegen und vielleicht auch einem Experten unterhält. Auf der anderen Seite können die negativen Konsequenzen so massiv sein, dass bereits schwache Belege einen ausreichenden Grund liefern, den Whistleblowing-Alarm auszulösen.

Solidarität und Respekt

Anderen Personen zu helfen, ist etwas, was jeder von uns schon getan hat. Es kann dabei jedoch passieren, dass man in die Bredouille gerät, eine moralische Regel zu verletzen, zum Beispiel ein Versprechen zu halten. Und so ist man hin- und hergerissen zwischen der Hilfe, die man anbieten möchte, und dem Versprechen, zu dem man sich verpflichtet sieht.

Fallbeispiel: Die Präsentation

Ohne zu grüßen lief Paul an Georg vorbei. Offenbar hatte er Georg nicht gesehen. Als Georg ihn ansprach: „He, Paul! Hallo, wie geht's denn?", drehte er sich erschrocken um. „Ach, du bist es, Georg. Ich habe dich gar nicht gesehen. Ich komme gerade von einem Meeting, musste eine Präsentation dort halten." Georg und Paul kamen ins Gespräch. Dabei erfuhr Georg, dass sein Kollege zurzeit erhebliche Probleme im Beruf hatte. Die Aufgaben, die Paul übernommen hatte, waren einfach zu viel. Diese Überbeanspruchung führte dazu, dass Paul keinen Schlaf mehr fand. Und weil er daher am nächsten Tag ziemlich kaputt war, schaffte er das Pensum nicht, das er sich vorgenommen hatte. Was wiederum die Folge hatte, dass er keinen Schlaf fand. Ein Teufelskreis.

Bis morgen sollte er einen neuen Projektplan aufsetzen und eine entsprechende Präsentation dazu vorbereiten, die auf dem Bereichsleitermeeting vorgestellt werden sollte. Georg erkannte, dass Paul richtig verzweifelt war und Hilfe brauchte. Er bot ihm daher an, Projektplan und Präsentation heute Abend zusammen mit ihm zu erstellen. Er hatte zwar seiner Frau versprochen, heute früher nach Hause zu kommen, um gemeinsam zum Elternabend zu gehen. Aber er hoffte auf ihr Verständnis, wenn er ihr die Lage erklärte. Georg hatte einfach das Gefühl, Paul helfen zu müssen.

Georgs Hilfe ist Ausdruck einer ethischen Haltung und eines ethischen Ideals. Er möchte Paul in seiner schwierigen Situation unterstützen. Georg wäre dazu überhaupt nicht verpflichtet. Trotzdem betrachtet er es als richtig, seinem Kollegen unter die Arme zu greifen. Das spezielle Problem für ihn ist, dass er dazu eine Vereinbarung mit seiner Frau brechen muss. Er hält jedoch die Hilfe für seinen Kollegen, der kurz vor dem Zusammenbruch steht, für wichtiger als den gemeinsamen Gang zum Elternabend. Georg gewichtet also beide Situationen und stellt sie einander gegenüber. Er kommt zu dem Schluss, dass die Hilfe für seinen Kollegen einen guten, rechtfertigenden Grund für den Bruch eines Versprechens darstellt. Das zeigt, dass ethische Ideale durchaus einen Grund darstellen können, gegen eine moralische Hyperregel zu verstoßen – vorausgesetzt natürlich, die Fakten wurden angemessen geprüft.

Jeder von uns hat Gelegenheit, anderen zu helfen, ihnen ihre schwierige Situation zu erleichtern. Diese Art von Hilfe kann niemand fordern, aber man sollte zu solchem Verhalten ermutigen und ermuntern. Wir haben Hochachtung vor Menschen, die aktiv werden und andere unterstützen. Georg braucht kein schlechtes Gewissen zu haben, wenn er Paul, aus welchen Gründen auch immer, nicht helfen kann oder möchte. Aber es ist ethisch bewundernswert, wenn er doch hilft. Wenn es uns gelingt, anderen aus der Patsche zu helfen, dann können wir stolz auf unsere gute Tat sein. Aber niemand kann uns vorwerfen, dass wir nicht aktiv geworden sind, niemand kann uns moralische Vorhaltungen machen, wenn wir nicht getan haben, was ethisch nicht gefordert, aber wünschenswert ist. Man muss sich dieses Unterschieds wirklich bewusst sein. Das verhindert, dass man andere moralisch kritisiert, wenn sie Dinge nicht tun, die nur schön sind, aber nicht verlangt werden können. Es verhindert auch, dass man sich selbst nicht moralisch überfordert.

Was manchmal außerdem eine wichtige Rolle spielt, ist ein gewisses Fingerspitzengefühl. Gerade in heiklen Fällen, wenn man nicht weiß, wie man eine Sache ansprechen soll, werden viele von uns sich gut überlegen, ob sie aktiv etwas unternehmen. Oder was würden Sie in folgender Geschichte tun, wenn Sie an Steffis Stelle wären?

Fallbeispiel: Körpergeruch

Steffi arbeitet seit gut einem halben Jahr auf der Intensivstation einer Uniklinik. Die Arbeit gefällt ihr, sie ist anspruchsvoll und auch die Kolleginnen sind alle sehr nett und hilfsbereit. Steffi ist jedoch schnell aufgefallen, dass viele ihrer Kolleginnen um Margot, die seit einem Jahr auf der

> Station arbeitet, buchstäblich einen großen Bogen machen. Der Grund: Margot hat extremen Körpergeruch. Die Folge ist, dass sich keiner darum reißt, eine gemeinsame Schicht mit Margot zu haben. Es ging sogar so weit, dass einige bei der Stationsleitung waren und erklärten, sie möchten aus besagtem Grund nicht mehr mit Margot in einer Schicht arbeiten. Wenn Margot ins Stationszimmer kam, war auffällig wie nach und nach alle anderen, wenn sie konnten, den Stützpunkt verließen und Margot oft allein im Zimmer saß. Einige der Kolleginnen trafen sich regelmäßig zu gemeinsamen Aktivitäten nach dem Dienst, aber Margot wurde nie dazu eingeladen. Das führte natürlich dazu, dass auch Margot sich immer mehr zurückzog. Steffi fand diese Situation unerträglich. Margot tat ihr leid und sie wollte etwas für sie tun. Deshalb nahm sie sich vor, da es keine ihrer Kolleginnen tat, Margot auf ihr körperliches Problem anzusprechen. Sie wusste natürlich, dass das Ganze sehr heikel war, weil es um ein äußerst intimes Problem ging. Auf der anderen Seite hatte es Margot verdient, dass man ihr ein Feedback gab.

Würden Sie sich auch wie Steffi verhalten? Finden Sie richtig, was Steffi vorhat? Steffi handelt ganz offensichtlich nach einem ethischen Ideal, sie möchte Margot helfen. Gleichzeitig empfindet sie Mitleid für Margot, was ein zusätzliches Handlungsmotiv für Steffi darstellt. Mitleid zu empfinden, kann ein wichtiger Antriebsfaktor dafür sein, dass man Menschen helfen möchte. Mitleid ist jedoch nicht notwendig dafür, um nach einem ethischen Ideal zu handeln. Entscheidend ist, was man tut, nicht was man empfindet. Die Empfindung von Mitleid kann es erleichtern, dass man sich in Menschen hineindenkt, die ein Leid erfahren. Aber selbst wer kein Mitleid empfindet, kann nach einem ethischen Ideal handeln. Ich möchte an der Stelle jedoch keine Diskussion darüber anfangen, inwiefern bestimmte Arten von Emotionen für moralisches Handeln erforderlich sind. Entscheidend ist, dass Steffi aus einem ethischen Ideal heraus handelt. Und weil es sonst niemand ihm Team auf sich nehmen mag, gebührt Steffi umso mehr Hochachtung. Denn natürlich ist es unangenehm, das Geruchsproblem bei Margot anzusprechen. Aber das zeigt noch einmal sehr schön, was ethisches Verhalten ausmacht. Es erfordert oft, dass man sich selbst überwindet, dass man etwas gegen seine Neigungen macht. Man tut es, weil man es für richtig hält, und nicht, weil man große Lust dazu verspürt.

Die Gesellschaft menschlicher machen

Wahrscheinlich macht die Verfolgung ethischer Ideale unsere Gesellschaft erst zu einer wirklich menschlichen Gesellschaft. Während die Befolgung der Hyperregeln – das hat der Moralphilosoph Bernard

Gert sehr schön formuliert – unter das Motto gestellt werden können „leben und leben lassen", so zeichnen sich ethische Ideale durch den Gedanken von Solidarität und Respekt aus. Eine Gemeinschaft, deren Mitglieder sich an die moralischen Hyperregeln halten, die aber darüber hinaus solidarisch ist, die von gegenseitigem, aufmerksamen Respekt geprägt ist, ist einer Gemeinschaft vorzuziehen, die sich nur an die moralischen Grundregeln hält. Aber wir müssen dabei realistisch sein: Wir können Menschen nicht dazu verpflichten, ethischen Idealen zu folgen, wir können sie – und hier insbesondere unsere Kinder – nur dazu ermuntern. So werden vielleicht die Fälle geringer, in denen sich jemand zwar moralisch nicht falsch verhält, indem es ihm aber dennoch an wünschenswertem Respekt mangelt. Oder wie würden Sie folgenden Fall beurteilen?

Fallbeispiel: Die Entlassung

Als Carla, CEO von Bright Technologies, ins Büro zurückkam, fand sie auf dem Schreibtisch eine Nachricht von ihrer Sekretärin: Sie solle um 16 Uhr den Aufsichtsratsvorsitzenden Bender anrufen. Als Carla Bender, den sie seit zwei Jahren gut kannte, am Apparat hatte, begrüßte er sie mit knappen Worten. Dann las er ihr ein offensichtlich von den Anwälten vorbereitetes, vorgefertigtes Schreiben vor. Darin wurde ihr mitgeteilt, dass sie ab sofort von ihrem Posten als CEO enthoben sei. Es gab von Bender kein einziges persönliches Wort. Am Ende sagte er nur: „Damit ist alles gesagt" und legte auf. Carla war erschüttert und bebte vor Wut. Wie konnte man sie nur so behandeln? Und warum Bender? Sie hatte gedacht, dass sie ein recht gutes Verhältnis hätten.

Was ist zu dieser Geschichte zu sagen? Hat sich der Aufsichtsratschef Bender moralisch falsch verhalten? Er hat, so wie sich der Fall darstellt, gegen keine moralische Regel verstoßen. Natürlich hat er ihr Schmerzen bereitet, indem er Carla die Kündigung mitteilte. Aber Kündigungen auszusprechen, ist sein gutes Recht. Trotzdem bereitet sein Verhalten moralisches Unbehagen und man muss es für bedauernswert halten. Was lief falsch? Es betrifft die Art und Weise, wie hier mit Carla umgegangen wurde. Bender hat es versäumt, Carla mit Respekt zu behandeln. Der Grund war vielleicht, dass der Mut gefehlt hat, zu einer schwierigen Entscheidung zu stehen und die unangenehme Nachricht in etwas persönlicheren Worten wiederzugeben. Der Aufsichtsrat hat weder die Freiheit beschnitten, noch hat er gelogen, er hat nicht getäuscht und Carla nicht unfair behandelt. Dennoch werden wir das Gefühl nicht los, dass er Carla anständiger, eben mit mehr Respekt hätte behandeln können. Menschen mit Respekt und rücksichtsvoll zu behandeln ist eine Form ethischen Handelns. Respektvolle Behandlung, Aufmerksamkeit, Achtsamkeit und Freundlichkeit dem anderen gegenüber sind wünschenswert und unsere Kinder sollten dazu angehalten werden, aber diese Verhaltensweisen können nicht eingefordert werden. Wir können das Verhalten des Aufsichtsrats nicht moralisch verurteilen, weil er gegen keine moralische Hyperregel verstoßen hat, aber wir können bedauern, dass jemand eine Chance verpasst hat, einen anderen Menschen mit Respekt zu behandeln.

Um nach ethischen Idealen zu handeln sind keine weltbewegenden Aktionen nötig. Es sind häufig kleine Gesten, die den Unterschied zwischen dem bloßen Einhalten moralischer Regeln und dem Handeln aus ethischen Idealen ausmachen.

Fallbeispiel: Trost

Frau Meier hat bei einem Verkehrsunfall ihren Mann verloren. Frau Krüger, die Frau Meier vom Wochenmarkt kennt, auf dem sie sich hin und wieder beim Einkauf begegneten, besucht sie einmal pro Woche, um ihr in ihrem Leid ein bisschen beizustehen und etwas Trost zu spenden. Sie möchte Frau Meier als Gesprächspartnerin zur Verfügung stehen, damit sie sich nicht so einsam fühlt.

Die Hilfe, die Frau Krüger liefern kann, ist nicht groß. Trotzdem hat ihr Verhalten unsere Bewunderung verdient. Sie nimmt sich Zeit für einen fremden Menschen, um ihm in seiner Trauer beizustehen. Der Trost wird den Schmerz nicht wirklich beseitigen, aber er kann ihn lindern. Frau Krüger hat aus einem ethischen Motiv heraus gehandelt. Oft sind es nur Kleinigkeiten, kleine Gesten, ein Moment der Aufmerksamkeit, den wir anderen Menschen schenken können, der schon einen Unterschied in ihrem Leben ausmachen kann. Diese kleinen Gesten sind Ausdruck zutiefst ethischen Verhaltens. Und so kann man sich auch selbst fragen, wann einem ethische Ideale wichtig sind.

- Wo kann und möchte ich einen Beitrag leisten, anderen zu helfen oder Schaden zu vermeiden?
- Was sind für mich wichtige ethische Ziele, die über die moralischen Grundregeln hinausgehen?

Soziale Verantwortung von Unternehmen

Am Ende möchte ich noch einmal einen Blick auf eine größere Frage werfen, die in einem engen Zusammenhang mit unserem Thema „ethische Ideale" steht. Es geht um die Frage der sozialen Verantwortung von Unternehmen. Denn auch hier ist die Unterscheidung zwischen moralisch einforderbaren Hyperregeln und wünschenswerten ethischen Idealen hilfreich. Dabei möchte ich von einer Geschichte ausgehen, die sich am 9.7.2011 bei Spiegel.de fand. Und weil der Artikel, der den Fall darstellt, sehr anschaulich geschrieben war, möchte ich ihn in weiten Zügen zitieren:

Der Stoff, der Junkies verfaulen lässt

„Krokodil" heißt die Droge der Armen und Verwahrlosten in Russland. Der Stoff wird aus Hustentabletten gewonnen und sorgt für kurze Euphorieschübe, doch die Schäden sind enorm. Die Junkies verwesen regelrecht, ihre Lebenserwartung sinkt drastisch – doch die Pharmalobby wehrt sich gegen Verbote.

Wenn Airat und seine Freundin Swetlana mit dem Kochen beginnen, füllt beißender Gestank das Treppenhaus des Plattenbaus, in dem sie wohnen, und die Nachbarn rufen die Polizei. Airat, ein 28-Jähriger aus dem russischen Industriestädtchen Werchnjaja Pyschma im Ural, lehnt sich an die Wand im Flur seiner Zwei-Zimmer-Wohnung. Seine Augen sind glasig, es stinkt nach Benzin. Airat trägt ein Tattoo auf dem linken Oberarm. „Ich lebe sündig", steht darauf. Vor allem aber lebt er gefährlich.

In der Küche liegen leere Medikamentenpackungen verstreut, Plastikspritzen und Ampullen zwischen rostigen Pfannen. Eben noch haben Airat und die blonde Swetlana, 25, Hustentabletten aus der Apotheke und die Köpfe von Zündhölzern zerbröselt. Dann kochen sie das Pulver mit Benzin und Ameisensäure auf, nur um sich die trübe braune Brühe kurz darauf in die Venen zu spritzen. Sie nennen es „das Krokodil".

So heißt die neue synthetische Droge, die sich durch Russlands Regionen frisst und Drogenfahndern und Regierung Sorgen bereitet. „Krokodil", das wissenschaftlich als Desomorphin bezeichnet wird, ist billig, einfach herzustellen und zerstörerisch. Der Stoff wirkt ähnlich euphorisierend wie Heroin, ist aber viel günstiger. Die Junkies gewinnen ihn aus Hustentabletten. 100 Rubel, umgerechnet 2,50 Euro, haben Airat und Swetlana für die Zutaten ihres Schusses bezahlt.

Die primitive Zubereitung birgt Gesundheitsgefahren. Analysen der russischen Antidrogen-Behörde FSKN zeigen, dass die braune Suppe Schadstoffe enthält: Knochen zerstörendes Phosphor etwa und Schwermetalle wie Blei, Zink und Antimon-Oxid. Der Dreck in der Droge lässt die Junkies langsam verfaulen.

Laut russischen Ärzten beträgt die Lebenserwartung von „Krokodil"-Abhängigen ein bis drei Jahre. Bei fortdauerndem Konsum werden Finger und Zehen nekrotisch, sagen sie, und an den Einstichstellen bilden sich Geschwüre, die kaum heilen. Um potenzielle „Krokodil"-Konsumenten abzuschrecken, verbreiten Russlands Drogenbekämpfer Schockfotos von Junkies, denen Eiter aus klaffenden Wunden fließt und deren Fleisch in Fetzen hängt.

Die Haut um Airats Fingernägel hat sich schwarz verfärbt und seine Beine sind übersät mit faulig-braunen Flecken, die an die gemusterte Haut eines Reptils erinnern. Deshalb der Name „Krokodil". Im Wohnzimmer der Wohnung in Werchnjaja Pyschma hockt Airats Vater Albert, 50, auf einem speckigen Sofa. Er hat in der Wirtschaftskrise seinen Job als Wachmann verloren. Jetzt aber bekommt er noch nicht einmal mehr mit, wie sein Sohn nebenan sein Leben ruiniert.

„Mir ist egal, was Airat macht. Er hört ja doch nicht auf mich", nuschelt Albert. Dann säuft er weiter. „Jede Droge findet die zu ihr passende Geldbörse", sagen sie in Werchnjaja Pyschma und Desomorphin ist die Droge der Armen und Verwahrlosten. Zehn Jahre lang haben Airat und Swetlana Heroin gespritzt. Jetzt reicht das Geld nicht mehr für die teure Droge, die pro Gramm 1000 Rubel kostet, umgerechnet 25 Euro, sondern nur noch für den Gang in die nächste Apotheke.

Dort gibt es Präparate wie Kodelak, Pentalgin oder Terpinkod noch immer rezeptfrei, obwohl bekannt ist, dass Abhängige im ganzen Land daraus „Krokodil" kochen. Für ihre Hersteller sind die Medikamente zu sogenannten Cash Cows avanciert, zu Verkaufsschlagern, die den Gewinn in die Höhe treiben.

Stellen wir uns nun vor, Sie seien Chef des Unternehmens Gogol, das die Hustentabletten herstellt, aus dem die Droge Krokodil gewonnen wird. Mit diesen Tabletten haben Sie in den letzten beiden Jahren einen Gewinnzuwachs von 30 Prozent erzielt. Es scheint klar, dass der Drogenkonsum ein wichtiger Grund für den rasanten Gewinnanstieg war. Wie würden Sie sich in diesem Fall verhalten?

Auf der einen Seite hat die Firma Gogol keinen Schaden verursacht, auch wenn natürlich ihre Produkte dazu benutzt werden, dass Menschen sich letztendlich selbst schaden. Sie hat gegen keine moralische Regel verstoßen. Auf der anderen Seite haben wir aber auch das Gefühl, dass das Unternehmen den Geschehnissen nicht einfach tatenlos zuschauen und sich insgeheim über den satten Gewinn freuen darf. Um die Situation ein bisschen genauer zu fassen, möchte ich zwischen Verantwortung in einem engen Sinn und Verantwortung in einem weiten Sinn unterscheiden.

Im engen Sinn umfasst Verantwortung die Rollenpflichten, die auch für ein Unternehmen als Ganzes existieren. Da ja das Unternehmen nicht wirklich handelt, sondern die Menschen in ihnen, ist das ein bisschen irreführend. Die Menschen in den Unternehmen sind es, die ihre Rollenpflichten erfüllen müssen, und damit das Unternehmen auch als Ganzes. Diese Pflichten zu erfüllen, nenne ich Verantwortung in einem engen Sinn. Daneben kann Verantwortung im weiten Sinn als ethisches Ideal verstanden werden. Unternehmen dürfen einen Beitrag zur Minderung von Leid in dieser Welt leisten. Und wenn sie das tun, handeln sie im Einklang mit ethischen Idealen. Man darf es aber nicht als Pflicht im Sinne unserer Grundregeln verstehen. Zu fordern, Unternehmen müssen etwas für die Gesellschaft tun, verlangt mehr als verlangt werden kann und darf. Wer dies tut verwischt den Unterschied zwischen moralischem Muss-getan-werden und ethischem Darf-getan-werden. Wenn Gogol nichts tut und weiter seine Hustentabletten produziert, kann niemand dem Unternehmen einen moralischen Vorwurf machen. Als gutes ethisches Beispiel freilich kann es uns auch nicht dienen.

Wenn Gogol Verantwortung in einem weiten Sinn übernimmt, wird es überlegen, welchen Beitrag es leisten kann, um den Drogenkonsum einzuschränken. Vielleicht überlegt es gemeinsam mit staatlichen Organisationen, was getan werden kann, zum Beispiel eine Verschreibungspflicht einzuführen. Oder Gogol beteiligt sich an Aufklärungskampagnen. Es gibt bestimmt viele Maßnahmen, bei denen Gogol sich beteiligen kann. Aber ist das nicht ein bisschen naiv, von Gogol zu verlangen, seine eigenen Profite zu beschneiden? Bemerken Sie den Fehler in dieser Frage? „Verlangt“ wird es von Gogol nämlich nicht, dass es Maßnahmen ergreift, es ist Gogol vielmehr erlaubt, sich nach ethischen Idealen zu verhalten und Möglichkeiten zu ersinnen, wie das Drogenproblem angegangen werden kann. Gogol darf sich ethisch verhalten. Es ist seine Entscheidung und die Entscheidung der im Unternehmen handelnden Personen, ob sie ihr Tun an ethischen Idealen ausrichten wollen oder nicht.

Das Gleiche gilt für uns selbst. Es liegt an uns, ob wir ethische Ideale zu unseren persönlichen Zielen machen wollen oder nicht. Niemand kann uns dazu zwingen, aber wir können ethische Ideale zum Teil unseres Lebens werden lassen. Vielleicht angeleitet durch die Frage: Welches Leben möchte ich führen? Welche Person möchte ich sein?

Literatur

Appiah, Kwame Anthony, Ethische Experimente, München, 2009

Aristoteles, Nikomachische Ethik, Philosophische Schriften Bd. 3, Ausgabe der Wissenschaftlichen Buchgesellschaft, Darmstadt, 1995

Audi, Robert, The Good in the Right, Princeton, 2004

Axelrod, Robert, The Evolution of Cooperation, Cambridge, 1984

Bentham, Jeremy, The Principles of Morals and Legislation, New York, 1988

Birnbacher, Dieter, Analytische Einführung in die Ethik, Berlin, 2007

Broad, Charlie Dunbar, Five Types of Ethical Theory, London, 2000

DePaulo, Bella M., The Many Faces of Lies, in: *Arthur G. Miller* (Hg.), The social Psychology of Good and Evil, New York, 2004

Epstein, Jennifer, DePaulo, Bella et al., Lying in Everyday Life, in: Journal of Personality and Social Psychology, 1996

Feldman, Fred, Pleasure and the Good Life, Oxford, 2004

Gert, Bernard, Morality – Its Nature and Justification, Oxford, 2005

Hobbes, Thomas, Leviathan, Stuttgart, 1970

Hoerster, Norbert, Ethik und Interesse, Stuttgart, 2003

Hoerster, Norbert, Was ist Moral?, Stuttgart, 2008

Hooker, Brad, Ideal Code, Real World, Oxford, 2000

Hospers, John, Human Conduct – Problems of Ethics, Fort Worth, 1986

Hume, David, Eine Untersuchung über die Prinzipien der Moral, Stuttgart, 2002

Kant, Immanuel, Grundlegung zur Metaphysik der Sitten, Stuttgart, 1959

Kant, Immanuel, Vorlesung zur Moralphilosophie, Berlin, 2004

Knobe, Joshua: Intentional Action and Side-Effects in Ordinary Language, Analysis 63

LaFollette, Hugh (Hg.), The Oxford Handbook of Practical Ethics, Oxford, 2003

MacIntyre, Alasdair, Geschichte der Ethik im Überblick, Weinheim, 1995

Mill, John Stuart, On Liberty and Other Essays, Oxford, 1991

Nozick, Robert, Anarchy, State and Utopia, Malden, 1974

Parfit, Derek, On What Matters, Oxford, 2011

Ross, William David, The Right and The Good, Oxford, 1930

Schleim, Stephan, Die Neurogesellschaft, Hannover, 2011

Weinrich, Harald, Linguistik der Lüge, Heidelberg, 1974